交通工程学术书系

国家科技攻关计划(973计划)课题资助

智能交通系统体系框架构建方法与应用

张　可　刘　浩　刘冬梅
王春燕　李振龙　著

人民交通出版社

内 容 提 要

本书为交通工程学术研究书系之一。全书共分7章，主要内容包括：ITS体系框架概览、ITS体系框架的构建原理、中国ITS体系框架的构建方法和流程、ITS体系框架数据管理和开发辅助工具、中国国家ITS体系框架、地方ITS体系框架。

本书可作为智能交通领域的教学、科研、管理人员的参考用书，也可以作为交通工程、交通规划、交通运输和交通管理专业研究生的教学用书。

图书在版编目(CIP)数据

智能交通系统体系框架构建方法与应用/张可等著.
-- 北京：人民交通出版社，2013.8
ISBN 978-7-114-10814-3

Ⅰ.①智… Ⅱ.①张… Ⅲ.①交通运输管理—智能系统 Ⅳ.①U495

中国版本图书馆CIP数据核字(2013)第176656号

交通工程学术书系
书 名：智能交通系统体系框架构建方法与应用
著 作 者： 张 可 刘 浩 刘冬梅 王春燕 李振龙
责任编辑： 任雪莲
出版发行： 人民交通出版社
地 址： (100011) 北京市朝阳区安定门外外馆斜街3号
网 址： http://www.ccpress.com.cn
销售电话： (010) 59757973
总 经 销： 人民交通出版社发行部
经 销： 各地新华书店
印 刷： 北京市密东印刷有限公司
开 本： 787×980 1/16
印 张： 9.5
插 页： 2
字 数： 190千
版 次： 2013年8月 第1版
印 次： 2013年8月 第1次印刷
书 号： ISBN 978-7-114-10814-3
定 价： 48.00元

前　言

自20世纪90年代以来，随着新建交通基础设施可用的土地资源日益有限、付出的环境代价日益昂贵，面对交通需求与交通供给矛盾的日益突出，利用高新技术提升现有道路交通运输系统的运行效率，成为必然的选择。于是，发展智能交通的理念应运而生，并逐渐深入人心。智能交通系统(Intelligent Transport Systems，简称ITS)在世界各地得到了迅猛发展，人们越来越多地享受到智能交通给出行带来的变化。

交通系统是由人、车、路、环境四要素构成的开放式复杂体系。相应地，作为全方位提升交通系统运行效率的智能交通系统，也是一个多主体、松耦合的复杂大系统。一方面，涉及主体的多元性、应用开发的独立性、实际情况的多样性、建设过程的长期性，是智能交通系统必须面对的现实；另一方面，数据需求的关联性、信息资源的复用性、服务功能的稳定性、系统运行的协同性，是智能交通系统必须满足的要求。在这样的背景下，智能交通如何规范、协调、持续地发展，成为一个在智能交通发展之初就应当有效应对的问题。由此，智能交通系统体系框架，作为智能交通长期发展的纲领性和宏观指导性技术文件，得到了世界各国的高度重视。

我国相关部门在智能交通发展之初，就高度重视体系框架对于智能交通规范发展的重要作用，自20世纪90年代末至今，持续开展了相关的研究、编制和应用工作。本书作者及其所在团队，有幸经历和见证了相关工作的全过程。本书是作者重点围绕智能交通体系框架的原理、构建方法与应用，取得的相关研究成果的凝练。其中，不乏智能交通体系框架构建通用算法、智能交通系统体系框架数据库管理和开发辅助支持系统软件等原创性的成果。

本书共分为7章。其中，第1章和第2章对ITS和ITS体系框架进行了概要介绍，主要介绍了ITS体系框架的提出背景、基本理念、应用种类，及其在世界各国的发展情况，由张可和刘浩撰写，李振龙协助完成。第3章为ITS体系框架的构建原理，介绍了面向过程和面向对象两种不同的基本方法，由王春燕撰写。第4章为中国ITS体系框架的构建方法和流程，提出了基于面向过程方法的、可执行的、完备的ITS体系框架开发算法——CERAM算法，由张可、刘浩、王春燕撰写。第5章介绍了ITS体系框架的生成工具，特别是美国Turbo Architecture软件，全面介绍了智能交通系统体系框架数据库管理和开发辅助支持系统——ITSA-CASS软件，由王春燕、张可撰写，刘浩、刘冬梅协助完成。第6章和第7章作为ITS体系框架构建方法的应用案例，分别介绍了中国ITS体系框架（第二版）和北京、江苏地方ITS体系框架的编制和应用情况，由刘冬梅、张可、刘浩撰写。全书的统稿工作由李振龙、张可和刘浩完成。

本书相关成果的研究得到了国家科学技术部、北京市交通委员会、江苏省交通运输厅相关项目的资助包括："十五"国家科技攻关计划课题"智能交通系统体系框架及支持系统开发"。本书的出版得到了北京市交通运行监测调度中心、北京市交通信息中心的资助。交通运输部公路科学研究院王笑京研究员、齐彤岩研究员长期以来对相关领域的研究工作给予了大力的支持，国家智能交通系统研究中心相关研究团队对成果的取得作出了重要的贡献，在此一并致谢。本书在整理的过程中参阅了大量国内外著作、学位论文和有关文章，有的文献可能由于疏忽遗漏未能在参考文献中列出，在此谨为本书直接或间接引用的研究成果的作者一并表示深切的谢意。

限于作者的理论水平和实践经验，书中难免存在不妥和错误之处，恳请广大读者提出宝贵意见。

作　者

2013年6月

目　　录

第1章 引 论

1.1 ITS概述

1.1.1 ITS的概念

智能交通系统(Intelligent Transportation Systems,ITS),有时也译为智能运输系统,它是建立在通信、信息和控制技术及系统高度发达和深度应用基础之上的土木工程基础设施和信息基础设施协调一体的新运输系统,它是对通信、控制和信息处理技术在运输系统中集成应用的统称,其综合效益主要体现在提升交通系统的运转效率,有效地挽救生命,节省时间和金钱,降低能耗以及改善环境❶。

1.1.2 ITS的主要应用领域

从国内外ITS发展状况来看,ITS的主要应用领域有:交通信息服务领域、ITS数据管理领域、交通管理领域、安全与紧急救援管理领域、客货运输管理领域、交通基础设施管理领域、电子收费领域、智能公路与安全辅助驾驶领域。

(1)交通信息服务领域(ATIS)

先进的交通信息服务系统直接与社会公众进行交互,是ITS贴近生活的热点领域之一。它利用先进的通信、电子、多媒体、计算机网络等技术,使出行者在出行前可通过多种信息终端,在任意出行地访问ISP系统,获取当前道路交通及公共交通的相关信息,如出行路径、出行方式、出行时间等信息,也能够受理出行者的申请,向出行者提供出行建议信息,为出行者的出行提供支持。

(2)ITS数据管理领域(DM)

信息是ITS的核心,ITS数据管理领域即ITS的数据中心和信息中心,是影响ITS发展水平高低的关键因素。ITS数据管理能够按一定标准规范对ITS多源异构数据进行接入、存储、处理、交换、分发,并面向应用服务,为实现部门间信息交换共享、各相关部门制订交通运输组织与控制方案和信息服务提供支持。

---

❶ 引自:John C. Miles,陈干主编. 王笑京译. 智能交通系统手册. 北京:人民交通出版社,2007.9.

(3)交通管理领域(TM)

可以说,交通管理领域中的城市交通信号控制系统是 ITS 发展的雏形。逐渐发展起来的先进的交通管理系统(ATMS)是利用先进的技术手段,辅助交通管理措施的实施,如交通动态信息监测、交通执法、交通控制等,以减少出行量,降低道路交通负荷,使交通流在时间、空间上分布趋于均匀,提高道路的通行能力。

(4)安全与紧急救援管理领域(EMS)

EMS 即利用先进的计算机和通信技术等,通过优先调度、控制等手段迅速处理紧急事件,为驾驶员提供紧急事件管理,保障驾驶员的安全,减少和避免损失;对危险品的运输进行监控和管理。

(5)客货运输管理领域(APTS/CVO)

APTS/CVO 主要包括运政管理、客货运输运营管理、城市公共交通管理等相关内容,通过较为先进的技术加强对运营商的管理、对车辆运输过程的监控,以及对运营市场的监管等,提高客货运营服务水平,保证运输安全。

(6)交通基础设施管理领域(MC)

MC 主要采用先进技术对交通基础设施及其附属设施的建设、养护、运营管理等各环节提供支持,保证交通基础设施相关运行与管理工作高效运转。它主要包括基础设施维护、路政管理、施工区管理、高等级公路综合信息管理等内容。

(7)电子收费领域(ETC)

利用先进的电子、通信、信息技术,以电子化交易的方式,向从收费道路和桥梁或隧道通行的车主、拥堵收费道路上行驶的驾驶员、有偿交通信息使用者、泊车车主、公共交通使用者等各类交通相关用户收取费用。上述费用包括通行费、服务费以及各种规费等。

(8)智能公路与安全辅助驾驶领域(AVCS)

利用道路基础设施和车载探测、通信和控制设备,采集并实时发布相关的交通流、交通事件、车队状态、车辆安全状况、驾驶员身心状态、道路基础设施状况、气象条件等数据,通过智能通信与信息系统、车辆智能控制系统,对车辆的横向防撞、纵向防撞、交叉口防撞、驾驶员视野拓展、碰撞前乘员保护、邻近车辆预警等提供辅助支持,进而实现车辆车道跟踪、车距保持、换道、导航、定位停车等操作的自动化,最终实现多辆车的编组运行,并具备车辆自动核查进入及退出等功能。目前,AVCS 主要实现了车辆辅助安全驾驶系统,自动驾驶系统还处在试验阶段。

1.1.3 ITS 的发展概况

1.1.3.1 ITS 的国外发展概况

利用通信、控制、信息技术等先进技术解决交通问题,是发达国家发展 ITS 的最初动机。美国、日本、欧盟分别针对各自交通需求与问题,开发了满足各自需求的系统,因此各国或各地区的 ITS 发展领域各有侧重。经过十几年的发展，到目前为止，各国 ITS 从最初的交通管理、车辆安全等领域已逐步拓展到面向社会公众的、体现以信息为核心的交通信息服务领域，ITS 渗入到了交通运输的各个环节，并与各类交通参与者产生了密切联系。从近年来举办的几届 ITS 世界大会来看，随着世界各国对可持续发展的日益重视，利用 ITS 技术保障道路交通安全、减少排放、节约能源已成为目前 ITS 发展的新的方向和重点。

在 ITS 经历了宏观规划、较大规模的系统开发应用、系统的效益评估之后，发达国家对 ITS 有了理性认识，既认识并体会了 ITS 对交通带来的安全和高效，又认识到了 ITS 市场培育和 ITS 推广应用是一个长期的过程，需要探求一定的方法来解决既有法规、政策对 ITS 发展的约束。

下面就美国、欧盟、日本的 ITS 发展情况进行简要介绍。

(1)美国

美国政府非常重视 ITS 发展，从宏观层面上曾制定国家 ITS 规划并颁布了相关法案——《路上综合运输效率法案》(Inter-modal Surface Transportation Efficiency Act，ISTEA)和《面向 21 世纪的运输平衡法案》(the Transportation Equity Act for the 21st Century，TEA—21)，统一规划 ITS 发展；还制定了投资计划和相关制度，保证 ITS 资金来源；在运输部设立联合项目办公室(Joint Program Office，JPO)，作为专业机构，对跟踪和评价各种 ITS 技术及应用情况的动态调查进行资助，并将与 ITS 有关的研究报告汇总。同时，大力开展与地方政府、企业、高校以及研究机构的研发合作，共同促进 ITS 的发展。

在美国，ITS 应用十分广泛，在城市交通管理领域、高速公路管理领域、公共交通管理领域、紧急事件管理领域、出行者信息管理领域、电子支付领域等均有相应系统应用。典型的出行信息服务系统有全国统一的 511 系统。

(2)欧盟

欧盟从全欧洲的角度就 ITS 进行规划和协调，制定统一的框架结构，作为各成员国 ITS 发展的基础和指导。欧洲重要的 ITS 发展几乎均需得到欧盟理事会的批准，纳入高层次的经济和社会发展计划，提供财政支持，保证经费供给。为了推进 ITS 的发展，欧盟国家推出的项目主要有 1970—1985 年的 COST30(Cooperation in the field of Scientific and Technical Research，科学技术领域研究协作)，该项目主要针对车辆、道路与驾驶员的通信技术进行研究。20 世纪 80 年代中期，较为有代表性的为 DRIVE(Dedicated Road Infrastructure for Vehicle Safety in Europe)计划和 PROMETHEUS(Program for European Traffic with Highest Efficiency and Unprecedented Safety)计划。DRIVE 计划的研究领域主要集中在交通需求管理，交通和出行信息，一体化城市交通管理，一体化城间交通管理，驾驶员协助和合作驾驶，货车车队管理以及公共交通管理共 7 个领域。PROME-

THEUS分7个计划，该计划主要以智能车辆的发展为目标。随后，欧盟又于1995—1999年实施了TEN-T项目，1998年4月开始了KAREN(Keystone Architecture Required for European Networks)计划，进行欧洲ITS框架结构的开发工作。目前，欧洲在建立专门的交通（以道路交通为主）无线数据通信网的基础上，集中发展了交通通信、移动通信平台、交通信息服务等方面的开发和应用，利用这些系统提供交通管理、出行信息、线路诱导、导航、应急呼叫、车辆故障远程诊断、货车和车队管理、电子收费等功能，以及针对步行者的定位、找路和实时信息服务等。

欧洲ITS协会ERTICO提出了欧洲道路安全行动计划(eSafety)，主要内容是应用信息与通信技术(Information and Communication Technology, ICT)在车辆安全系统开发、驾驶员的教育、交通信息提供以及促进多模式运输等方面提供支持。另一发展重点还在于利用ITS技术来控制车辆尾气排放，争取2020年减少排放30%。

(3)日本

在日本ITS发展过程中，政府处于主导地位，政府主要支持公益性、基础性项目，对于应用前景较为广阔的技术则主要依托民间企业。1994年由日本警察厅、通产省、运输省、邮电省和建设省五个部门联合，成立了日本道路交通智能化促进协会(Vehicle Road and Traffic Intelligent Society, VERTIS)，专门从事研究、开发、推进、协调工作，而且制定了完善的智能交通系统框架体系，具有很强的指导性和操作性。日本ITS的应用，最初主要源于车辆安全控制系统的研发与应用，后来随着交通拥堵、安全与环境等问题的出现，逐步拓展到道路与车辆通信系统、先进的移动交通信息和通信系统等领域。

日本的电子不停车收费系统(ETC)、交通信息服务系统(VICS)的发展与应用比较成熟，是世界上ITS成功应用的典型范例。

以电子不停车收费系统(ETC)为例。早些年，日本在ETC的发展与部署方面落后于其他先进国家，但近年来日本已花了大量时间进行研究和发展工作。日本的电子收费在1999年付诸实际运用，并成为基于现代发展水平的举足轻重的发展计划。截至2007年底，日本已经安装了1700万个ETC装置，使用率已经达到了70%，ETC装置可在覆盖了全国大约8 000km的高速公路网络上使用。通过使用ETC系统，在收费站出现的拥堵状况已经得到了全面的解决。据估计，收费站附近的二氧化碳的排放量降低了40%。

另外，日本在车辆安全系统的研究与应用方面走在了世界前列。2007年，日本在世界上首次出台了先进安全机动车AS3。这种车辆可以测量距离和自动速度，以降低碰撞的力量；日本的国土交通省还在推广一种先进的机动车通信方式——Smart Way来加强道路交通和运输的安全，并使之成为实现各种ITS服务的平台。这将进一步提高公众和私人安全、效率水平，并达到保护环境的目的。

1.3.1.2 ITS的国内发展概况

相对于国外，我国智能交通系统的研究起步较晚，但发展迅速。20世纪90年代起，我国才逐步开展ITS方面的研究和试验。2000年,科技部联合交通部、铁道部、公安部、建设部等部门,成立了全国智能交通系统协调领导小组,总体规划道路、铁路、水运、民航等行业智能交通发展战略、标准制定和共性技术的研发和示范应用。同时,相继成立了国家智能交通系统工程研究中心、国家铁路智能运输系统工程中心、国家道路交通管理工程技术研究中心。许多大学和研究机构也先后成立了智能交通系统相关技术的研究机构,如清华大学、东南大学、武汉理工大学、吉林大学、同济大学、北京交通大学、华南理工大学和北京工业大学等,并取得了一系列成果。"九五"期间,通过一系列国家和行业计划的实施,在智能交通体系框架及ITS应用系统等方面做出了一定的成果,为我国智能交通系统的发展奠定了基础。"十五"期间,科技部实施了"智能交通系统关键技术开发和示范工程"、"现代中心城市交通运输与管理关键技术研究"等国家科技攻关计划项目。"十一五"期间,国家高技术研究发展计划(863计划)设立了"现代交通技术领域"。在863计划的支持下,智能化交通控制技术、交通信息采集与处理技术、交通安全技术等得到了进一步的发展。2006年,科技部实施了"国家综合智能交通技术集成应用示范"科技计划项目,设立了"北京奥运智能交通管理与服务综合系统"、"上海世博智能交通技术综合集成系统"、"广州亚运智能交通综合信息平台系统"等科技支撑计划课题。"十二五"期间,863计划交通领域对智能车路协同、区域交通协同联动控制等技术进行了重点支持。

随着国家、政府对ITS的重视,一系列科技计划的实施,我国ITS科研人员的科研水平日渐提高,与国际上顶尖的专家学者的交流也逐渐增强。智能交通相关领域的国际会议相继在我国召开,越来越多的政府机构、科研院所、企事业单位及专家学者加入到ITS的研究队伍中,共同推动着我国智能交通技术的发展。

1.2 ITS体系框架的提出

1.2.1 ITS的特点分析

智能交通系统是一个开放的复杂巨型系统,由许多关系密切的不同领域、不同功能的子系统综合集成。智能交通系统建设涉及众多行业领域,是社会广泛参与的复杂巨型系统工程,因而行业之间的协调是非常复杂的。智能交通系统综合应用电子技术、通信技术、控制技术、交通工程、网络技术等众多科学技术,需要众多领域的技术人员协同完成。智能交通系统需由政府、企业、科研机构、高等院校和交通参与者等众多主体共同参与。同时,智能交通系统的开发和建设周期较长,是以整体规划和分步发展为特征的。智能交通系统是将交通控制系统、交通信息系统、车辆安全控制系统等众多子系统通过有效的技术和集成策略整合成一个大系统。因此,智能交通系统具有多主体、跨部门、跨领域、复杂性、系统性的特点。

1.2.2 ITS 体系框架的引入

正因为智能交通系统是一个开放的复杂巨系统，研发人员在进行 ITS 系统开发和建设的过程中逐步意识到需要有一个统一的系统框架来指导 ITS 相关各子系统如何连接和进行信息交换，实现资源共享，提高系统的运行效率，避免重复建设。ITS 体系框架就是为了迎合这种需求而出现的，它的提出是开展 ITS 规划和顶层设计的必然需求。我国在“九五”期间推出了“中国智能运输系统体系框架(第一版)”，在“十五”期间设立了“智能交通系统关键技术开发和示范工程”重大专项——课题 15《智能交通系统体系框架及支持系统开发和技术跟踪》，对 ITS 体系框架进行了修订和深入研究。

参考文献

[1] John C. Miles，陈干. 智能交通系统手册 [M]. 王笑京，译. 北京：人民交通出版社，2007.

[2] 王笑京. 智能交通系统体系框架原理与应用[M]. 北京：中国铁道出版社，2004.

[3] 金茂菁. 我国智能交通系统技术发展现状及展望[J]. 交通信息与安全，2012，30(5)：1-5.

[4] 张可. 江苏省地方智能交通系统(ITS) 体系框架研究[J]. 交通运输系统工程与信息，2007，7(2)：141-146.

[5] 孙胜阳. 地方智能交通系统体系框架研究[D]. 北京：北京工业大学. 2004.

第 2 章　ITS 体系框架概览

2.1　编制 ITS 体系框架的原因

ITS 体系框架是开展 ITS 系统规划和建设的指导框架，是规范 ITS 发展的重要手段。ITS 包含了交通管理、道路管理、交通安全运营等多方面的系统，通过编制 ITS 体系框架，明确各系统及其之间的互联关系，制订各系统之间的传输标准，为规划、整合、建设 ITS 建立基础。

2.2　ITS 体系框架的基本内容

从开发流程的角度来说，ITS 体系框架开发主要包括：用户服务、逻辑框架、物理框架三部分，是从不同角度对 ITS 系统分析的过程。用户服务是从用户的角度对 ITS 能提供的服务内容进行描述，逻辑框架则是从系统如何实现 ITS 服务的角度进行分析，给出 ITS 应具有的功能及功能间的数据流关系，物理框架则是把 ITS 逻辑功能落实到现实实体，如车载设备、道路设施、管理中心等设备或组织。

因此，ITS 体系框架，既充分考虑了用户需求，具有严密的逻辑，又与现实世界紧密联系，具有贴合实际、逻辑清晰、便于操作的特点。可以说，ITS 体系框架是开展 ITS 系统规划和建设的基础，是规范 ITS 发展的重要手段。

2.3　ITS 体系框架的层次

ITS 体系框架从应用层面上可以分为国家 ITS 体系框架、区域（地方）ITS 体系框架和 ITS 项目框架。每个层面的体系框架着重点不同，应用的范围和对象也不同。从总体上看，国家框架是一个顶层的、宏观的，具有一定通用性的框架，区域框架和项目框架都可以在国家框架的基础上进行设计。

2.3.1　国家 ITS 体系框架

国家 ITS 体系框架从国家的宏观和通用性角度提出了智能交通系统的通用架构，从宏观层面说明全国范围内 ITS 系统的构成以及系统间的互联关系，它是一个宏观和指导性的框架，具有一般性和通用性，是制定地方框架和项目框架的依据。其他各框架必须在国家框架范围之内，只有这样，才能保证全国范围内 ITS 系统的兼容性。

2.3.2 区域(地方)ITS 体系框架

区域(地方)ITS 体系框架以地方现有的和已经规划的 ITS 系统现状为基础，以国家框架为基本依据来进行完善和开发。地方 ITS 框架要从国家框架内选取适合地方需求的 ITS 服务内容，同时根据自身特点，适当添加部分内容。地方框架应充分体现地方 ITS 的个性化需求，突出地方特色。地方 ITS 体系框架的概念最早是由美国提出的，其基本定位是为保证地区 ITS 项目实施过程中的部门协调和技术集成而建立的区域性构架。地方 ITS 框架定义了一个地区内现有的或规划的许多 ITS 项目的要素和信息交换，通过明确机构间、系统间如何协同作用和运行，达到增进该地区 ITS 系统集成的目标。这里所谓的“地方”，是指一个或多个行政或职能管辖权范围内的地理区域，可以是一个省或多个省、一个城市或多个城市、一条交通通道等。

2.3.3 ITS 项目框架

ITS 项目框架则是以地方 ITS 体系框架为基础，对地方 ITS 体系框架中提出的具体 ITS 项目进行细节规划。项目框架主要是针对一个具体的 ITS 项目，按照用户服务、逻辑框架、物理框架三部分，将这个项目中的各个子系统进行详细的描述，尤其是针对各子系统中的逻辑和物理关系，进行深入的分析，形成一个完善的项目框架。

2.4 ITS 体系框架的发展

ITS 体系框架由于其重要的作用，为规范和指导各国的 ITS 发展，早在 20 世纪 90 年代部分国家已开始制定，其中包括美国、欧盟、日本等国。尤其，随着信息技术的不断更新以及新的用户需求的提出，美国的 ITS 体系框架一直在不断地更新和维护。

2.4.1 美国

1992 年，ITS American 向 DOT 正式推荐了一套调动多家国有、私立机构联合攻关的 ITS 体系结构开发方法。1993 年，DOT 正式启动了 ITS 体系结构开发计划，其目的是开发一个经过详细规划的国家 ITS 体系结构。这一体系结构将指导而不是指挥 ITS 产品和服务的配置，它将在保持地区特色和灵活性的同时为全国范围内的兼容和协调提供保证。其开发分为两个阶段：第一阶段主要由四家公司分别给出体系框架初步开发方案，第二阶段则在上述四公司中选择两家合作开发美国国家 ITS 体系框架。

其构建主要原则和目标为：以经济性为基本原则，最大限度地利用已有设施提供ITS服务；低收费可使多数人可享受信息服务，同时提供多种可供选择的服务方式；增加私人企业的利益，加速ITS的实施应用；鼓励国家、个人合作；加强出行者安全；给地方提供管理空间。该体系框架至今已更新推出了第五版，它以面向过程思想为指导，利用系统分析、软件工程的方法，给出了包括用户服务、逻辑框架、物理框架及其标准等内容。

ITS涉及投资者、建设者、使用者、管理者等多种用户主体，通过开展讨论会等方式对这些参与者需求进行总结，得出8类服务领域、32项用户服务，如表2-1所示。

美国国家ITS体系框架用户服务层次 表2-1

服务领域	服务
1 出行和交通管理	1.1出行前信息；1.2途中驾驶员信息；1.3路线诱导；1.4合乘与预约；1.5出行者服务信息；1.6交通控制；1.7事件管理；1.8出行需求管理；1.9尾气排放检测与减轻；1.10公铁交叉口
2 公共交通管理	2.1公共交通管理；2.2途中公交信息；2.3个性化公共交通；2.4公共出行安全
3 电子付费	3.1电子付费
4 商用车运营	4.1商用车电子通关；4.2自动路侧安全检查；4.3车辆行驶安全监视；4.4商用车辆管理；4.5危险物品事件响应；4.6商用车队管理
5 紧急事件管理	5.1紧急事件通告与个人安全；5.2紧急车辆管理
6 先进的车辆安全系统	6.1纵向防撞；6.2横向防撞；6.3交叉口防撞；6.4视野扩展；6.5安全准备；6.6碰撞前措施实施；6.7自动车辆控制
7 信息管理	7.1存档数据管理
8 维护和建设管理	8.1维护和建设运营管理

逻辑功能分解以面向过程方法为指导，对如何实现各项用户服务进行分析，自顶向下给出分层的逻辑功能元素表以及各元素间的数据流联系，包括9个逻辑功能、57项子功能等，如表2-2所示。

美国物理框架采用“香肠图”的形式，如图2-1所示。确定物理框架中子系统时，在考虑了体制问题、技术限制和能力等因素的基础上，主要考虑实现地点，对可能由一实体完成的逻辑框架中各功能进行组合得到子系统，美国物理框架中分为21个子系统，各子系统一般具有较多功能，在不同地点、时间可实现，被分为四组，即中心、车辆、路侧设施、出行者，此分类方法对通信系统框架的建立提供了清晰的基础，同时各子系统与外界物理世界有着紧密的联系，因此各子系统界面是标准化工作的重点。

美国国家 ITS 体系框架逻辑层次　　表 2-2

功能域	功能
1　管理交通	1.1 采集交通数据；1.2 控制相关设备；1.3 管理交通事件；1.4 管理出行需求；1.5 管理尾气排放；1.6 管理公铁交叉口
2　管理商用车	2.1 管理商用车运行；2.2 管理商用车驾驶员；2.3 管理商用车路侧设施；2.4 收集商用车相关数据；2.5 商用车管理中心运行；2.6 提供商用车车载数据；2.7 提供货物管理
3　提供车辆监测和控制	3.1 监视车辆运行状况信息；3.2 提供车辆自动运行功能；3.3 提供紧急情况报警功能；3.4 扩展驾驶员视野
4　管理客运	4.1 管理客运车辆及设施；4.2 制订客运服务计划；4.3 制订客运车辆保养计划；4.4 提供客运安全和协调支持；4.5 制订客运运营者工作计划；4.6 提供客运途中费用收取功能；4.7 提供出行者路侧服务设施
5　提供紧急事件管理服务	5.1 紧急事件定位；5.2 提供系统人员对紧急事件数据的操作接口；5.3 管理紧急救援车辆；5.4 加强违规执法管理；5.5 更新事件所需地图信息；5.6 管理事件数据；5.7 提供紧急事件协调反应和避险支持
6　提供驾驶员和出行者信息服务	6.1 提供出行规划服务；6.2 提供信息咨询和广播服务；6.3 提供路侧查询亭信息服务；6.4 管理合乘；6.5 管理出行者信息服务；6.6 提供导航和出行规划服务；6.7 提供驾驶员个性化信息服务；6.8 提供出行者个性化信息服务
7　提供电子付费管理	7.1 提供电子收费服务；7.2 提供停车收费服务；7.3 提供电子支付服务；7.4 管理电子收费数据；7.5 提供出行者支付接口
8　管理 ITS 数据	8.1 获取存档数据；8.2 管理存档数据；8.3 提供数据管理员操作接口；8.4 协调存档数据；8.5 根据需求处理存档数据；8.6 分析数据；8.7 对缺乏的需求数据进行处理；8.8 准备输出政府报告；8.9 管理收集的路侧数据
9　基础设施维护和建设(M&C)管理	9.1 管理 M&C 车辆；9.2 管理 M&C 活动；9.3 施工区管理；9.4 管理环境信息

美国子系统有：中心(存档数据管理子系统，商业车辆管理子系统，紧急事件管理子系统，尾气排放管理子系统，车队货运管理子系统，信息服务提供子系统，维护建设管理子系统，收费管理子系统，交通管理子系统，运输管理子系统)；路侧设施(商业车辆检查子系统、停车管理子系统、电子收费子系统、安全监测子系统、道路管理子系统)；出行者(个人信息子系统、远程出行者支持子系统)和车辆(商用车辆子系统、紧急车辆子系统、建设维护车辆子系统、运输车辆子系统)。

物理框架的最底层称为设备包。设备包是子系统的组成模块，它是遵循一定的规则通过对一给定子系统中相近的逻辑过程进行分组组合得到的，可作为预测实施费用的基础。

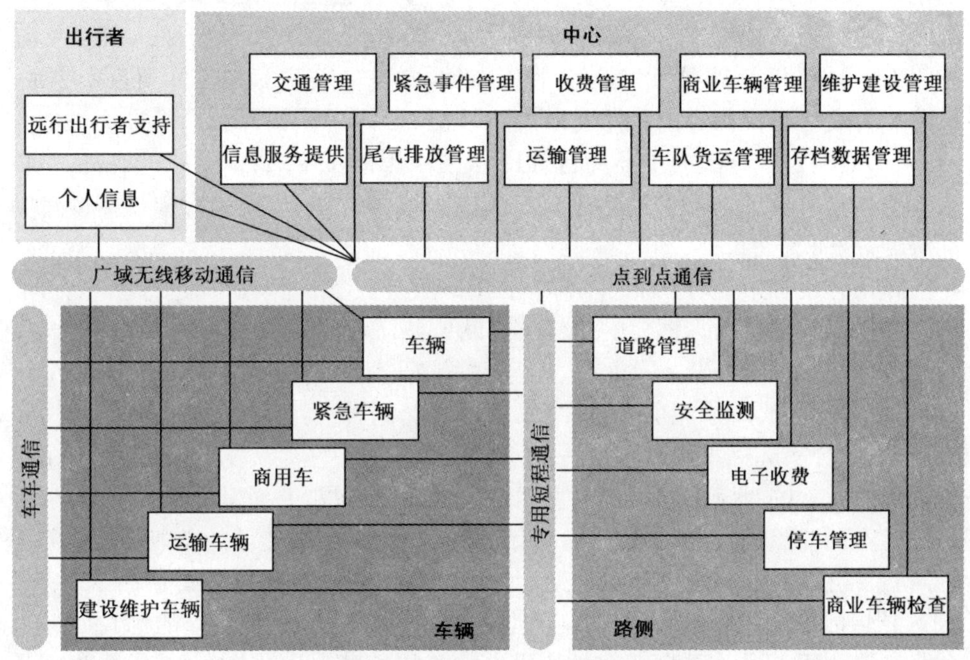

图2-1 美国国家ITS物理框架示意图

市场包是美国ITS体系框架在第三版修订过程中添加进来的内容，由一个或几个设备包组成，可单独用于指导ITS项目建设，通过框架流与其他ITS市场包进行信息联系。

美国在不断进行完善ITS体系框架的修订工作，同时加强对体系框架的应用推广。在国家ITS体系框架基础上，美国开发了地方ITS体系框架的支持系统Turbo Architecture和NA同步更新，方便了地方ITS体系框架的开发。而且，联邦公路局(FHWA)、联邦运输管理局(FTA)于2001年4月规定各联邦资助ITS项目必须在国家ITS体系框架和标准的基础上开展，并且各地方需要在国家体系框架指导下制定区域ITS体系框架，对于已经有ITS项目建设的地区，其区域ITS体系框架须在规定颁布的4年内完成，对于未实施ITS建设的地区，其区域ITS体系框架要在其首个ITS项目设计结束后4年内完成，以使各系统相互协调，减少系统重复建设。

2012年1月，美国发布了智能交通系统(ITS)体系框架7.0版本。在7.0版本中更新添加了国家智能交通系统(ITS)体系框架如何支持交通规划、设计和项目开发。在本次更新中，规划因素、目的、目标和策略通过交通规划过程链接到体系框架的服务包中，为体系框架面向交通规划者提供了一个切入点。

2.4.2 欧盟

如果说美国ITS体系框架包罗万象、覆盖全面，那么欧盟ITS体系框架则是针对典型系统的详细分析。

欧盟ITS体系框架是在2000年9月发布的，它是在欧盟KAREN项目中完成，主要针对道路相关交通系统而言。总体上来讲，欧盟ITS体系框架开发指导方法类似于美国框架，亦采用面向过程方法为指导，但其目标不是提供全面的ITS系统构成，而是以示范的方式给出创建某项ITS服务的体系框架所应采取的方法，以便用户根据需要进行相应体系框架的开发和扩展。

在实际构建过程中，欧盟ITS体系中的用户服务、逻辑框架的构建方法与美国类似，二者的主要区别体现在物理框架的构建中。欧盟物理框架的构建有两种方法：基于用户需求的方法(the user needs method)、基于系统概念的方法(the system concept method)。当用户需求明确时采用前者，反之采用后者。两种方法的主要步骤是一致的，即针对用户服务，结合实际提出物理系统，一个系统可以完成一项或多项用户服务，由用户服务与逻辑功能元素的对应关系确定出物理系统的功能组成，并对其功能进行分类，原则上是按照功能实现地点进行，给出子系统，针对子系统中不同功能域的功能元素进行进一步细分，得到系统模块，同时也得到了框架流。由此方法得到的物理框架并非一个完整的覆盖了ITS领域的系统组合，而是针对用户服务的系统组成，对于新增的用户服务可增加新的系统。但欧盟ITS体系框架亦是从用户服务的角度出发，针对系统模块进行组合得到具体可实施的系统，实际上，此时的系统与美国框架中的市场包具有一致性。

在推出了欧盟ITS体系框架后，欧盟各国如意大利、法国等在此基础上构建了适合本国国情的体系框架，进一步为欧盟、本国ITS建设提供指导。

2.4.3 日本

1998年1月至1999年11月，日本建设厅、警视厅、通产省、运输省及邮电省联合日本ITS协会——ITS Japan，完成了日本ITS体系框架构建。

日本ITS体系框架最大特点是强调ITS信息的交互和共享，整个ITS建设是社会信息化(e-Japan)的一部分。体系框架总体内容上与美国、欧盟的相同，分为用户服务、逻辑框架、物理框架三大部分，它吸纳了美国、欧盟体系框架的特点：在总体上类似于美国框架，试图涵盖ITS的全部内容；在物理框架部分类似于欧盟框架，针对ITS中的每项用户服务给出了相应的物理系统。

日本ITS体系框架开发以面向对象方法为指导，主要体现在逻辑框架的构建中，通过对ITS的抽象，建立信息模型，描述ITS涉及的各对象间的信息关系(如继承等关系)，通过建立控制模型实现各项用户服务。有关日本ITS体系框架开发指导方法的内容见

第3章中面向对象方法为指导的ITS体系框架开发。

日本ITS体系框架，也在不断完善，近年来他们致力于此体系框架的应用推广。在2003年，推出了地方ITS体系框架开发辅助支持系统，并以东京作为示范进行了应用。

2.4.4 中国

中国政府高度重视智能交通系统(ITS)体系框架的相关工作，将ITS体系框架作为我国ITS发展的纲领性和宏观指导性技术文件。自1999年以来，中国政府组织国内ITS领域的权威科研机构和专家，一直不懈地开展中国ITS体系框架的编制、修改完善、方法研究、工具开发和应用推广工作。

2001年正式推出的"中国ITS体系框架(第一版)"在短时间内解决了中国ITS体系框架"从无到有"的问题，其重要意义是无可置疑的。但由于受当时中国ITS总体发展水平的限制，且时间非常仓促，其中难免存在一些不够完善的地方。

科技部于2002年正式启动的国家"十五"科技攻关计划"智能交通系统关键技术开发和示范工程"重大专项中，设立了《智能交通系统体系框架及支持系统开发》项目。该项目由国家智能交通系统工程技术研究中心承担，旨在完善中国ITS体系框架编制方法，开发ITS体系框架辅助支持系统软件，并在该软件环境下，对"中国ITS体系框架(第一版)"进行全面修订和完善。

经过项目组两年多的攻关研究，"中国ITS体系框架(第二版)"编制完成。此次修编开展的主要工作包括以下方面。

(1)ITS体系框架开发理论与方法的完善

形成一套完善的ITS体系框架开发理论与方法，是保证ITS体系框架规范性、系统性和实用性的关键所在。项目组在ITS体系框架第一版所遵循的开发理论与方法的基础上，对一些关键环节进行了深入的研究和思考，完善了中国ITS体系框架开发的理论与方法。主要表现在以下方面：

①明确和完善了体系框架细化的开发方法和流程；

②规范了体系框架各阶段的具体表现形式；

③为了与实际应用相结合，提出并引入了"应用系统"的概念。

(2)中国ITS用户服务的全面更新

用户服务直接且直观地反映了ITS所涵盖的内容范围。为了更加完整、合理地界定中国ITS所服务的内容范围，项目组重点开展了中国ITS用户服务的全面更新工作，并参照2003年8～9月面向全国近百名专家开展的征询意见工作收到的反馈意见，确定了用户服务的调整方案。主要调整之处如下：

①新增和调整用户服务领域。

a. 新增ITS数据管理服务领域；

b. 新增交通基础设施管理服务领域；

c. 将原车辆安全与辅助驾驶、智能公路两个服务领域进行了合并。

②新增用户服务。

a. 勤务管理；

b. 路政管理；

c. 运政管理；

d. 停车管理；

e. 非机动车和行人通行管理；

f. 长途客运管理；

g. 轨道交通运营管理；

h. 出租车运营管理等。

③全面修订子服务。

(3)国家 ITS 体系框架内容的全面修订

国家 ITS 体系框架按照应用领域划分为交通管理、电子收费 、交通信息服务 、安全与紧急救援管理 、货运管理 、客运管理 、城市公共交通管理、智能公路与安全辅助驾驶、交通基础设施管理、ITS 数据管理共十个工作组，分别委托熟悉相关业务且具备一定技术实力的单位承担 ITS 体系框架第二版的具体修编工作。各工作组在定制开发的智能交通系统体系框架数据库管理和开发辅助支持系统（ITSA-CASS 软件）中，实现了在网络环境下各工作组异地协同工作，对国家框架进行全面修订。同时成立了总体组，负责各工作组间的协调，每一阶段结束后的内容整合与下一阶段工作内容的重新组合划分，课题进度和质量管理，以及软件系统的维护等工作。

由于有了 ITSA-CASS 软件的支持，以及合理组织方式的保证，使得“中国 ITS 体系框架（第二版）”在各领域间的协调性、内容的完备性、数据的完整性等方面有了长足的进步，同时大大提高了工作效率，并为国家框架的进一步完善奠定了良好的基础。

中国 ITS 体系框架（第二版）主要包括以下内容：

①用户服务部分：包括由 9 个服务领域、47 项服务、179 项子服务组成的用户服务层次表，以及各服务元素的描述表。

②逻辑框架部分：包括由 10 个功能领域、57 项功能、101 项子功能、406 个过程组成的四层逻辑元素层次表，120 幅数据流图，以及相应的逻辑元素描述表、数据流描述表。

③物理框架部分：包括由 10 个系统、38 个子系统、150 个系统模块组成的三层物理元素层次表，29 幅物理框架流图，以及物理元素描述表、框架流描述表。同时，以需求为导向，对物理系统模块进行重新组合，提出了 58 个应用系统，并进行了描述。

由于时间和水平所限，此次推出的“中国 ITS 体系框架（第二版）”仍不可避免地存在许多不足之处，需要今后不断的修订与完善。同时，由于 ITS 技术日新月异的发展，新的需求和服务不断涌现，客观上需要建立对于国家ITS体系框架不断修订和定期滚动更新的机制，方可使得体系框架更好地为ITS的建设和发展服务。

科技部于2002年启动国家"十五"科技攻关计划"智能交通系统关键技术开发和示范工程"重大专项，设立《智能交通系统体系框架及支持系统开发》项目，旨在完善中国ITS体系框架编制方法，开发ITS体系框架辅助支持系统软件，全面修订和完善"中国ITS体系框架"；探索地方ITS体系框架开发方法，编制实例，指导我国各省市ITS体系框架构建。

参 考 文 献

[1]《中国智能运输系统体系框架》专题组. 中国智能运输系统体系框架[M]. 北京：人民交通出版社，2003.

[2] 王笑京. 智能交通系统体系框架原理与应用[M]. 北京：中国铁道出版社，2004.

[3] 张可. 江苏省地方智能交通系统(ITS) 体系框架研究[J]. 交通运输系统工程与信息，2007，7(2)：141-146.

[4] 刘冬梅. 智能交通系统(ITS)体系框架开发方法研究[D]. 北京：北京工业大学，2004.

[5] National ITS Architecture Version 7.0. http://www.iteris.com/itsarch/

第3章　ITS体系框架的构建原理

3.1　基本原理

目前构建ITS体系框架主要有两种方法:面向过程的构建方法和面向对象的构建方法。面向过程的构建方法主要是利用抽象模型的概念,按照系统内部信息的传输关系,以数据为中心按照自顶向下逐步求精的原则进行系统功能的分解与设计,实现满足用户需求的物理模型。面向对象构建方法是在面向对象程序设计语言的基础上发展起来的,主要是从系统的组成上来进行建模,采用面向对象的分析设计思想,利用UML建模语言来进行开发和表示,将系统的各个功能抽象成具体事例、属性和行为对象,通过这些对象之间的协调工作实现系统功能。

3.2　面向过程构建方法

在ITS体系框架开发过程中,借鉴软件工程中系统分析方法对ITS复杂系统进行分析。按照结构化方法的步骤,采用结构化分析方法对系统需求和系统功能进行系统分析,采用面向数据流的结构化设计方法构建系统结构,逐步对用户服务进行功能分解,对功能实现进行模块化,从而得到ITS体系框架。

下面首先简单介绍软件工程中的结构化分析和设计方法,然后对其在ITS体系框架中的应用进行分析。

在软件工程中,具有很多不同的结构化分析方法可对软件进行需求分析建模,但它们都必须遵守以下准则:必须理解并表示问题的信息域,即应建立数据模型;必须定义软件应完成的功能,即建立功能模型;必须表示作为外部事件结果的软件行为,即建立行为模型;必须对描述信息、功能和行为的模型进行分解,用层次的方式展示细节;分析过程应该从要素信息转向实现细节。

通过数据字典、实体一关系图、数据流图、状态转换图等建立系统的数据模型、功能模型、行为模型,辅之以软件需求规格说明,对需求进行深入分析。实体一关系图(ER图)是对系统的数据模型中数据对象、描述数据对象的属性、数据对象彼此间相互连接的关系等的描述图,即通过此图可将系统中数据对象及其关系、属性以图形形式表现出来,便于

系统分析员表达对系统需求的理解；数据流图(DFD)是系统逻辑功能的图形表示，它描绘信息流和数据从输入移动到输出的过程中所经历的变换，不涉及任何具体的物理元素，对系统的分析可采用分层次的数据流图来表示，层次越低其表示的逻辑功能越详细；状态转换图通过描绘系统的状态及引起系统状态转换的事件来表示系统的行为；数据字典是对系统中使用的所有数据元素的定义的集合，使人们对系统输入、输出、存储的成分甚至中间计算结果有共同的理解。

在上述系统需求分析各模型的基础上，对软件结构进行设计，包括数据设计、体系结构设计、接口设计和过程设计。一般分为两个阶段：概要设计和详细设计，它在软件工程过程中处于技术核心地位。概要设计的主要任务是通过对需求分析中规格说明书的分析，适当地对软件进行功能分解，从而把软件划分为模块，并且设计出完成预定功能的模块结构。详细设计主要详细设计每个模块，确定完成每个模块功能所需要的算法和数据结构。由系统分析模型到系统结构设计的转换如图 3-1 所示。

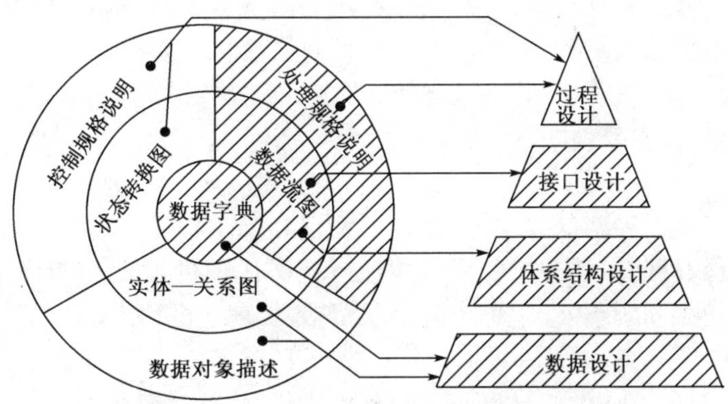

图 3-1 软件工程中系统结构化分析与结构化设计的转换

其中，数据设计把分析阶段数据模型转化为软件开发所需的数据结构；体系结构设计确定程序主要结构元素之间的关系，从分析模型和在其内定义的子系统的交互可以导出此设计表示——计算机程序的模块框架；接口设计描述软件内部、软件与协作系统间及人机通信方式；过程设计把程序体系结构中的结构元素变换成对软件构件的过程性描述。

通过以上系统结构化分析和结构化设计(通常所说的结构化设计方法，就是基于数据流的设计方法)，即得到了为软件编码和测试提供保障的软件结构设计。

结合 ITS 体系框架的构建目的和用途，采用类似的结构化分析、设计方法，对 ITS 体系框架构建分析如下。

面向过程的指导思想，在 ITS 体系框架中的应用，主要体现在 ITS 逻辑框架、物理框架的构建中。ITS 体系框架的构建目的之一，是明晰 ITS 这一复杂系统的功能构成及信息流，即明确 ITS 系统的功能和结构组成。与结构化分析、设计的对应情况如图 3-1 中斜线部分所示，其中逻辑框架内容主要对应于左半图中处理规格说明、数据流图、数据字典，物理框架内容主要对应于右半图中数据设计、体系结构设计、接口设计。

面向过程分析方法，在ITS逻辑框架中的应用，主要体现在对用户服务进行功能分析时，按照从上到下的顺序进行功能分解，符合人们对事物逻辑思考的过程。由于ITS体系框架不是单个软件系统，而是涉及交通相关的多个系统，因此，ITS逻辑框架的开发具有不同于软件开发的特点，主要表现为在得到每项用户服务对应的逻辑功能及数据流表之后，需要各相似功能组合的过程，从而整理得出逻辑功能层次表，绘出各层次的数据流图(DFD)，并给出相应的数据字典以描述逻辑功能和数据流。在功能分析的过程中，按照完成服务的流程给出各功能，包括系统与外界的信息交换、响应请求等边界功能。

ITS物理框架构建，主要是在上述ITS逻辑框架内容基础上，参考软件结构设计中的基本原理和启发规则，结合交通系统实际状况，对逻辑功能进行模块化。由于ITS物理框架是对逻辑层次表和数据流图的元素进行转化而来的，因此它自然而然地继承了ITS逻辑框架中面向过程的思想，通过对逻辑数据流图的分解，得到具有层次关系的物理框架中的系统、子系统、模块及框架流等元素，可设计通信接口。

3.3 面向对象构建方法

面向对象方法是一种新的思维方法，其出发点和基本原则是尽可能模拟人类习惯的思维方式，使开发软件的方法与过程尽可能接近人类认识世界、解决问题的方法和过程，也就是使描述问题的问题空间(也称为问题域)与现实解法的解空间(也称为求解域)在结构上尽可能一致。

因此，以面向对象方法为指导下的系统分析，不是把系统组成看作是工作在数据上的一系列过程或函数的集合，而看成是相互协作而又彼此独立的对象的集合。

与面向过程方法进行需求分析时需要建立数据模型、功能模型、行为模型类似，面向对象方法是从三个互不相同却密切相关的角度进行系统需求分析，包括描述系统静态结构的对象模型、描述系统控制结构的动态模型，以及描述系统计算结构的功能模型。其中，对象模型是最基本、最核心、最重要的。

对象模型的建立是面向对象分析的首要工作。大型系统的对象模型主要包括五项活动：找出类—对象；识别结构；识别主题；定义属性；定义服务。它们并不是严格的按从上到下顺序完成的，可反复逐步完善此模型。

动态模型是对系统在某一执行期间内出现的一系列事件的表示。通过事件跟踪图表示出系统中类—对象间的事件交互，状态图则是针对系统中重要的类给出事件与对象状态的关系。

功能模型同面向过程中的功能模型相近，以数据流图表示。

完成了上述三个模型的构建之后，即完成了系统需求分析，进入系统设计阶段，在分析和设计之间，界限并不比面向过程那样明确。面向对象软件开发模式很自然地支持把系统分解成模块的设计原理：对象就是模块，是把数据结构和操作这些数据的方法紧密地结合在一起所构成的模块。

利用面向对象方法为指导对ITS进行分析，主要体现在逻辑框架的构建中，与面向对象方法在软件开发中需求分析阶段相对应。参考日本ITS体系框架构建可大致得到其开发指导方法如下：

针对ITS涉及的人、物、组织等进行分析抽象，得到"类－对象"，构建对象模型。此模型的构建需要对ITS进行细致的分析，其模型的准确程度直接影响到ITS体系框架的构建。日本ITS逻辑框架中建立了详细的对象模型，包括整体模型(Holistic Model，针对整体ITS或者几个服务领域共有的内容而言)、详细模型(Specific Model，针对单个服务而言)，其中分别从总体和动态两个视角(Global View\Physical View)进行分析，给出对应于整体模型、详细模型的核心模型(Core Model)、细节模型(Detailed Model)，如图3-2所示。

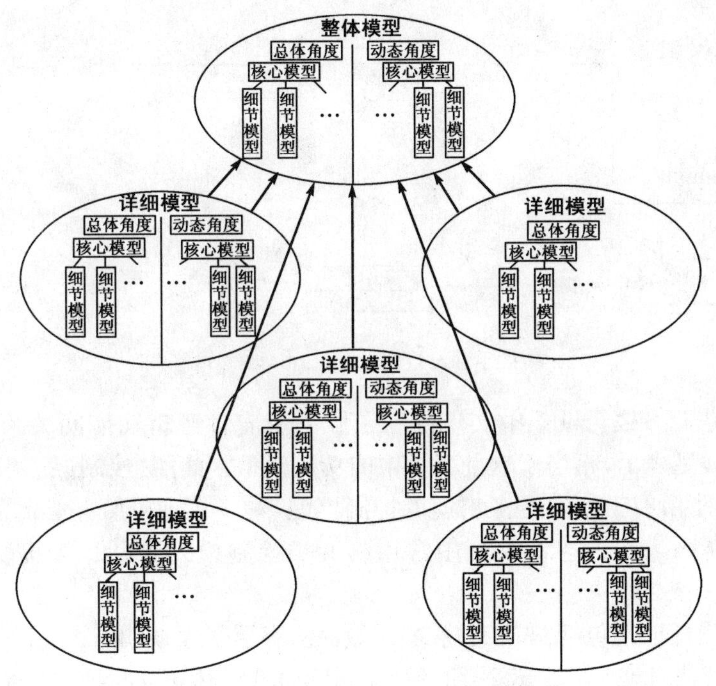

图3-2 日本ITS逻辑框架信息模型示意图

其中，核心模型给出服务中涉及的对象类间的关系，细节模型针对核心模型中对象类分别进行详细分析，给出每种对象类的对象间属性的继承等关系，细节模型是对核心模型中对象类的深化；核心模型是从建立有动态信息需求的对象间的信息交互模型，细节模型是针对核心模型中对象的深化。

信息模型利用对象、类、继承、事件、状态等概念，对 ITS 系统中各参与对象及其间的静态信息和动态信息进行描述，通过描述静态信息的模型得到系统对象模型，通过描述动态信息的模型得到影响对象变化的动态模型。各对象在最高层给出了 7 类：地点、道路、出行路线、移动物、计划方案、操作者、其他机构，如图 3-3 所示；对象的属性即为信息交互的内容，信息模型不仅给出了上下层次关系，而且给出了各信息类间的互联关系。

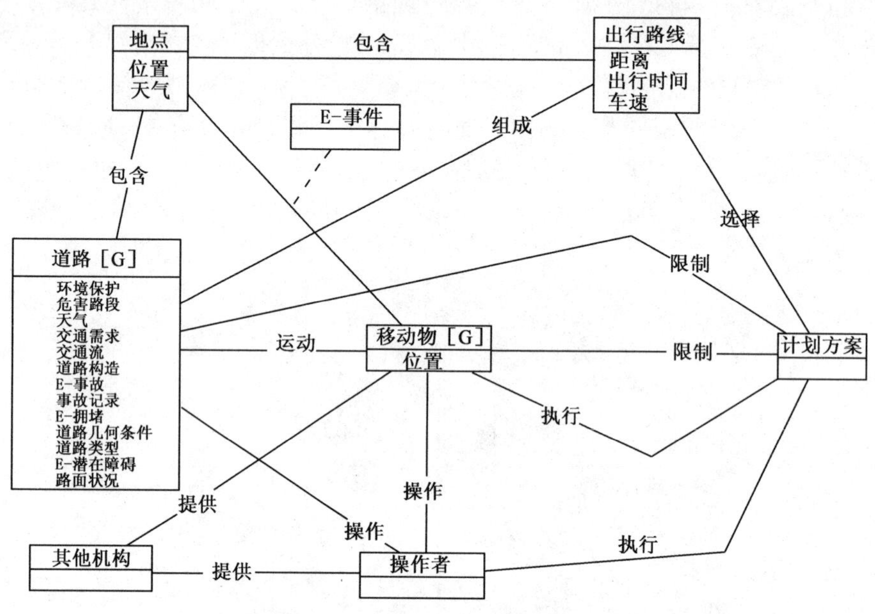

图 3-3　日本 ITS 体系框架顶层对象模型

控制模型是 ITS 逻辑框架中实现各项子服务所需各逻辑功能间关系以及逻辑功能处理的信息的模型表示，相当于软件工程中的功能模型。按照“控制层—信息传输—信息层”的模式给出了所有 ITS 子服务对应的控制模型，对于实现子服务必需的逻辑内容，以“信息流”和功能来表示。控制模型中常用的五类控制模式为：收集、提供、警告、控制、确认。

日本 ITS 物理框架包括：高层子系统、子系统、底层子系统、单个独立的物理模型、整体物理模型以及信息流。其中，高层子系统以地点为划分标准；底层子系统是以逻辑框架中控制模型为基础提出的，基本原则是针对控制模型中每一个控制模块给出一个独立的底层子系统，也存在一个底层子系统对应包含多个控制模块的情况，其中，通过方法选择表完成 ITS 体系框架中 172 项子服务所对应的逻辑功能和实现地点的匹配，即完成底层子系统在高层子系统中的定位，其考虑因素有技术可行性、用户费用、基础设施费用、精确度、反馈交互、信息更新频率、安全、抗灾性能、信息安全要求等；子系统则是对高层子系统下近似底层子系统组合得到的，是一种分类方式，不具有实际意义；物理模型则是针对用户服务提出的，由底层子系统为基本单位组成。

实际上，高层子系统和系统框架流，一起组成整体物理模型。底层子系统和框架流，一起进行不同组合而组成单个独立的物理模型。与美国的物理框架类似之处在于：以人、车、路、中心、环境为基本的物理系统划分原则，针对用户服务提出了相应的物理模型。

另外，日本 ITS 体系框架中对各元素（包括数据流等）都作了很细致的命名规定，使得在框架开发特别是团队合作开发的过程中，保证了 ITS 体系框架在名称上的一致性，可极大地方便开发后期内容的整理、修改，这值得我国开发人员借鉴。

3.4　两种构建方法的比较

前面分别从系统分析、软件工程和 ITS 体系框架的角度，对面向过程和面向对象两种指导方法进行了分析和应用，本节将以软件工程中两者方法的比较为基础，对其 ITS 体系框架的应用进行比较。

总体上来说，两种方法本质上是一致的，核心都是对系统功能进行详尽的描述；由于两种方法主要是在思维方式上存在差异，使得不同方法所得到的 ITS 体系框架是从不同的角度对系统的描述，具有不同的特点。

具体来说，面向过程方法和面向对象方法在 ITS 体系框架构建中的特点如表 3-1 所列。

面向过程方法和面向对象方法的应用比较　　表 3-1

比较因素	面向过程方法	面向对象方法	比　　较
思维方式	从功能进程的角度对 ITS 各项服务进行分析，它认为 ITS 由各功能共同作用完成	从 ITS 涉及的对象的角度分析，认为 ITS 系统由对象及其之间关系组成	前者适合于数据处理领域的问题，把系统组成看作是工作在数据上的一系列过程或函数的集合； 后者则较符合人类认识世界的习惯，把系统看成是相互协作而又彼此独立的对象的集合
更新维护	当修改、新增服务时，需要按照框架开发步骤进行一遍操作，并要与已有内容相融合	当修改、新增服务时，找出相关的对象类等，对其中的内容进行修改	前者更新需要涉及整个框架内容的更新，容易遗漏；后者则是针对相关的对象类更改相关内容；相比之下，后者具有明显优势

续上表

比较因素	面向过程方法	面向对象方法	比较
逻辑框架部分建模简易程度	主要通过数据流图表现其逻辑功能元素及其关系	需要建立对象模型、动态模型、功能模型，才可对逻辑功能元素描述清楚	前者较为简单，只相当于后者模型之一的功能模型；后者逻辑建模相对复杂
物理模块化的便利性	—	针对每项用户服务对应的逻辑功能元素进行分析，分析量很大	对逻辑功能元素进行模块化，需要对各逻辑功能元素的物理实现进行多方面的分析；工作量上，后者较大些

从上述分析可以看到，两种方法在ITS体系框架中各有特点。以面向过程方法为指导，比较简单实用，但对于比较复杂的系统，当需要新增用户服务时，修订比较麻烦；以面向对象方法为指导，需要针对各ITS用户服务逐个进行逻辑分析，工作量大，但更新维护方便。

因此，在ITS体系框架开发方法的选择上，可考虑已有开发基础、开发人员知识背景等因素选择即可。针对我国已有的ITS体系框架开发基础等情况，采用以面向过程方法为指导。

参考文献

[1] 王笑京. 智能交通系统体系框架原理与应用[M]. 北京：中国铁道出版社，2004.

[2] 刘冬梅. 智能交通系统（ITS）体系框架开发方法研究[D]. 北京：北京工业大学，2004.

[3] Turbo Architecture Version 7. 0. http://www. iteris. com/itsarch/html/turbo/turbomain. htm.

第4章　中国ITS体系框架的构建方法与流程

4.1　提出背景

国外尤其是美国、欧盟、日本等对ITS体系框架构建投入了较大精力，历经多年开发的ITS体系框架至今仍在完善过程中，同时在国家体系框架的基础上开始地方ITS体系框架的构建和单个系统的设计。就我国ITS体系框架而言，国内的研究相对薄弱，在体系框架的内容、理论方法等方面均需要进一步深入完善。我国ITS体系框架(第一版)存在的问题主要有如下几个方面。

(1)用户服务还有待进一步修改完善。

①"九五"体系框架确定用户服务的过程中，只对部分政府官员和技术专家进行了调研，而且主要参照了ISO 14813技术报告，对管理中的需求调研不充分，造成部分内容的遗漏；

②随着ITS建设在我国的深入进行，产生了一些新的需求；

③随着对ITS及体系框架理解的逐步深入，更新和修改完善用户服务是必不可少的，并且应当成为一项长期开展的常规工作。

(2)按照服务领域的垂直分工方式，造成各领域间内容协调上存在一定问题。

由于时间所限，第一版国家ITS体系框架在开发过程中，按照服务领域划分为不同工作组，以工作组为基本单位展开该领域的用户服务、逻辑框架、直至物理框架的开发工作。这种方式是当时在有限时间内完成目标的必然选择。但这种工作方式对体系框架的开发也带来了一些问题，例如：

①组间数据流不能完全对应；

②各组开发方法、研究深度等不尽相同；

③用户服务、逻辑框架、物理框架各个阶段之间没有重新组合的过程。

(3)ITS体系框架构建方法的问题。

在ITS体系框架开发过程中，不同国家/组织分别采用面向过程、面向对象等方法，如美国、欧盟、我国采用面向过程方法，日本则是采用面向对象方法。尽管各种构建方法在软件系统开发中已有详尽的优劣比较，但是由于ITS体系框架开发与软件系统开发在最终目的上的差异，使得软件系统各构建方法的优劣，并不能完全等同于 ITS 体系框架开发中各构建方法的优劣。因此，使得在选择体系框架构建方法时没有明确的依据。

(4)开发步骤有待规范。

ITS 体系框架开发在大的步骤上遵从国际惯例，即用户服务、逻辑框架、物理框架。但不同的体系框架构建方法、不同的国家具有不同的特点，其 ITS 体系框架构建步骤亦有所不同。对体系框架开发中终端的确定、用户服务到逻辑框架的转化、逻辑框架到物理框架的转化等方面，需要制定一定的原则和规范，而不仅仅是依靠开发人员的主观判断。从系统工程、软件工程、体系框架开发经验也说明，系统分析的过程要按照一定的步骤、遵循一定的原则进行。因此，不同构建思想下体系框架中各部分的开发步骤、衔接原则如何，是 ITS 体系框架开发中亟待解决的问题。

(5)物理框架有待深化。

我国 ITS 体系框架第一版主要侧重逻辑层面的功能性框架，对物理框架研究不够深入，对物理参考模型和通信体制基本没有涉及。

(6)工具落后。

前期体系框架的开发工具仅限于普通的文档和图形处理软件，开发工具的不足直接导致框架在开发过程中不仅浪费了大量的人力、物力和财力，而且开发效率低下，质量不高，无法满足不断增加的用户需求。

在上述背景下，对中国 ITS 体系框架的构建方法和流程进行细致深入的研究，对于完成中国 ITS 体系框架(第二版)具有至关重要的意义。

4.2 主要特点

中国 ITS 体系框架构建方法的主要特点有：

(1)在比较分析了面向过程和面向对象开发指导方法的基础上，确定中国 ITS 体系框架采用面向过程的系统开发方法，指导对 ITS 进行逻辑框架分析和物理框架构建。

(2)完善和规范了中国 ITS 体系框架的开发方法和流程，规范了体系框架各阶段的具体表现形式，并统一制定了命名规则和格式规范，为体系框架支持软件的开发提供了保证。

(3)提出并引入了“应用系统”的概念，将体系框架与实际应用有机结合。

应用系统是中国 ITS 体系框架(第二版)提出的一类新的 ITS 体系框架元素，在国内体系框架研究领域是一项富有意义的创新。应用系统是以需求为导向，对系统模块进行重新组合而形成的、在市场上和实际中能够见到的 ITS 物理系统。应用系统体现了体系框架与实际应用相结合的原则，能够满足各方对体系框架的不同需求，并为后续研究提供便于参照的基本依据。

4.3 体系框架构建方法

智能交通系统(ITS)是由多个彼此关联、无统一主管的子系统有机组成的复杂大系统。ITS 体系框架作为纲领性和宏观指导性的技术文件,对于 ITS 的规范、协调和可持续发展起到了不可或缺的重要作用。对于现有的 ITS 体系框架开发方法,无论是面向过程的方法,还是面向对象的方法,均存在下列尚待明确的问题。

(1)尽管 ITS 体系框架的三个主要组成部分——用户服务、逻辑框架和物理框架之间存在继承关系,也就是说,定义用户服务之后,将其映射到逻辑框架,再通过逻辑功能重组,得到物理框架,这一基本过程是没有异议的。但具体如何从用户服务转化为逻辑框架,又如何从逻辑框架转化为物理框架,尚缺乏规范的方法和操作流程。

(2)用户服务、逻辑框架和物理框架的具体表现形式,尚没有规范化和标准化。

(3)ITS 体系框架的实用性尚不够。因为在物理框架中定义的"系统"多是理想化的和理论性的,如何使得它们与市场上和实际中的 ITS 应用结合得更为紧密,是一个亟待解决的问题。

(4)在目前的方法中,数据的一致性和完整性只能通过人工检查,缺乏一种高效可靠的途径来确保 ITS 框架中纷繁复杂数据的一致性和完整性,从而在框架编制过程中由于异地多工作组间缺乏协调,以及数据的多次更新,造成数据不一致的情况会经常发生。

为了解决或改善上述现有方法中存在的问题,提出了一个可执行的、完备的 ITS 体系框架开发方法,并用于中国国家 ITS 体系框架(第二版)的编制,我们将其命名为 Chinese Executable and Reliable Architecture development Method,简称为 CERAM。CERAM 方法首先用数学语言规范化描述 ITS 体系框架中的各类概念和元素;其次,提出相邻阶段的转化问题;再次,重点介绍数据一致性和完整性问题。在上述基础上,提出 CERAM 方法完整的算法描述。

4.3.1 ITS 框架元素的规范描述

在本书所述方法中,ITS 体系框架由 4 个有继承关系的部分组成,分别是:用户服务(User Services)、逻辑框架(Logical Architecture)、物理框架(Physical Architecture)、应用系统(Application System)。

1)用户服务

用户服务从 ITS 各类用户的角度定义了 ITS 应当提供什么。通常,用户服务可以基于现有的和潜在的利益相关方提出的希望 ITS 提供服务的内容来得到。

用户服务通过由三层元素构成的层次结构来定义,其中的元素统称为用户服务元素(User Service Elements,简称 US),具体定义如下:

(1)用户服务领域(User Service Fields 或 Use Service Bundles),记为 US_i ($i=1,\cdots,M$),其中 M 为用户服务领域的总数。

(2)服务(Services),记为 $US_{i,j}$ ($j=1,\cdots,M_i$),其中 M_i 是第 i 个用户服务 US_i 中包含的服务个数。

(3)子服务(Sub Services),记为 $US_{i,j,k}$ ($k=1,\cdots,M_{ij}$),其中 M_{ij} 是第 i 个用户服务 US_i 中第 j 个服务 $US_{i,j}$ 中包含的子服务个数。

所有用户服务元素构成的集合记为 US。

2)逻辑框架

逻辑框架是从逻辑功能的角度对用户服务描述的 ITS 总体内容进行重构。通过对定义的用户服务逐条进行转化、映射,并加以整合,形成逻辑框架,利用详细定义的逻辑功能元素和数据流,来合理、高效地对 ITS 功能进行组织。

(1)逻辑功能元素

逻辑功能可进行逐层分解,形成 n_L($n_L \geqslant 3$)层的层次结构,该层次结构中的所有元素统称为逻辑功能元素(Logical Function Elements,简称 LF),其中:

①顶层逻辑功能元素称为功能域(Function Area);

②最底层逻辑功能元素称为过程(Process),当逻辑功能分解不能再进一步细分时,当前的逻辑功能元素即为过程;

③在功能域和过程之间,可根据需要分解为若干层次,这些层次的元素统称为功能(Function)。值得一提的是,每一个功能域、功能可根据实际需要,分解为不同的层数,但最大层数是 n_L-2。

所有逻辑功能元素构成的集合记为 LF。

一般地,第 n_l($1 \leqslant n_l \leqslant n_L$)层逻辑功能元素,可被记为 $LF_{i_1,i_2,\cdots,i_n}$,其中 i_k($1 \leqslant k \leqslant n_l$)是其所属的第 $k-1$ 层逻辑功能元素(即 $LF_{i_1,i_2,\cdots,i_{k-1}}$)在第 k 层所包含的所有逻辑功能元素中的排序号。显然有 $1 \leqslant i_k \leqslant N_{i_1,i_2,\cdots,i_{k-1}}$,其中,$N_{i_1,i_2,\cdots,i_{k-1}}$ 是其所属的第 $k-1$ 层逻辑功能元素(即 $LF_{i_1,i_2,\cdots,i_{k-1}}$)在第 k 层所包含的所有逻辑功能元素的总数。当 $n_l=1$ 时,用 LF_{i_1} 表示第 i_1 个功能域。

(2)数据流

在逻辑框架中,数据流(Data Flow,简称 DF)用于描述不同逻辑功能元素间的信息交换。将起点为 $LF_{i_1,i_2,\cdots,i_{nl}}$、终点为 $LF_{j_1,j_2,\cdots,j_{nl}}$ 的数据流记为 DF($LF_{i_1,i_2,\cdots,i_{nl}}$,$LF_{j_1,j_2,\cdots,j_{nl}}$)。

为方便起见,将进入和流出某一个逻辑功能元素($LF_{i_1,i_2,\cdots,i_{nl}}$)的所有数据流,记为 DF($LF_{i_1,i_2,\cdots,i_{nl}}$)。

(3)数据流图

数据流图(Data Flow Diagram,简称 DFD)是直观可读地描述逻辑框架总体情况的表现形式。每一个数据流图由逻辑功能元素及其之间的数据流组成。在数据流图中,逻辑功能元素用内部标注编号和名称的圆表示；逻辑功能元素之间的数据流用两个元素间标注名称的箭头表示。

由于逻辑功能元素和数据流加起来将会有成百上千个，将它们表示在同一个数据流图中，将使得数据流图的可读性变得令人难以接受。为此采取将数据流图分层表示的方法，将复杂的、可读性极差的唯一一个数据流图，转化为分层表示、逻辑衔接的一系列数据流图，将其用数学语言表示如下。

对于顶层数据流图，记为 DFD_0，由 ITS 所包含的功能域及各功能域间的数据流组成，DFD_0 可被记为：

$$DFD_0 = \psi_0(LF_i, DF(LF_i), i = \overline{1, N_0})$$

式中：N_0——ITS 所包含功能域的总数；

LF_i——各功能域；

$DF(LF_i)$——进入或从该功能域发出的所有数据流；

ψ_0——一个映射。

一般地，对于第 $n_l-1(1< n_l<n_L)$ 层的逻辑功能元素 $LF_{i_1,i_2,\cdots,i_{nl-1}}$，其直接下属的逻辑功能元素为 $LF_{i_1,i_2,\cdots,i_{nl-1},i_{nl}}$，则以其为核心的数据流图可定义为：

$$DFD_{i_1,i_2,\cdots,i_{nl-1}} = \psi_{i_1,i_2,\cdots,i_{nl-1}}(LF_{i_1,i_2,\cdots,i_{nl-1},i_{nl}}, DF(LF_{i_1,i_2,\cdots,i_{nl-1},i_{nl}}), i = 1, N_{i_1,i_2,\cdots,i_{nl-1}})$$

式中：$N_{i_1,i_2,\cdots,i_{nl-1}}$——$LF_{i1,i_2,\cdots,i_{nl-1}}$ 直接下属的逻辑功能元素的总数；

$DF(LF_{i_1,i_2,\cdots,i_{nl-1}})$——进入或从该功能元素发出的所有数据流；

$\psi_{i_1,i_2,\cdots,i_{nl-1}}$——一个映射。

3)物理框架

物理框架是从系统实现的角度对 ITS 的体系结构进行描述。物理框架是按照目标和实现方式，对逻辑功能进行重组而得，那些功能相近、便于一起实现的逻辑功能被组合在一起，构成系统模块、子系统、系统等物理系统元素。它提供了重要的 ITS 接口以及主要系统组件的物理表示。

与逻辑框架相类似，物理框架的主要表现形式包括：以层次结构列表形式展现的物理系统元素、表达物理系统元素间交互关系的框架流、综合展示物理框架内容的框架流图。

(1)物理系统元素

由系统、子系统、系统模块组成的三层层次结构，统称为物理系统元素(Physical System Elements，缩写为 PS)，由对逻辑功能元素进行功能重组而得来。其中：

①系统(System)，用 $PS_i(i=1,\cdots,K)$ 表示，K 是系统的总个数；

②子系统(Subsystem)，用 $PS_{i,j}(j=1,\cdots,K_i)$ 表示，K_i 是系统 PS_i 下属的子系统的总个数；

③系统模块(System Module)，用 $PS_{i,j,k}(k=1,\cdots,K_{ij})$ 表示，K_{ij} 是子系统 PS_i 下属的系统模块的总个数。

所有物理系统元素构成的集合记为 PS。

(2)框架流

框架流(Architecture Flow,缩写为 AF),是物理框架中又一类重要的元素,用于描述同级两个物理系统元素间的关系。框架流依据逻辑功能重组情况,由数据流组合而成。

对于存在某种数据关系的任意两个系统 PS_{i_1} 和 PS_{i_2}(i_1, $i_2=1,\cdots,K$)而言,两者间的框架流记为 $AF(PS_{i_1},PS_{i_2})$。

类似地,任意两个子系统 PS_{i_1,j_1} 和 PS_{i_2,j_2}(i_1, $i_2=1,\cdots,K$;j_1, $j_2=1,\cdots,K_i$)间的框架流记为 $AF(PS_{i_1,j_1},PS_{i_2,j_2})$;任意两个系统模块 PS_{i_1,j_1,k_1} 和 PS_{i_2,j_2,k_2}(i_1, $i_2=1,\cdots,K$;j_1, $j_2=1,\cdots,K_i$;k_1, $k_2=1,\cdots,K_{ij}$)间的框架流记为 $AF(PS_{i_1,j_1,k_1},PS_{i_2,j_2,k_2})$。

为方便起见,将进入或从某物理系统元素(PS)发出的所有框架流,记为 AF(PS)。

(3)框架流图

框架流图(Architecture Flow Diagram,简称 AFD)是对物理框架可视性和可读性俱佳的全面展示。框架流图由物理系统元素及其之间的框架流组成。在图中,物理系统元素用内部标注编号和名称的矩形表示;物理系统元素之间的框架流用两者间标注名称的箭头表示。

框架流图同样分为不同的层次。

①系统级框架流图。

用来描述 ITS 由哪些系统构成,各系统间的关系,以及 ITS 与外部的关系,可表示为:

$$AFD_0=\Phi_0(PS_i,AF(PS_i),i=\overline{1,K})$$

式中:Φ_0——一个映射。

②子系统级框架流图。

用来描述每一个系统由哪些子系统构成,各子系统间的关系,以及该系统与外部的关系。系统 PS_i 的框架流图可表示为:

$$AFD_i=\Phi_i(PS_{i,j},AF(PS_{i,j}),j=\overline{1,K_i})$$

式中:Φ_i——一个映射。

③系统模块级框架流图。

用来描述每一个子系统由哪些系统模块构成,系统模块间的关系,以及该子系统与外部的关系。子系统 $PS_{i,j}$ 的框架流图可表示为:

$$AFD_{i,j}=\Phi_{i,j}(PS_{i,j,k},AF(PS_{i,j,k}),k=\overline{1,K_{ij}})$$

式中:$\Phi_{i,j}$——一个映射。

4)应用系统

为了使 ITS 体系框架更好地与实际相结合,特别引入了应用系统(Application System,缩写为 AS)的概念,作为一类新的框架元素。应用系统是根据用户和市场的需要,对系统模块进行重组而形成的实际的 ITS 系统。

应用系统记为 $AS_i(i=1,\cdots,L)$，其中 L 是应用系统的总数。

4.3.2 相邻阶段的转化

在 2.1 中对 ITS 体系框架的四个阶段以及各阶段涉及的各种框架元素用数学语言进行了规范描述，本节重点解决四个阶段之间如何转化的问题，它是 ITS 框架编制的关键环节，在现有的 ITS 框架编制方法中均缺乏明确的流程定义。

1）从用户服务到逻辑框架的转化

该转化的目标是依据用户服务层次表，定义逻辑功能层次表，建立逻辑功能元素与用户服务元素间合理、完备的映射关系，确保每一个用户服务元素都有至少一个逻辑功能元素与之对应，且两者间的对应关系是多对多的。

从用户服务到逻辑框架的转化过程由我们提出的 TUSLA 算法描述。

第一步：预转化。

Set $\{\overline{LF}\}=\phi$

For $i=1,\cdots,M$

For $j=1,\cdots,M_i$

{If 所有的 $US_{i,j}$ 可被转化为相同的 $LF_{i_1,i_2,\cdots,i_{nl}}$ }

{If $LF_{i_1,i_2,\cdots,i_{nl}} \notin \{\overline{LF}\}$}

Then $\{\{\overline{LF}\}:=\{\overline{LF}\}\cup\{\overline{LF}_{i_1,i_2,\cdots,i_{nl}}\}$

and set $\psi_i(US_i):=\overline{LF}_{i_1,i_2,\cdots,i_{nl}}\}$

If $LF_{i_1,i_2,\cdots,i_{nl}} \in \{\overline{LF}\}$

Then set $\psi_i(US_i):=\overline{LF}_{i_1,i_2,\cdots,i_{nl}}$

Break

For $k=1,\cdots,M_{ij}$

{If 所有的 $US_{i,j,k}$ 可被转化为相同的 $LF_{i_1,i_2,\cdots,i_{nl}}$ }

{If $LF_{i_1,i_2,\cdots,i_{nl}} \notin \{\overline{LF}\}$}

Then $\{\{\overline{LF}\}:=\{\overline{LF}\}\cup\{\overline{LF}_{i_1,i_2,\cdots,i_{nl}}\}$

and set $\psi_{i,j}(US_{i,j}):=\overline{LF}_{i_1,i_2,\cdots,i_{nl}}\}$

If $LF_{i_1,i_2,\cdots,i_{nl}} \in \{\overline{LF}\}$

Then set $\psi_{i,j}(US_{i,j}):=\overline{LF}_{i_1,i_2,\cdots,i_{nl}}$

Break

If $US_{i,j,k}$ 可转化为 $LF_{i_1,i_2,\cdots,i_{nl}}$

{If $LF_{i_1,i_2,\cdots,i_{nl}} \notin \{\overline{LF}\}$

Then $\{\overline{LF}\}:=\{\overline{LF}\}\cup\{\overline{LF}_{i_1,i_2,\cdots,i_{nl}}\}$

and set $\psi_{i,j,k}(\mathrm{US}_{i,j,k}):=\overline{\mathrm{LF}}_{i_1,i_2,\cdots,i_{nl}}\}$

If $\mathrm{LF}_{i_1,i_2,\cdots,i_{nl}}\in\{\overline{\mathrm{LF}}\}$

Then set $\psi_{i,j,k}(\mathrm{US}_{i,j,k}):=\overline{\mathrm{LF}}_{i_1,i_2,\cdots,i_{nl}}$

第二步：补充分解和完善。

$\{\overline{\mathrm{LF}}\}$是预转化产生的临时逻辑功能元素(Temporary Logical Function Elements，简称 TLF)的集合。在本步中，可通过进一步分解 TLF，删除某些 TLF，调整某些 TLF 的位置等方式，从全局角度来优化和完善逻辑功能层次结构。具体流程如下：

If $\overline{\mathrm{LF}}_{i_1,i_2,\cdots,i_{nl+1}}$ 由进一步分解$\overline{\mathrm{LF}}_{i_1,i_2,\cdots,i_{nl}}$ 而来，and $\psi_{i,j}(\mathrm{US}_{i,j})$：$\overline{\mathrm{LF}}_{i_1,i_2,\cdots,i_{nl}}$

Then $\{\{\overline{\mathrm{LF}}\}:=\{\overline{\mathrm{LF}}\}\cup\{\overline{\mathrm{LF}}_{i_1,i_2,\cdots,i_{nl+1}}\}$

建立映射关系 $\psi_{i,j}(\mathrm{US}_{i,j}):=\overline{\mathrm{LF}}_{i_1,i_2,\cdots,i_{nl+1}}\}$

If $\overline{\mathrm{LF}}_{i_1,i_2,\cdots,i_{nl}}$ 被删除

Then $\{\{\overline{\mathrm{LF}}\}:=\{\overline{\mathrm{LF}}\}-\overline{\mathrm{LF}}_{i_1,i_2,\cdots,i_{nl}}$

删除映射关系 $\psi_{i,j}(\mathrm{US}_{i,j}):=\overline{\mathrm{LF}}_{i_1,i_2,\cdots,i_{nl}}\}$

(但是当 $\mathrm{LF}_{i_1,i_2,\cdots,i_{nl}}$ 是与 $\mathrm{US}_{i,j}$ 相关的唯一元素时，则不允许直接删除 $\mathrm{LF}_{i_1,i_2,\cdots,i_{nl}}$)

If $\overline{\mathrm{LF}}_{i_1,i_2,\cdots,i_{nl}}$ 位置调整，变为$\overline{\mathrm{LF}}_{j_1,j_2,\cdots,j_{nl}}$

Then $\{\mathrm{reset}\ \psi_{i,j}(\mathrm{US}_{i,j}):=\overline{\mathrm{LF}}_{j_1,j_2,\cdots,j_{nl}}$

$\{\overline{\mathrm{LF}}\}:=\{\overline{\mathrm{LF}}\}-\overline{\mathrm{LF}}_{i_1,i_2,\cdots,i_{nl}}\}$

$\{\overline{\mathrm{LF}}\}:=\{\overline{\mathrm{LF}}\}\cup\{\overline{\mathrm{LF}}_{j_1,j_2,\cdots,j_{nl}}\}\}$

第三步：整合。

当所有的映射关系 $\psi_i(\mathrm{US}_i)$，$\psi_{i,j}(\mathrm{US}_{i,j})$，$\psi_{i,j,k}(\mathrm{US}_{i,j,k})$全部定义好后，对每一个$\overline{\mathrm{LF}}_{i_1,i_2,\cdots,i_{nl}}$，置

$$\mathrm{LF}_{i_1,i_2,\cdots,i_{nl}}:=\overline{\mathrm{LF}}_{i_1,i_2,\cdots,i_{nl}}$$

这意味着逻辑功能元素的层次结构，以及用户服务元素与逻辑功能元素间的映射关系，已经定义完成。

2)从逻辑框架到物理框架的转化

该转化的目标是定义物理系统层次表，建立物理系统元素与逻辑功能元素间合理、完备的映射关系，确保每一个逻辑功能元素都有至少一个物理系统元素与之对应，且两者间的对应关系是多对多的。

该转化过程由 TLAPA 算法描述。该算法与 TUSLA 算法类似，两者之间主要的区别在于：TLAPA 算法结合了"由后向前"和"由前向后"的转化过程，而 TUSLA 算法仅仅采用了"由前向后"的转化过程。

通过 TLAPA 算法，定义了所有物理系统元素，包括 PS_i，$\mathrm{PS}_{i,j}$，$\mathrm{PS}_{i,j,k}$，以及逻辑功能元素与物理系统元素间的对应关系，记为 $\varphi_i(\mathrm{PS}_i)$，$\varphi_{i,j}(\mathrm{PS}_{i,j})$，$\varphi_{i,j,k}(\mathrm{PS}_{i,j,k})$。

3)从物理框架到应用系统的转化

相对于前两个转化过程,该转化简单许多。

若应用系统 AS_i,由 n 个系统模块构成,分别记为 PS_{i_1,j_1,k_1},PS_{i_2,j_2,k_2},…,PS_{i_n,j_n,k_n},则有

$$AS_i = \xi_i(PS_{i_1,j_1,k_1}, PS_{i_2,j_2,k_2}, \cdots, PS_{i_n,j_n,k_n})$$

其中,ξ_i 表示某个映射。值得注意的是,PS_{i_1,j_1,k_1},PS_{i_2,j_2,k_2},…,PS_{i_n,j_n,k_n} 可分属于不同的子系统,甚至不同的系统。

4.3.3 数据一致性和完整性

在ITS体系框架的编制过程中,一个至关重要的问题是如何保证数据的一致性和完整性,这意味着应当在所有的框架元素,包括US,LF,DF,PS,AF,AS之间建立完善的追溯矩阵。

在按照用户服务、逻辑框架、物理框架、应用系统的序列进行转化的过程中,建立追溯矩阵,是保证数据一致性和完整性的重要手段。除此之外,还应当遵循下列一些原则。

1)不同级别间数据的完整性

在基于LF层次结构定义数据流时,应采取自下而上的方法。应当先定义过程之间的数据流,进而按照自下而上的顺序逐层将定义好的下级数据流组合形成上一级别的数据流。于是有下列命题:

若 $DF(LF_{i_1,i_2,\cdots,i_{nl}}, LF_{j_1,j_2,\cdots,j_{nl}}) \in \{DF(LF_{i_1,i_2,\cdots,i_{nl}})\}$,则必然存在这样一条数据流,记为 $DF(LF_{i_1,i_2,\cdots,i_{nl-1}}, LF_{j_1,j_2,\cdots,j_{nl-1}})$,使得 $DF(LF_{i_1,i_2,\cdots,i_{nl}}, LF_{j_1,j_2,\cdots,j_{nl}}) \in \{DF(LF_{i_1,i_2,\cdots,i_{nl-1}})\}$。

类似的命题对于框架流同样为真。

2)同一级别(不同领域)间数据的完整性

在定义数据流时,同样需要保证同一级别逻辑功能元素间数据流的完整性。以下命题为真:

若在数据流图 $DFD_{i_1,i_2,\cdots,i_{nl}}$ 中存在一条数据流 $DF(LF_{i_1,i_2,\cdots,i_{nl}}, LF_{j_1,j_2,\cdots,j_{nl}})$,即

$$DF(LF_{i_1,i_2,\cdots,i_{nl}}, LF_{j_1,j_2,\cdots,j_{nl}}) \in \{DF(LF_{i_1,i_2,\cdots,i_{nl}})\}$$

则该数据流必存在于数据流图 $DFD_{j_1,j_2,\cdots,j_{nl}}$ 中,即有

$$DF(LF_{i_1,i_2,\cdots,i_{nl}}, LF_{j_1,j_2,\cdots,j_{nl}}) \in \{DF(LF_{j_1,j_2,\cdots,j_{nl}})\}$$

对于框架流,类似的命题同样为真。

4.3.4 CERAM算法的完整描述

基于上述分析,CERAM算法可完整描述如下,该算法提供了可执行的、可靠的ITS体系框架编制解决方案。

步骤 1:用户服务。

步骤 1.1 定义 ITS 用户,分析用户需求。

步骤 1.2 通过整合用户需求,定义用户服务的层次结构。

步骤 2:逻辑框架。

步骤 2.1 利用 TUSLA 算法将用户服务元素 US 转化为逻辑功能元素 LF,建立逻辑功能元素的层次结构,以及 US 与 LF 间的追溯矩阵。

步骤 2.2 自下而上定义逻辑功能元素间的数据流,保证数据的完整性。

步骤 2.3 按照逻辑功能元素及数据流的定义,生成数据流图。

步骤 3:物理框架。

步骤 3.1 利用 TLAPA 算法,将逻辑功能元素 LF 转化为物理系统元素 PS,建立物理系统元素的层次结构,以及 LF 与 PS 间的追溯矩阵。

步骤 3.2 自下而上定义物理系统元素间的框架流,保证数据的完整性。

步骤 3.3 按照物理系统元素及框架流的定义,生成框架流图。

步骤 4:应用系统。

步骤 4.1 将物理系统元素转化为应用系统,建立应用系统列表以及物理系统元素与应用系统间的追溯矩阵。

步骤 4.2 对每一个应用系统进行描述和分析。

4.4 体系框架构建流程

本节在明确了面向过程的开发指导思想的基础上,对中国 ITS 体系框架第一版开发步骤进行深入细化、规范,重点包括:明确终端的确定原则、用户服务到逻辑框架的转化方法、逻辑框架与物理框架的关系、应用系统的构建方法、应用系统与物理框架的关系等,并以交通信息服务领域为例进行了示范。

4.4.1 ITS 范围界定

进行系统分析,首先必须从系统外部环境分析开始,界定系统的边界,即系统的外部接口、系统所必须完成的基本功能,利用系统环境图(亦称顶层图)来描述系统的使用者、被使用者、系统使用者和被使用者与系统的信息交换。因此,对于包含道路、人、环境、车辆等多种因素的 ITS 大系统而言,建立其体系框架的第一步为确定 ITS 范围,即明确 ITS 终端。

终端作为 ITS 系统的边界,联系着 ITS 系统和外部世界,是 ITS 数据流、框架流的端点。明确了终端,即界定了 ITS 系统具有的功能,可避免由于终端与子系统功能重合造成的数据流、框架流的重复创建,为得到功能明确、关系清晰的体系框架提供保障。

基于终端在 ITS 体系框架中的上述作用，参考美国、欧盟等在确定 ITS 终端时的做法，中国 ITS 体系框架中终端的确定原则如下：

(1)终端是对应于一定地区的 ITS 体系框架而言的，它在体系框架中不分配功能，即终端应是不包含此地区 ITS 系统功能的实体，它定义了体系框架需要外部提供的功能以及可向外界提供的信息，可以是某一组织、系统、物体(可提供信息的物理实体，如道路)等。

(2)在定义数据流起终点时，当 ITS 系统内部的逻辑功能元素不能满足需要时，需要把此数据流的终点定义为终端。

终端可以是用户(数据管理人员、货车驾驶员、一般驾驶员等)、环境(自然环境、道路环境、换乘区、交通环境、车辆特征等)、其他系统(其他地区的 ITS 系统等)、外部系统(资产管理系统等)。

在中国 ITS 体系框架中，终端分为 19 类。

4.4.2 用户服务

ITS 用户服务是从系统的角度，描述 ITS 系统可为用户提供的服务内容，界定 ITS 可提供服务的范围，是体系框架构建的基础。

从开发步骤方面来说，首先需要明确系统用户，即用户主体；然后针对每个用户主体的交通需求进行分析，提炼针对各种用户需求 ITS 可提供的服务内容；同时借鉴国外发达国家 ITS 用户服务的可取之处，并纳入国内近几年 ITS 发展过程中出现的新需求、新内容；采取更为贴近各类用户的服务划分方式，分析总结出 ITS 系统的用户服务。

按照上述开发步骤，形成了中国 ITS 体系框架用户服务(第二版)(征求意见稿)，并面向百余位专家征求意见，根据专家反馈意见，进一步修订完善，形成了中国国家 ITS 体系框架用户服务(第二版)。

4.4.3 逻辑框架

逻辑框架描述系统完成 ITS 用户服务所必须具有的逻辑功能和功能间的数据交互关系。在逻辑框架的构建过程中，不考虑具体的体制和技术因素，它只确定满足用户服务需求所必需的系统功能和功能间传递的数据流，而不管该功能由哪一个具体的部门来实现以及如何实现，从而尽量避免由于技术的迅速发展对框架带来的影响。在 ITS 体系框架开发中，逻辑框架起到承前启后的作用，通过它实现了由用户服务到物理框架的合理转化。

从开发步骤方面来说，我国 ITS 逻辑框架采用比较通用的面向过程的分析方法，自顶向下逐步求精，再通过重新组合、抽象、合并等得到逻辑元素。需要强调的是，逻辑元素是对数据的处理，此思想贯穿逻辑框架的整个构建过程。逻辑框架的开发主要经历以下几个阶段。

步骤1：用户服务到逻辑元素的转化。针对各项用户服务，从提供此项服务所需要具备哪些功能的角度、自顶向下逐步进行分解，得到不同的逻辑元素及其间传递的信息，直到逻辑元素不能再分解为止，由此建立针对某用户服务的以多层次表达的逻辑模型，通常以数据流图的形式表达。按照此方法，依次对各服务及子服务进行分解，完成用户服务到逻辑元素的转化。其中，逻辑模型的层次数根据分解需要而定。

步骤2：整合逻辑元素，形成逻辑元素层次表。通过步骤1得到的不同逻辑元素，在层次方面，或具有包含关系或具有并列关系，在内容方面，或包含或交叉或重复，不同的服务可能具有相同的逻辑元素需求，因此，需要对逻辑元素进行重新整合。所谓整合，是在不涉及任何具体的物理因素的前提下，对步骤1中不同的逻辑元素进行分类，把相近的元素进行合并，而且可以根据分类需要，对不同服务领域内的服务转化得到的逻辑元素进行整合，由此得到内容简洁、合理的逻辑元素层次表。

步骤3：在进行步骤1和2时，可得到逻辑元素数据流。由于逻辑元素是对数据的处理，所以在分析逻辑元素的同时已经得到了逻辑元素间的信息交互，即逻辑元素数据流。因此，步骤2对逻辑元素进行整合的过程，也是对步骤1中逻辑元素数据流进行组合的过程，由此得到最终的逻辑元素数据流表及数据流图。需要指出的是，逻辑元素数据流也是分层的，与其起终点对应的逻辑元素的分层关系保持一致。

步骤4：以步骤3所得逻辑元素数据流为基础，绘制相应层次的逻辑元素数据流图。

另外，在进行步骤1和2分析时，在列出逻辑元素的同时，可根据需要给出数据存储。此数据存储是逻辑概念上的、对特定数据的存档。

我国ITS逻辑框架主要以逻辑元素层次表、逻辑元素描述、逻辑元素数据流和逻辑元素数据流图四项内容来体现。

(1)逻辑元素层次表以层次列表的形式列出了ITS由功能域、功能、子功能和过程组成的四层体系，直观表示出了逻辑元素间的层次关系。

(2)逻辑元素描述是对每一个逻辑元素进行简单的描述说明，明确其包含的内容，主要说明对数据的处理过程。

(3)逻辑元素数据流是在逻辑元素之间以及逻辑元素和系统终端之间传输的信息，它代表着ITS中“运动的数据”，由数据流名称、起点和终点来唯一定义一条数据流。数据流描述说明了每一条数据流所包含的细节数据。

(4)逻辑元素数据流图说明了逻辑元素间的数据交互关系，描述了信息在系统中的流动和处理情况。在数据流图中，数据流表示为一个从起点指向终点的有向箭头，箭头方向表示数据的流向，数据流线条上面的文字表示了数据流名称；用椭圆表示逻辑元素，其名称写在椭圆内；以矩形表示系统终端；用圆柱表示数据存储，用于保存需要存储的数据元素。

在 ITS 体系框架中，逻辑元素数据流遵循上下层、同层数据完整性和一致性原则。即上层数据流可在下层数据流中找到其原型，下层数据流可能包含于上层数据流也可能包含于上层功能中；同层数据流在不同的数据流图中保证起终点一致，如图 4-1 所示。

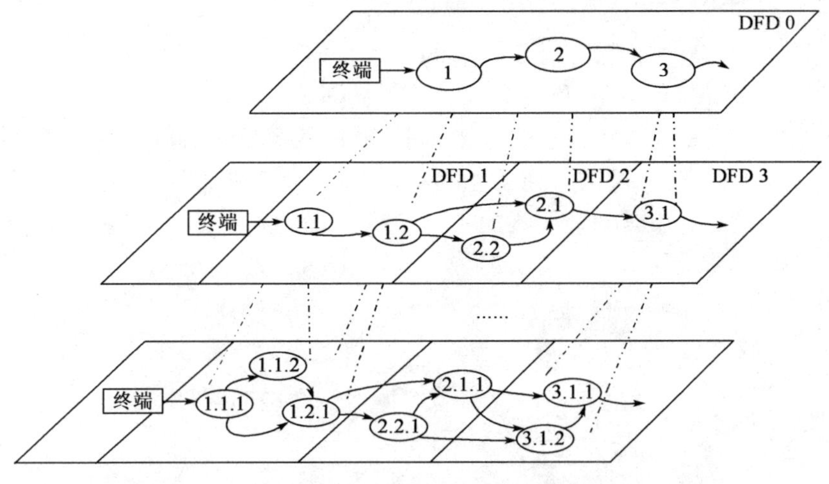

图 4-1 ITS 逻辑框架数据流层次关系示意图

为了避免在逻辑功能整合中相同功能因为语言表达不同而未合并，而且为 ITS 体系框架开发人员沟通提供统一基础，保证用户服务到逻辑框架的转化规范，我国 ITS 逻辑元素数据流命名规则如下：

(1)对于同一功能域内部的数据流，命名格式为“功能域代码—数据流名称”。

(2)对于起点和终点属于不同功能域的数据流，命名格式为“起点所属功能域代码·终点所属功能域代码—数据流名称”。

(3)对于出入终端的数据流，命名格式为：

①从终端流出的数据流：f 终端名—功能域代码—数据流名称；

②流入终端的数据流：t 终端名—功能域代码—数据流名称，其中终端名采用中文定义。

(4)流出(或流入)同一终端的一组数据流，可合并为数据流组，命名格式为：

①从终端流出的数据流组：fr 终端名；

②流入终端的数据流组：to 终端名；

③终端的双向数据流：to/fr 终端名。

以上述逻辑框架开发方法为指导，得到中国 ITS 体系框架(第二版)逻辑框架，包括：

(1)中国 ITS 逻辑元素层次表，包括 10 项功能域、57 项功能、101 项子功能、406 项过程。

(2)各逻辑元素描述表。

(3)ITS 逻辑元素数据流图,共 120 幅。

(4)ITS 各功能域数据流描述表。

4.4.4 物理框架

物理框架是对实现用户服务所需功能的物理性描述,它主要描述组成 ITS 的物理实体及实体间的关系,包括:系统、子系统、系统模块、框架流等元素。

物理框架是以逻辑功能层次表为基础,同时考虑各逻辑元素数据流间的关系,从如何具体实现各项功能的角度,综合考虑功能的实现地点、便于具体落实等因素对各逻辑功能元素进行组合形成的。逻辑功能元素的不同组合可得到不同的物理系统元素。因此,逻辑功能元素与物理系统元素间为多对多的关系,如图 4-2 所示。

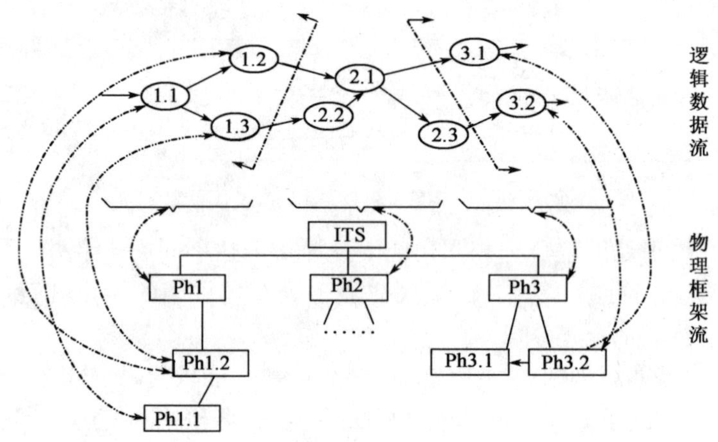

图 4-2 ITS 逻辑功能元素到物理系统元素的转化对应示意图

系统、子系统、系统模块、物理元素框架流是物理框架的基本组成元素。从开发步骤方面来说,基本上可以划分为五大步:系统划分→子系统划分→系统模块划分→物理元素框架流创建→物理元素框架流图绘制。

(1)系统的划分考虑了我国交通管理体制等因素,主要以单一职能部门为划分单位,尽量保证与我国交通管理体制的一致性,同时在延承逻辑框架中功能域划分的基础上稍加变动,给出 ITS 包含的十大物理系统,涵盖了 ITS 所有用户服务内容。十大物理系统为:交通管理系统、电子收费系统、交通信息服务系统、安全与紧急救援管理系统、客运管理系统、货运管理系统、城市公共交通管理系统、智能公路与安全辅助驾驶系统、交通基础设施管理系统、ITS 数据管理(交通信息平台)。

(2)子系统是系统的细分。以传统交通工程学中人、车、路、环境四类为指导思想,结合实际情况,参考国外物理子系统的划分方法,给出了划分我国 ITS 物理子系统的依据,即针对每个系统包含的逻辑过程，按照：以人、车、外场、中心为基础，结合实际工作内容及流程，对每个系统包含的逻辑过程进行子系统划分，使各子系统与现实世界有所对应，同时较好地使用已有设施，避免重复建设。

(3)系统模块是组成子系统的基础。由于子系统一般具有多个功能，系统模块则是对子系统功能的分解，是整个物理框架的基础，也是逻辑框架与物理框架相互关联紧密的部分。

借鉴软件工程中模块化的原则：一个软件系统具有适当的模块数目，模块数目过少，则难以使人理解，模块数目过多，则增加通信接口设计工作；而模块大小的确定可由Meyer提出的定义有效的模块系统的五条标准来衡量，包括模块可分解性、模块可组装性、模块可理解性、模块联系性、模块保护性。采用模块化原理可以使结构清晰，便于分工合作，并可提高系统可靠性。

因此，在设计ITS物理系统模块的过程中，需要考虑的因素，包括适当数量的模块、模块内部功能内聚性、模块之间独立性、模块可组装性以及技术可行度、技术成熟度等。特别强调的是，独立的模块可减少各设备间的接口需求，有利于ITS应用系统的实际实施。

(4)物理元素框架流则描述了物理系统元素间的联系，给出了不同物理实体间的信息交互关系，是ITS物理框架的重要组成部分。物理元素框架流是在逻辑元素数据流的基础上得到的，是逻辑元素数据流的组合。通过框架流，把物理系统各元素有机整合在一起，得到内聚性高、耦合度低的ITS系统。

物理元素框架流命名，应遵循以下原则。

①物理元素框架流与逻辑框架数据流命名规则一致。

②用系统及子系统代码对物理元素框架流进行命名。

③以子系统代码或系统代码作为框架流名称中的字头。

④系统代码为英文首字母缩写。

⑤子系统代码为系统代码＋子系统在该系统中的序号(01,02…)。

⑥对于子系统与子系统之间的框架流、模块与模块之间的框架流、子系统与终端之间的框架流、模块与终端之间的框架流的命名格式如下。

a. 对于同一子系统内部的框架流，命名格式为：子系统代码_框架流名称。

b. 对于起点、终点属于不同子系统的框架流，命名格式为：起点所属子系统代码·终点所属子系统代码_框架流名称。

c. 出入终端的框架流，其命名格式为：

a)从终端流出的框架流：f终端名_子系统代码_框架流名称；

b)流入终端的框架流：t终端名_子系统代码_框架流名称。

d. 对于出入终端的框架流组，其命名格式为：

a)从终端流出的框架流组:fr 终端名_子系统代码_框架流组名称;

b)流入终端的框架流组:to 终端名_子系统代码_框架流组名称。

⑦对于系统与系统之间的框架流、系统与终端之间的框架流的命名格式如下。

a. 系统与系统之间的框架流,其命名格式为:起点系统代码·终点系统代码_框架流名称。

b. 出入终端的框架流,其命名格式为:

a)从终端流出的框架流:f 终端名_系统代码_框架流名称;

b)流入终端的框架流:t 终端名_系统代码_框架流名称。

c. 对于出入终端的框架流组,其命名格式为:

a)从终端流出的框架流组:fr 终端名_系统代码_框架流组名称;

b)流入终端的框架流组:to 终端名_系统代码_框架流组名称。

(5)按照步骤(4)创建的框架流,绘制相应的物理元素框架流图。同样,物理元素框架流图与逻辑元素数据流图类似,也是分层次的,并与其起终点的层次相一致。

以上述 ITS 物理框架构建方法为指导,得到中国 ITS 体系框架(第二版)物理框架,包括:

(1)中国 ITS 物理元素层次表,包括 10 项系统、38 项子系统、150 项系统模块。

(2)各物理元素描述表。

(3)ITS 物理元素框架流图以分层的形式描绘了 ITS 各系统间、子系统间、系统模块间及各元素与终端间的框架流联系,包括 ITS 物理框架简图、ITS 顶层物理框架图、子系统级框架流图、系统模块级框架流图,共 50 幅图。

(4)ITS 各系统物理元素框架流描述表。

4.4.5 应用系统

应用系统是为了满足市场和各类用户的实际需求,对系统模块进行重新组合而形成的市场上和实际中能够见到的 ITS 物理系统。它的提出是我国 ITS 体系框架构建的创新点之一。

按照常规的物理框架开发方法,可得到由系统、子系统、系统模块、框架流构成的内容覆盖全面、互联关系紧密的物理框架。然而,以此为基础开展地方 ITS 规划、ITS 评价等工作,以及用于指导地方 ITS 建设时,ITS 体系框架的内容与现实存在的系统在形式上存在较大差异,使得框架本应起到的指导作用得不到很好的发挥。为此,经过慎重考虑,提出了应用系统的概念。

应用系统在层次上对应于子系统,应用系统和子系统都以系统模块为基础。子系统是物理框架中的一个概念性的虚拟存在的元素,是一种划分物理框架的标准,并不对应实际的系统。如,交通信息服务中心子系统、公共交通管理中心子系统等,可能在实际建设时并不需要分别单独建设各个中心，而是根据实际建设体制、实际需求等来进行合并建设等，同时各子系统包含的系统模块是不重复的。而应用系统则是以用户需求为出发点，通过系统模块间不同的组合，达到完成用户服务的目的。不同的应用系统所包含的系统模块可以部分重复，由此可保证得到功能不同、技术要求不同、灵活的、可指导实际建设的系统，如区域自适应信号控制系统、特种车辆信号优先系统等。

从开发步骤方面来说，应用系统的构建可包括以下步骤：

(1)以需求为导向，对系统模块进行组合，形成市场上和实际中能够见到的 ITS 物理系统。

(2)绘制应用系统构成图，以构成应用系统的系统模块及其物理元素框架流为基础，绘制应用系统构成图。

(3)明确与用户服务对应的应用系统。通过此步骤，一方面可检查是否均已提供用户服务，另一方面可建立用户服务与应用系统的对应关系，便于体系框架的推广应用。

依据上述开发步骤，得到我国 ITS 应用系统的相关成果：

(1)ITS 应用系统列表，包括 10 项应用领域的 58 项应用系统。

(2)各应用系统描述表。

需要指出的是，ITS 技术日新月异，新的系统层出不穷。随着技术的发展以及 ITS 建设的深入进行，此应用系统列表还会进行动态更新、补充和完善。

参 考 文 献

[1] 王笑京. 智能交通系统体系框架原理与应用[M]. 北京：中国铁道出版社，2004.

[2] 刘冬梅. 智能交通系统(ITS)体系框架开发方法研究[D]. 北京：北京工业大学，2004.

[3] 张可，齐彤岩，刘冬梅，等. 中国智能交通系统(ITS)体系框架研究进展[J]. 交通运输系统工程与信息，2005，5(5)：5-11.

第5章　ITS体系框架数据管理和开发辅助工具

5.1　需要ITS体系框架辅助工具的原因

ITS体系框架包括用户服务、逻辑框架、物理框架及应用系统或者市场包等几部分，用户服务是从一般用户的角度对ITS系统提需求，逻辑框架从功能设计的角度考虑实现用户服务需要怎样做以及具备怎样的数据流，物理框架从实现逻辑框架直接为用户服务的角度考虑把逻辑框架包含的功能模块组建成实际的物理子系统及物理系统，以及把物理系统及子系统包含的数据流组成框架流，应用系统或市场包是从市场推广及工程建设的角度考虑怎样把物理系统或物理子系统组合成满足市场需要或利用已经存在的系统。因此，ITS体系框架各部分之间有很紧密的映射关系及数据流对应关系，而如此复杂的系统需要很多工作组在不同地域之间分工协作，靠人工手段很难达到逻辑框架与物理框架之间、物理框架与应用系统之间及各个工作组之间数据流的严格对应，所以需要生成工具来保证开发工作的完整统一。

5.2　各国编制ITS体系框架的基本软件环境

美国是世界上第一个制定国家ITS体系框架的国家，也是第一个开发和使用ITS体系框架开发工具的国家。1996年，美国在开发过程中采用“teamwork”CASE软件作为开发辅助工具，后来发现该软件不能满足功能要求，于是委托美国Iteris公司开发出Turbo Architecture软件，该工具软件经过多次升级改版，目前已经达到7.0版本。

与美国类似，世界其他国家和地区在进行框架编制时，基本上都选择一种叫做CASE的软件作为框架编制支持工具，这些工具的应用大大提高了编制工作的效率和准确性。

我国从2000年开始ITS框架编制工作，目前国家ITS体系框架已经达到2.0版本。在第一版开发过程中，开发人员没有使用专业化的开发工具，只是应用OFFICE办公软件中的WORD进行文本输入，VISIO作为绘图工具，开发人员采用人工检查的方式来进行内容的一致性和完整性检验。2003年，在国家ITS体系框架第二版开发过程中，研制了辅助工具“ITS体系框架数据管理和开发辅助工具——ITSA-CASS软件”，该软件为国家 ITS 体系框架的开发、地方 ITS 体系框架的开发以及项目 ITS 体系框架的开发提供了全面而专业化的技术支持。

5.3 Turbo Architecture 开发背景和应用场合

智能运输系统(ITS)在 20 世纪 80 年代作为解决交通问题的有效手段应运而生。ITS 体系框架是 ITS 规划的重要组成部分，是贯穿于 ITS 结构设计和标准研究过程的指导文件，它提供了一个检查系统构成与标准体系完整性及一致性的依据，所以各国都很重视本国国家 ITS 体系框架的开发。

美国是世界上第一个开发国家 ITS 体系框架的国家，并要求各州交通部门依据国家框架开发地方 ITS 体系框架。为保证各州 ITS 体系框架与国家框架的衔接与一致，以及保证各州 ITS 框架之间的兼容与衔接，美国 Iteris 公司研发了基于国家框架而使用的 Turbo Architecture 软件。Turbo Architecture 软件首先把国家框架的内容作为基础数据库提供给用户，用户按照地方 ITS 实际情况和相关部门设置情况将本地 ITS 的规划内容和现有重大项目影射到本软件系统，本软件系统就输出一个与国家框架内容衔接并与其他各州框架兼容的地方 ITS 体系框架。如果各州 ITS 的规划内容和现有重大项目在国家框架中找不到对应的内容，则本软件系统支持新内容的开发。该工具软件自问世以来，已经过多次升级，目前的最新版本为 3.1。

本软件工具也支持基于国家 ITS 体系框架的内容而进行的项目框架开发工作。

Turbo Architecture 是由美国 Iteris 公司开发的，为 ITS 地方框架开发人员和项目开发人员提供基于国家框架进行二次开发的辅助工具。国家 ITS 体系框架版本与 Turbo Architecture版本的对应关系如表 5-1 所示。目前最新的 Turbo Architecture 7.0 版(于 2012 年 1 月发布)与美国国家 ITS 体系结构 V7.0(于 2012 年 1 月发布)相兼容。Turbo Architecture 直接从 5.0 升到了 7.0 版本，是为了和 National ITS Architecture 的版本相对应，这样比较一目了然且容易记忆。

国家 ITS 体系框架与 Turbo Architecture 的对应关系 表 5-1

<table>
<tr><th>年　份</th><th>国家 ITS 体系框架　版本</th><th colspan="2">Turbo Architecture　版本</th></tr>
<tr><td>2002</td><td>3.0</td><td colspan="2">1.0，1.1</td></tr>
<tr><td>2003</td><td>4.0</td><td colspan="2">2.0</td></tr>
<tr><td>2004</td><td>5.0</td><td colspan="2">3.0</td></tr>
<tr><td>2005</td><td>5.1</td><td colspan="2">3.1</td></tr>
<tr><td>2007</td><td>6.0</td><td colspan="2">4.0</td></tr>
<tr><td rowspan="2">2009</td><td rowspan="2">6.1</td><td>2009</td><td>4.1</td></tr>
<tr><td>2010</td><td>5.0</td></tr>
<tr><td>2012</td><td>7.0</td><td colspan="2">7.0</td></tr>
</table>

该软件使用时一般第一步是创建一个新的 Turbo Architecture 文件或者打开已存在的 Turbo Architecture 文件，第二步是选择或者创建一个地方或者项目体系框架，后面就是丰满完善该体系框架。Turbo Architecture 的操作界面简洁大方，菜单和功能键方便实用。其用户操作界面如图 5-1～图 5-10 所示，它包括 9 个“Main Tab”和 5 个下拉式菜单。

“Start Tab”里包括用来管理地方或者项目体系框架的信息和特征，可以用来对国家 ITS 体系框架进行更新与维护（图 5-2）。

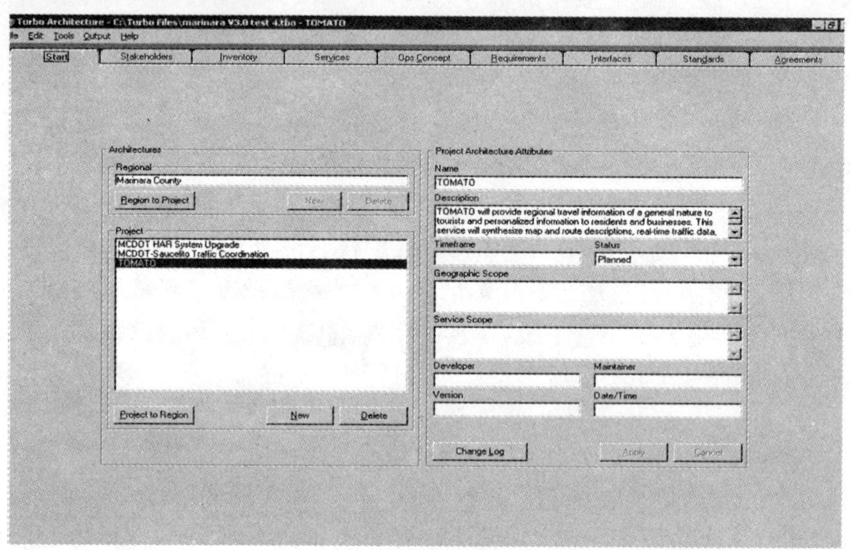

图 5-1 Turbo Architecture 的用户界面

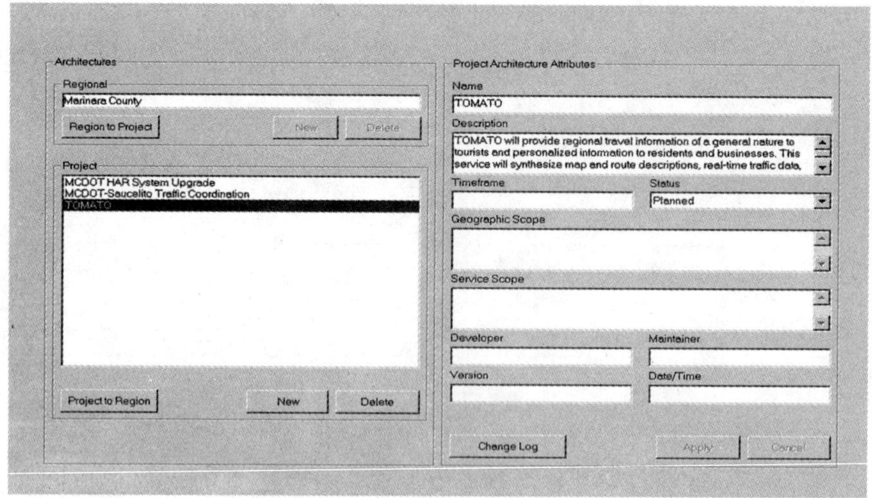

图 5-2 开始栏 Start Tab

通过“a Stakeholder Group”可以把多个用户主体定义为一个元素。如图 5-3 所示，“Marinara County Department of Transportation”和“Saucelito City Department of Transportation”被定义为“Marinara Transportation Alliance”。

各详细目录按照英文字母先后顺序进行排列(图 5-4)。

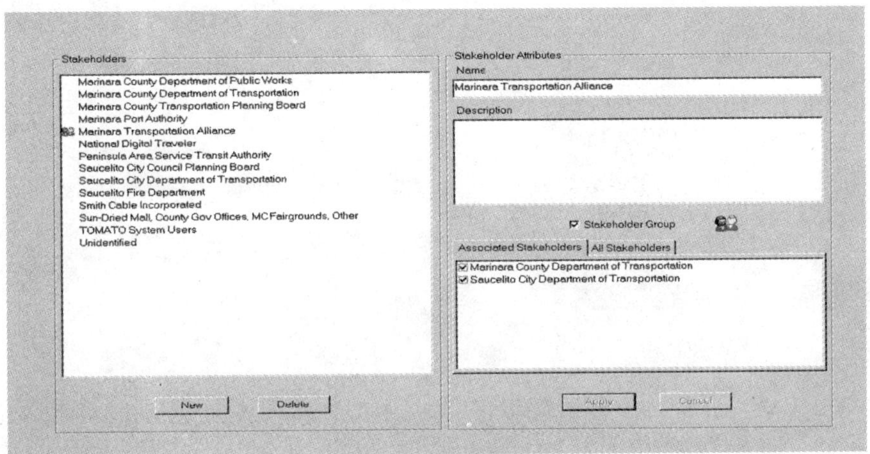

图 5-3　用户主体栏 Stakeholders 栏

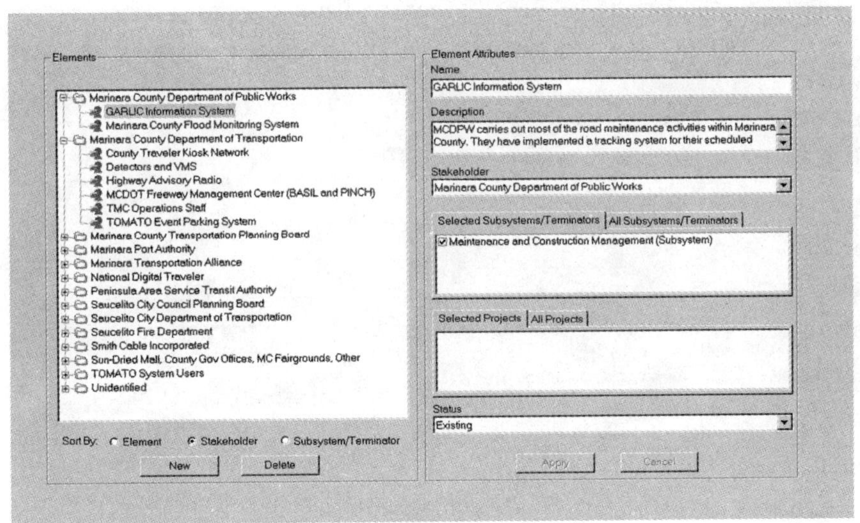

图 5-4　详细目录栏

允许用户分配多个功能模块——市场包(Market Package)，如图 5-5 所示。

软件允许用户通过“Add Areas”按钮创建一系列基于前面选择的市场包的区域，这些区域的职责和责任可以自行定义(图 5-6)。

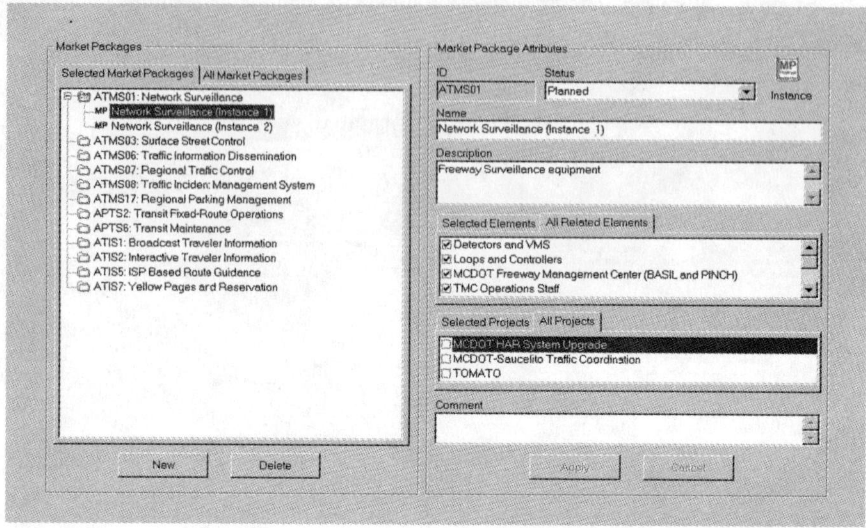

图 5-5　服务栏

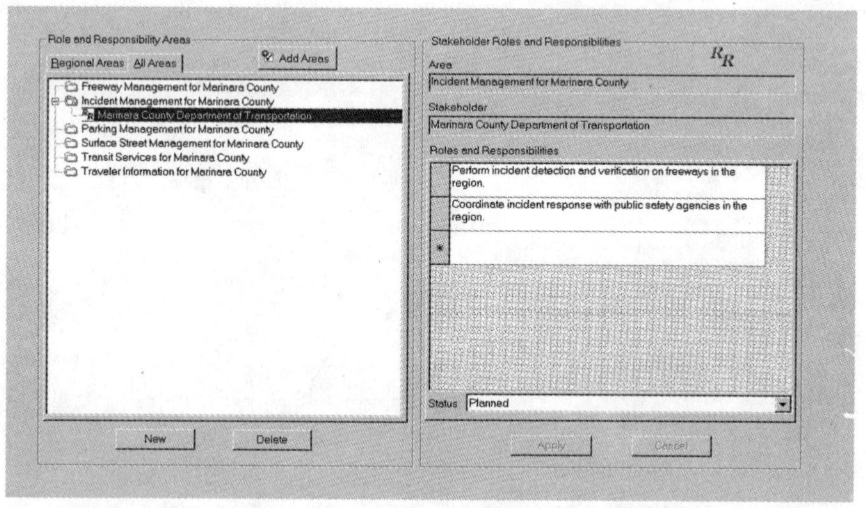

图 5-6　选择概念栏

这个标签栏可以为最终标准的功能需求提供支持，允许用户从详细目录中选择一系列可用功能需求。这个标签栏的基本功能就是为详细目录中每个元素进行需求定义，如果用户需要更详细的需求，可以点击“需求”按钮在另一个窗口中定义(图 5-7)。

如图 5-8 所示，这个标签栏里允许用户对体系框架的映射标准进行定制，同时允许用户添加、修改或者删除除计划到国家 ITS 体系框架中的所有标准。

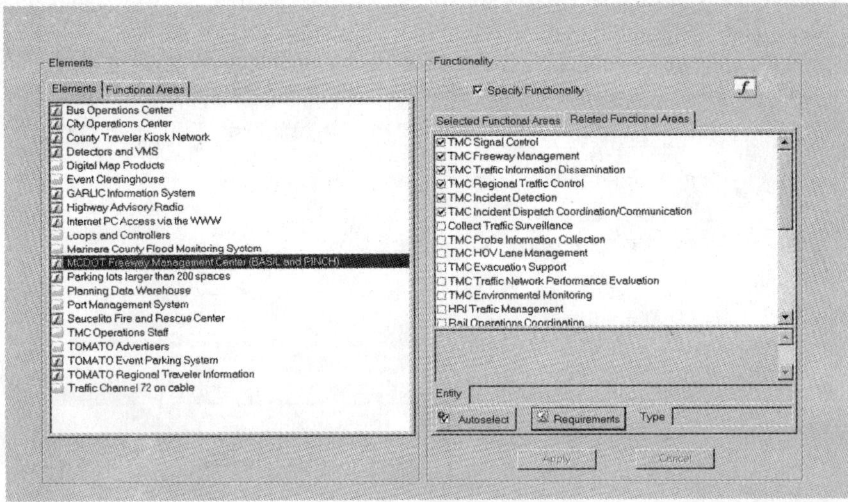

图 5-7　需求栏

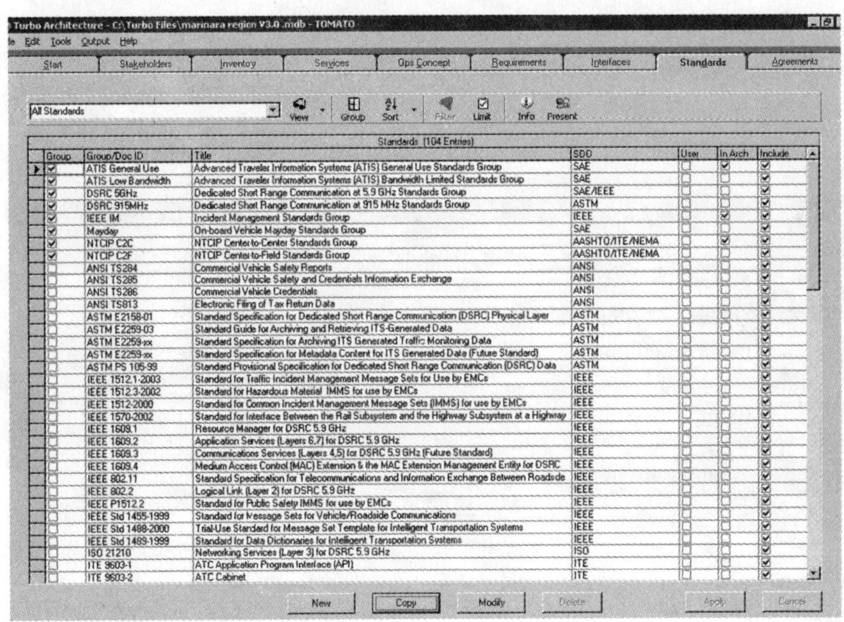

图 5-8　标准栏

如图 5-9 所示，该标签栏是用来创建一个协议列表，它是最终标准需要的地方 ITS 体系框架的一部分。这个列表用来证明这些协议已经在使用。

如图 5-10 所示，这个版本的 Turbo Architecture 可以自动生成 21 种不同需求的报告。报告可以按照“Element”、“Entity”或者“Stakeholder”分成不同的类型，并且还有很多选项要求哪些内容在报告中显示。

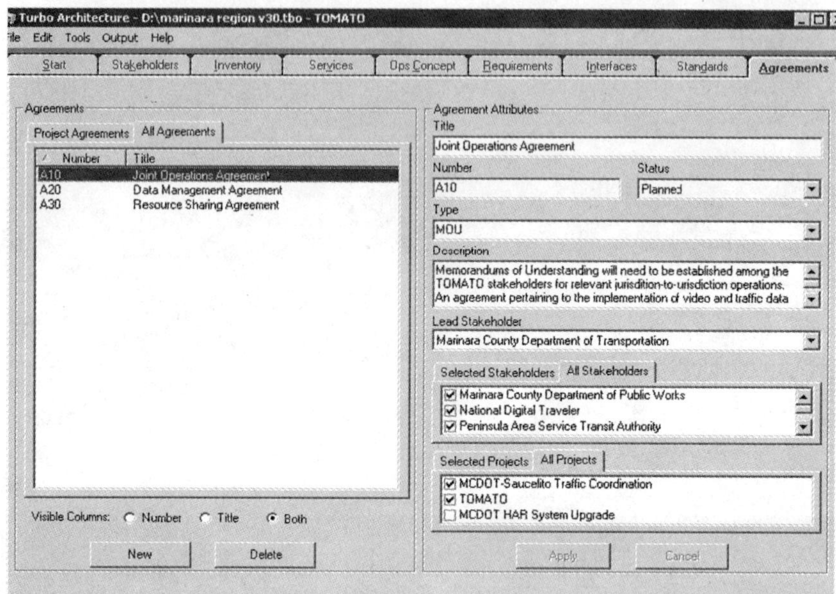

图 5-9 协议栏

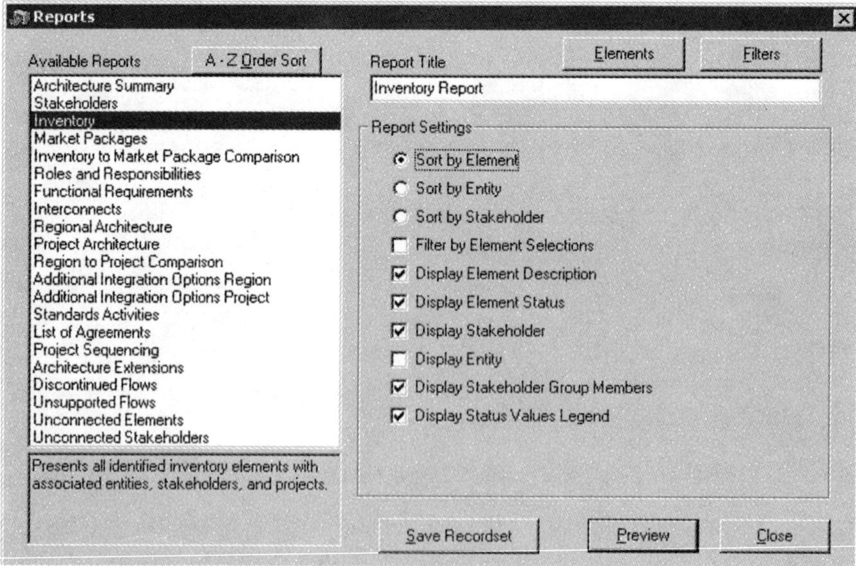

图 5-10 标准报告

5.4 Turbo Architecture 主要功能作用

Turbo Architecture 软件可用于：

(1)创建地方体系框架；

(2)当没有地方体系框架时创建工程体系框架；

(3)从地方体系框架中创建工程体系框架；

(4)增加工程体系框架到已经存在的地方体系框架中。

使用 Turbo Architecture 软件的益处：

(1)对国家 ITS 体系框架中地方体系框架的计划编制起到杠杆作用；

(2)最大化地提供 ITS 综合的机会；

(3)使 ITS 的工作开展更加有效率；

(4)在 ITS 框架的发展过程中可以节省大量的时间和金钱。

5.5 中国开发辅助工具的背景

"九五"末，国家科技部为了推动我国智能交通系统的研究，开展了"智能交通系统体系框架研究"(即国家 ITS 体系框架)，取得了初步成果，并出版发行了《中国智能运输系统体系框架》。但在前期研究开发过程中，由于体系框架内容复杂、时间紧迫、开发工具落后，也发现了一些问题。

在开发过程中，遇到了以下两个问题：

①研究人员需要耗费大量时间处理一些重复性工作，例如一个物理框架子系统通常包括几十条甚至上百条框架流，研究人员需要反复核对各个子系统之间是否存在框架流以及每条框架流的起点和终点是什么；同时框架流是逻辑框架数据流的集合。

②在开发 ITS 体系框架的过程中，研究人员需要进行大量的识别和判断，要求研究人员必须具备丰富的经验，从而导致开发结果存在大量主观因素，可操作性差，修改和更新非常困难。

(1)组间数据流不能完全对应

在《中国智能运输系统体系框架》(第一版)中，由于各领域分别是由不同的工作组承担，工作组间缺乏有效的联系、沟通方式，在数据流的建立过程中，出现了工作组间的数据流不能完全对应的问题，如：在"交通管理与规划领域"顶层逻辑数据流图中有一条："TMP. EPS_交通收费相关信息"的数据流，但是在"电子收费领域"顶层逻辑数据流图中无法找到相应的数据流。在"交通管理与规划领域"顶层逻辑数据流图中有两条："TMP. TOM_规划结果"和"TOM. TMP_规划相关数据"的数据流，但是在"运营管理领域"顶层逻辑数据流图中无法找到相应的数据流。

(2)各组的表现形式不够统一

体系框架开发的各工作组在成果的表现形势上不统一,如"电子收费领域"逻辑数据流图中数据流命名只有数据流名称,没有功能域代码,与其他领域的数据流命名形式不统一。

(3)用户服务、逻辑框架、物理框架各个阶段之间没有重新组合的过程

在《中国智能运输系统体系框架》(第一版)开发过程中,各个工作组承担的领域是从用户服务阶段划分的,在随后的逻辑框架、物理框架的开发过程中没有重新组合的过程。

(4)图、表的绘制浪费了大量时间

由于体系框架的开发工具仅限于普通的文档和图形处理软件,开发工具的不足直接导致框架在开发过程中不仅浪费了大量的人力、物力和财力,而且开发效率低下、质量不高,无法满足不断增加的用户需求。

前期体系框架开发过程中存在的这些问题,促使我们开发对体系框架开发进行辅助支持的系统工具。

5.6 ITSA-CASS 主要特色

中国在 2003 年研制了 ITS 体系框架辅助开发工具"ITS 体系框架数据管理和开发辅助工具——ITSA-CASS 软件",该软件对国家 ITS 体系框架的开发、地方 ITS 体系框架的开发以及 ITS 项目体系框架的开发都可以提供全面而专业化的技术支持。

该软件的核心系统基于 B/S(浏览器/服务器)架构,一般用户只需 Web 浏览器(如 Windows 系统自带的 IE)即可方便地登录该系统进行工作。关键的工作信息由服务器端程序统一进行管理,自动化完成,无需人为操作,而且整个系统具有严格的权限控制,不同权限级别的用户所能进行的系统操作也是不同的。另外,系统还具有严格的数据完整性和一致性验证等,从而保证体系框架研究开发工作的正确性与高效性,为工作人员提供了有力的辅助工具,从而提高工作的效率和效果。

本软件系统提供数据输入与修改、用户服务到逻辑框架的转化、逻辑框架到物理框架的转化、逻辑框架中数据流对应关系的检验、物理框架中框架流完整性的检验、逻辑框架数据流与物理框架框架流的对应关系、逻辑框架数据流图及物理框架数据流图和应用系统示意图绘制等功能。

本体系框架辅助支持系统为体系框架研究开发人员提供一个全过程支持的计算机辅助工具,提供确保框架数据一致性与完整性的措施,支持用户服务到逻辑框架的转化以及逻辑框架到物理框架的转化,自动检验人工输入数据的合法性,提供数据流图与框架流图的自动绘制工具,减少研究人员不必要的大量数据验证和制图等重复劳动,使他们能够把精力放到更有价值的研究开发工作中,从而提高体系框架开发工作的效率和效果。

本体系框架辅助支持系统主要具备以下主要功能特点:

(1)主要基于 B/S 结构、结合 C/S 结构(自动绘图子系统),能够对框架开发的各个步

骤进行全程辅助支持的网络体系框架辅助支持系统。

(2)能够对ITS用户服务、逻辑框架、物理框架开发的各个环节,特别是相邻阶段的转化提供支持。

(3)实现数据完整性的检验功能,主要体现在同一级别不同域间数据流的衔接一致与上下层次间数据流的对应一致。

(4)实现数据流图与框架流图的自动绘制等功能。

(5)能够自动生成报表。

(6)能够对不同级别的用户进行权限管理。

5.7 ITSA-CASS 功能概述

整个系统的架构如图5-11所示。

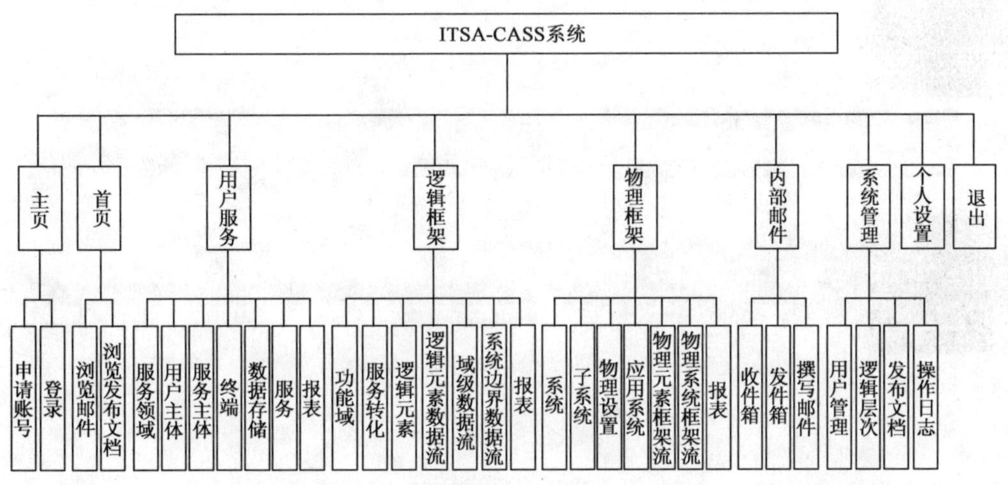

图5-11 系统整体功能架构

5.8 ITSA-CASS 功能介绍

5.8.1 用户服务

在用户服务阶段,体系框架辅助支持系统提供了良好的输入接口和人机交互界面以及数据存储功能。但是,因为这些内容是后续开发的基础,尤其是当基于这部分内容的后续内容已经开发好后,对该部分内容的修改就必须考虑与后续内容的关联性。因此,在用户服务阶段,软件实现的功能主要为：文档输入与存储以及保证与后续内容的一致性两大功能。具体如下：

5.8.1.1　服务领域

(1)可以添加、删除服务领域，并可以修改服务领域编号、中文名称、英文全称、缩写、描述等内容，如图5-12和图5-13所示。

图5-12　服务领域操作界面

图5-13　服务领域修改界面

(2)当修改某项服务领域信息时，系统其他部分已经用到的该服务领域信息也将自动进行修改。

(3)要删除某项服务领域信息，必须事先确保系统其他部分已经用到的该服务领域信息均已被删除，如图 5-14 所示。

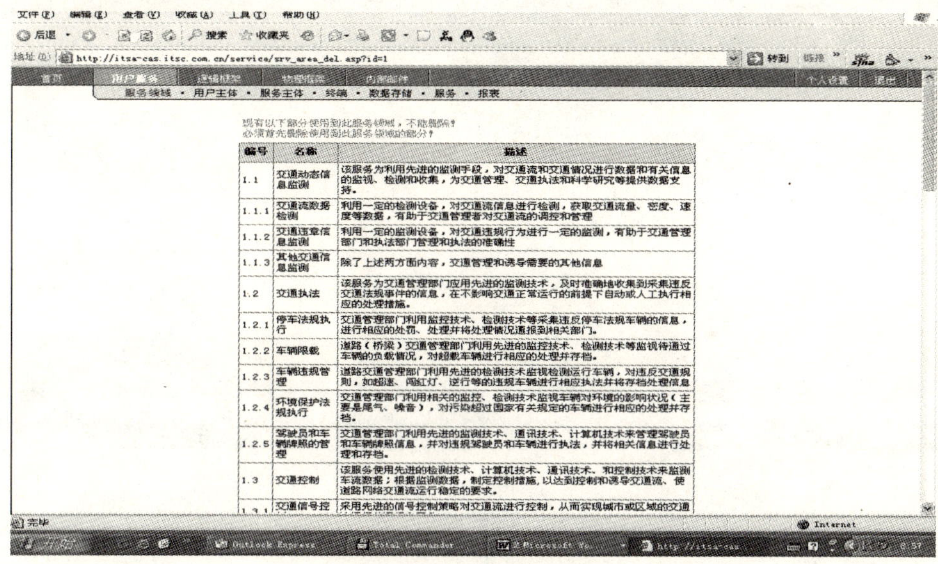

现有以下部分使用到此服务领域，不能删除！
必须首先删除使用到此服务领域的部分！

编号	名称	描述
1.1	交通动态信息监测	该服务为利用先进的监测手段，对交通流和交通情况进行数据和有关信息的监视、检测和收集，为交通管理、交通执法和科学研究等提供数据支持。
1.1.1	交通流数据检测	利用一定的检测设备，对交通流信息进行检测，获取交通流量、密度、速度等数据，有助于交通管理者对交通流的调控和管理
1.1.2	交通违章信息监测	利用一定的监测设备，对交通违规行为进行一定的监测，有助于交通管理部门和执法部门管理和执法的准确性
1.1.3	其他交通信息监测	除了上述两方面内容，交通管理和诱导需要的其他信息
1.2	交通执法	该服务为交通管理部门应用先进的监测技术，及时准确地收集到采集违反交通法规事件的信息，在不影响交通正常运行的前提下自动或人工执行相应的处理措施。
1.2.1	停车法规执行	交通管理部门利用监控技术、检测技术等采集违反停车法规车辆的信息，进行相应的处罚、处理并将处理情况通报到相关部门。
1.2.2	车辆限载	道路（桥梁）交通管理部门利用先进的监控技术、检测技术等监视待通过车辆的负载情况，对超载车辆进行相应的处理并存档。
1.2.3	车辆违规管理	道路交通管理部门利用先进的检测技术监视检测运行车辆，对违反交通规则，如超速、闯红灯、逆行等的违规车辆进行相应执法并将存档处理信息
1.2.4	环境保护法规执行	交通管理部门利用相关的监控、检测技术监视车辆对环境的影响状况（主要是尾气、噪音），对污染超过国家有关规定的车辆进行相应的处理并存档。
1.2.5	驾驶员和车辆牌照的管理	交通管理部门利用先进的监测技术、通讯技术、计算机技术来管理驾驶员和车辆牌照信息，并对违规驾驶员和车辆进行执法，并将相关信息进行处理和存档。
1.3	交通控制	该服务使用先进的检测技术、计算机技术、通讯技术、和控制技术来监测车流数据；根据监测数据，制定控制措施，以达到控制和诱导交通流、使道路网络交通流运行稳定的要求。
1.3.1	交通信号控	采用先进的信号控制策略对交通流进行控制，从而实现城市或区域的交通

图 5-14　服务领域删除界面

5.8.1.2　用户主体

(1)可以增加或删除用户主体，并可以修改编号、中文名称、英文全称、缩写、用户主体的描述等内容，如图 5-15 和图 5-16 所示。

编号	中文全称	英文全称	缩写	操作
U 1	道路使用者	Road Users	RU	修改 删除 添加下一级
U 1.1	乘客	Passengers	P	修改 删除 添加下一级
U 1.2	驾驶员	Drivers	D	修改 删除 添加下一级
U 1.2.1	小型汽车驾驶员	Car Drivers	CARD	修改 删除 添加下一级
U 1.2.10	客运车辆驾驶员	Passenger Transit Vehicle Drivers	PTVD	修改 删除 添加下一级
U 1.2.2	公交车驾驶员	Bus Drivers	BUSD	修改 删除 添加下一级
U 1.2.3	货车驾驶员	Truck Drivers	TD	修改 删除 添加下一级
U 1.2.4	摩托车驾驶员	Motorcycle Drivers	MD	修改 删除 添加下一级
U 1.2.5	紧急车辆驾驶员	Emergency Vehicle Drivers	EVD	修改 删除 添加下一级
U 1.2.6	勤务车辆驾驶员	Duty Service Vehicle Drivers	DSVD	修改 删除 添加下一级
U 1.2.7	特种运输车辆驾驶员	Exclusive Vehicle Drivers	XVD	修改 删除 添加下一级
U 1.2.8	出租车驾驶员	Taxi, Drivers	TXD	修改 删除 添加下一级
U 1.2.9	军用运输车驾驶员	Military Vehicle Drivers	MVD	修改 删除 添加下一级
U 1.3	非机动车驾驶员	Drivers of Non-motorized Vehicle	DNMV	修改 删除 添加下一级
U 1.4	行人	Pedestrians	PED	修改 删除 添加下一级
U 1.5	老幼病残等特服人员	Elder, Sick and Disabled Road Users	ESDU	修改 删除 添加下一级
U 1.6	勤务请求者	Duty Service Demanders	DSD	修改 删除 添加下一级

图 5-15　用户主体操作界面

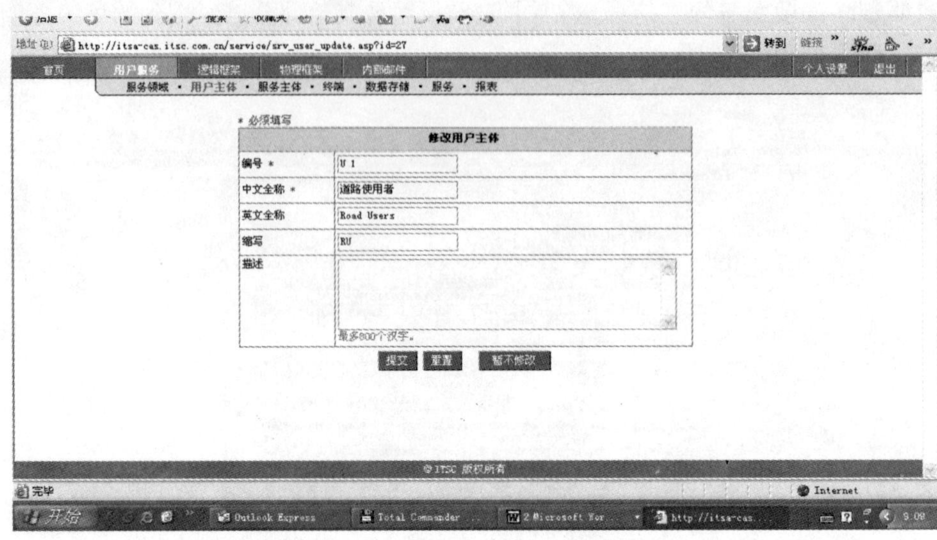

图 5-16　用户主体修改界面

(2)当修改某项用户主体信息时,系统其他部分已经用到的该用户主体信息也将自动进行修改。

(3)要删除某项用户主体信息,必须事先确保系统其他部分已经用到的该用户主体信息均已被删除,如图 5-17 所示。

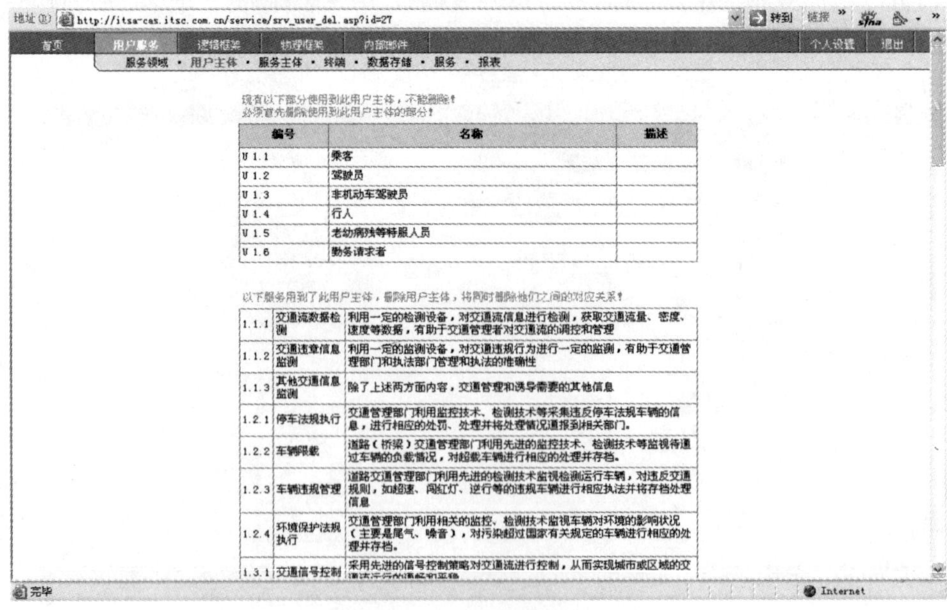

编号	名称	描述
U 1.1	乘客	
U 1.2	驾驶员	
U 1.3	非机动车驾驶员	
U 1.4	行人	
U 1.5	老幼病残等特服人员	
U 1.6	勤务请求者	

1.1.1	交通流数据检测	利用一定的检测设备，对交通流信息进行检测，获取交通流量、密度、速度等数据，有助于交通管理者对交通流的调控和管理
1.1.2	交通违章信息监测	利用一定的监测设备，对交通违规行为进行一定的监测，有助于交通管理部门和执法部门管理和执法的准确性
1.1.3	其他交通信息监测	除了上述两方面内容，交通管理和诱导需要的其他信息
1.2.1	停车法规执行	交通管理部门利用监控技术、检测技术等采集违反停车法规车辆的信息，进行相应的处罚、处理并将处理情况通报到相关部门。
1.2.2	车辆限载	道路（桥梁）交通管理部门利用先进的监控技术、检测技术等监视待通过车辆的负载情况，对超载车辆进行相应的处理并存档。
1.2.3	车辆违规管理	道路交通管理部门利用先进的检测技术监视检测运行车辆，对违反交通规则，如超速、闯红灯、逆行等的违规车辆进行相应执法并将存档处理信息
1.2.4	环境保护法规执行	交通管理部门利用相关的监控、检测技术监视车辆对环境的影响状况（主要是尾气、噪音），对污染超过国家有关规定的车辆进行相应的处理并存档。
1.3.1	交通信号控制	采用先进的信号控制策略对交通流进行控制，从而实现城市或区域的交

图 5-17　用户主体删除界面

5.8.1.3 服务主体

(1)可以增加或删除服务主体,并可以修改编号、中文名称、英文全称、缩写、服务主体的描述等内容,如图 5-18 和图 5-19 所示。

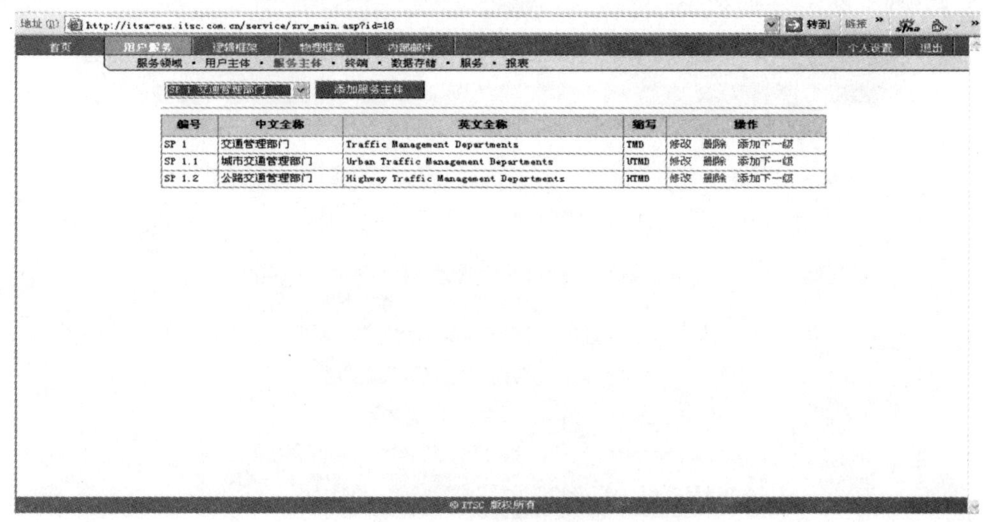

图 5-18 服务主体操作界面

图 5-19 服务主体修改界面

(2)当修改某项服务主体信息时,系统其他部分已经用到的该服务主体信息也将自动进行修改。

(3)要删除某项服务主体信息,必须事先确保系统其他部分已经用到的该服务主体信息均已被删除,如图 5-20 所示。

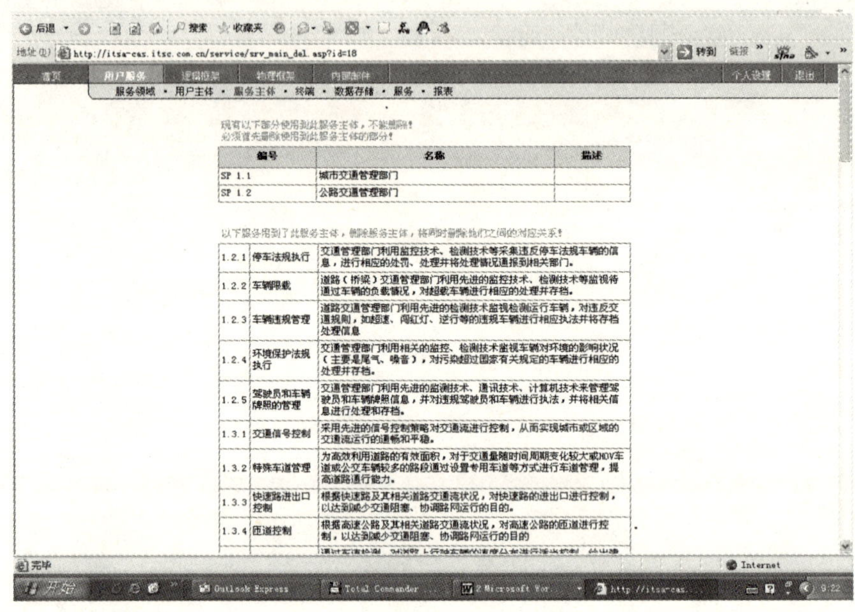

图 5-20 服务主体删除界面

5.8.1.4 终端

(1)可以增加或删除终端,并可以修改编号、中文名称、英文全称、缩写、终端的描述等内容,如图 5-21 和图 5-22 所示。

地址(D) http://itsa-cas.itsc.com.cn/service/srv_end.asp

首页 用户服务 逻辑框架 物理框架 内部邮件 个人设置 退出

服务领域 · 用户主体 · 服务主体 · 终端 · 数据存储 · 服务 · 报表

T 1 道路使用者 添加终端

编号	中文全称	英文全称	缩写	操作
T 1	道路使用者	Road Users	RU	修改 删除 添加下一级
T 1.1	驾驶员	Drivers	D	修改 删除 添加下一级
T 1.1.1	公共出行车辆驾驶员	Public Travel Vehicle Drivers	PTVD	修改 删除 添加下一级
T 1.1.2	邻近车辆驾驶员	Neighboring Vehicle Driver	NVD	修改 删除 添加下一级
T 1.2	乘客	Passengers	P	修改 删除 添加下一级
T 1.3	行人	Pedestrians	PED	修改 删除 添加下一级
T 1.4	非机动车出行者	Cyclists	CYC	修改 删除 添加下一级
T 1.5	危急人员	Persons in Danger	PID	修改 删除 添加下一级
T 1.6	路权占用申请者			修改 删除 添加下一级

© ITSC 版权所有

图 5-21 终端操作界面

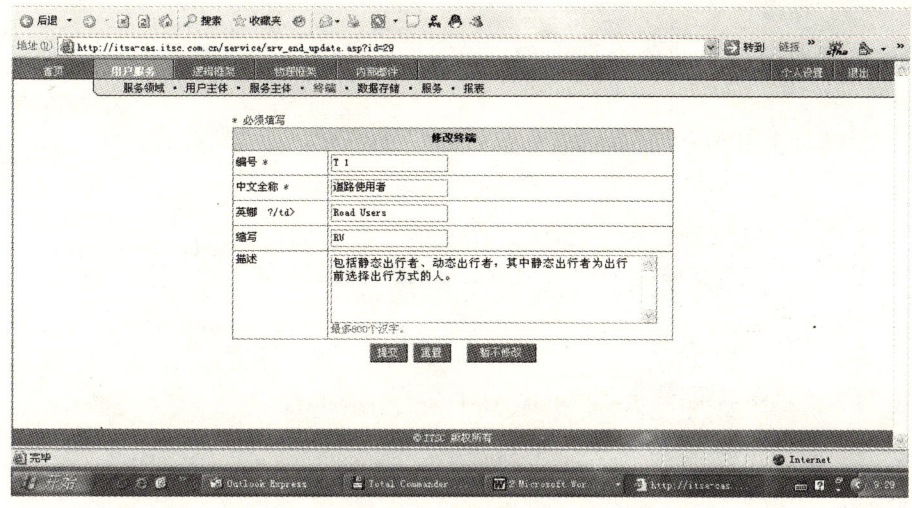

图 5-22　终端修改界面

(2)当修改某个终端信息时,系统其他部分已经用到的该终端信息也将自动进行修改。

(3)要删除某项终端信息,必须事先确保系统其他部分已经用到的该终端信息均已被删除,如图 5-23 所示。

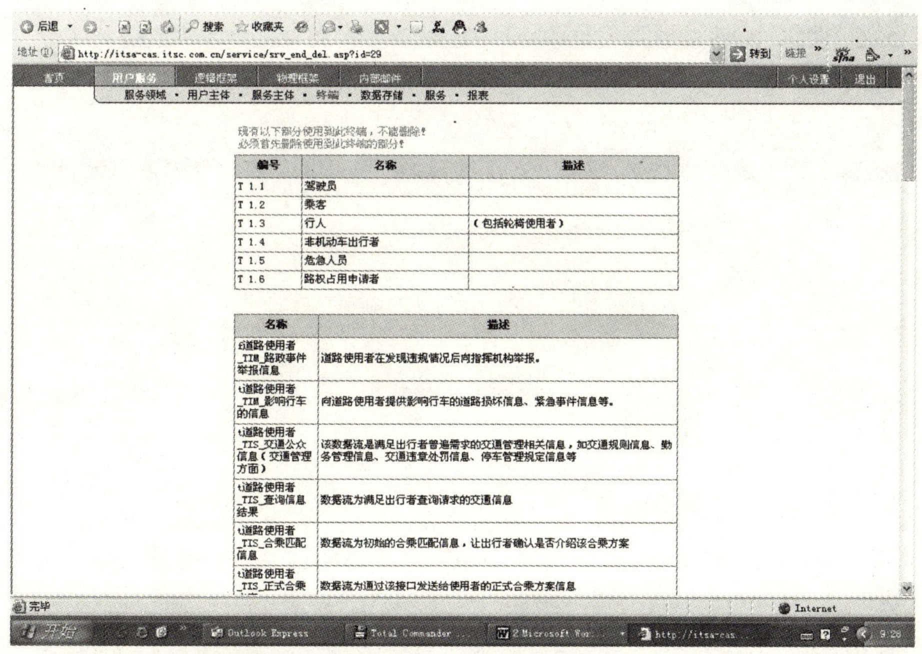

图 5-23　终端删除界面

5.8.1.5 数据存储

(1)可以增加或删除数据存储,并可以修改编号、名称、描述等内容,如图 5-24 和图 5-25所示。

(2)当修改某个数据存储信息时,系统其他部分已经用到的该数据存储信息也将自动进行修改。

图 5-24 数据存储操作界面

图 5-25 数据存储修改界面

(3)要删除某项数据存储信息,必须事先确保系统其他部分已经用到的该数据存储信息均已被删除,如图 5-26 所示。

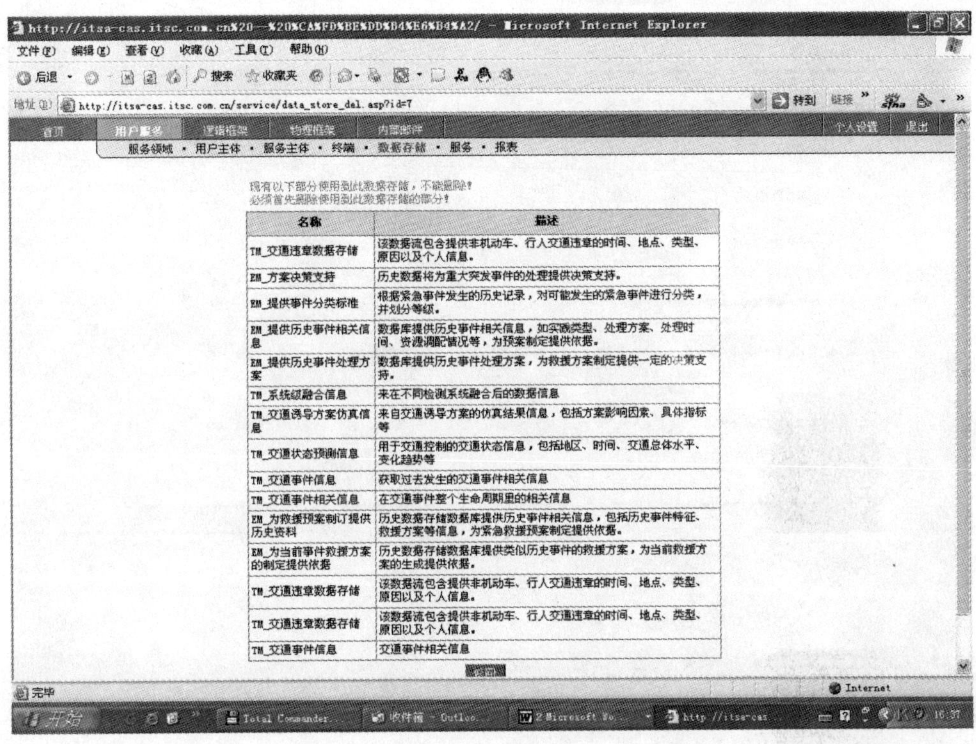

名称	描述
TM_交通违章数据存储	该数据流包含提供非机动车、行人交通违章的时间、地点、类型、原因以及个人信息。
EM_方案决策支持	历史数据将为重大突发事件的处理提供决策支持。
EM_提供事件分类标准	根据紧急事件发生的历史记录,对可能发生的紧急事件进行分类,并划分等级。
EM_提供历史事件相关信息	数据库提供历史事件相关信息,如实践类型、处理方案、处理时间、资源调配情况等,为预案制定提供依据。
EM_提供历史事件处理方案	数据库提供历史事件处理方案,为救援方案制定提供一定的决策支持。
TM_系统级融合信息	来在不同检测系统融合后的数据信息
TM_交通诱导方案仿真信息	来自交通诱导方案的仿真结果信息,包括方案影响因素、具体指标等
TM_交通状态预测信息	用于交通控制的交通状态信息,包括地区、时间、交通总体水平、变化趋势等
TM_交通事件信息	获取过去发生的交通事件相关信息
TM_交通事件相关信息	在交通事件整个生命周期里的相关信息
EM_为救援预案制订提供历史资料	历史数据存储数据库提供历史事件相关信息,包括历史事件特征、救援方案等信息,为紧急救援预案制定提供依据。
EM_为当前事件救援方案的制定提供依据	历史数据存储数据库提供类似历史事件的救援方案,为当前救援方案的生成提供依据。
TM_交通违章数据存储	该数据流包含提供非机动车、行人交通违章的时间、地点、类型、原因以及个人信息。
TM_交通违章数据存储	该数据流包含提供非机动车、行人交通违章的时间、地点、类型、原因以及个人信息。
TM_交通事件信息	交通事件相关信息

图 5-26 数据存储删除界面

5.8.1.6 服务、子服务

(1)可以在选定的服务领域增加或删除服务、子服务,确定用户服务和子服务的从属关系,并可以修改编号、中文名称、英文全称、缩写、终端的描述等内容,如图 5-27 和图 5-28所示。

(2)当修改某个服务、子服务信息时,系统其他部分已经用到的该服务、子服务信息也将自动进行修改。

(3)要删除某项服务、子服务信息,必须事先确保系统其他部分已经用到的该服务、子服务信息均已被删除,如图 5-29 所示。

5.8.1.7 报表

可以自动生成服务领域、用户主体、服务主体、终端定义、用户服务层次、服务定义、子服务定义的列表,如图 5-30 和图 5-31 所示。

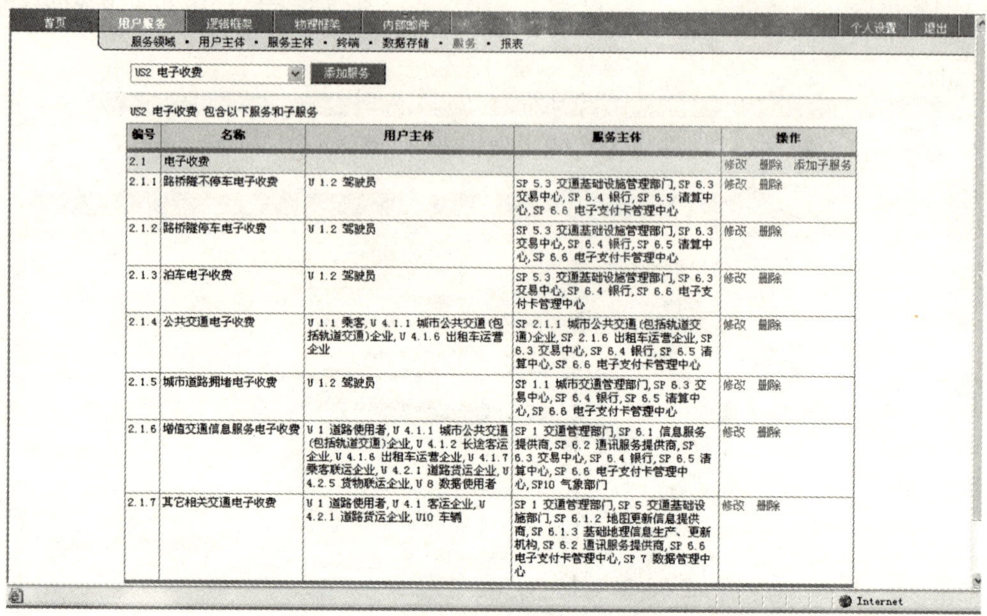

编号	名称	用户主体	服务主体	操作
2.1	电子收费			修改 删除 添加子服务
2.1.1	路桥隧不停车电子收费	U 1.2 驾驶员	SP 5.3 交通基础设施管理部门, SP 6.3 交易中心, SP 6.4 银行, SP 6.5 清算中心, SP 6.6 电子支付卡管理中心	修改 删除
2.1.2	路桥隧停车电子收费	U 1.2 驾驶员	SP 5.3 交通基础设施管理部门, SP 6.3 交易中心, SP 6.4 银行, SP 6.5 清算中心, SP 6.6 电子支付卡管理中心	修改 删除
2.1.3	泊车电子收费	U 1.2 驾驶员	SP 5.3 交通基础设施管理部门, SP 6.3 交易中心, SP 6.4 银行, SP 6.6 电子支付卡管理中心	修改 删除
2.1.4	公共交通电子收费	U 1.1 乘客, U 4.1.1 城市公共交通(包括轨道交通)企业, U 4.1.6 出租车运营企业	SP 2.1.1 城市公共交通(包括轨道交通)企业, SP 2.1.6 出租车运营企业, SP 6.3 交易中心, SP 6.4 银行, SP 6.5 清算中心, SP 6.6 电子支付卡管理中心	修改 删除
2.1.5	城市道路拥堵电子收费	U 1.2 驾驶员	SP 1.1 城市交通管理部门, SP 6.3 交易中心, SP 6.4 银行, SP 6.5 清算中心, SP 6.6 电子支付卡管理中心	修改 删除
2.1.6	增值交通信息服务电子收费	U 1 道路使用者, U 4.1.1 城市公共交通(包括轨道交通)企业, U 4.1.2 长途客运企业, U 4.1.6 出租车运营企业, U 4.1.7 乘客联运企业, U 4.2.1 道路货运企业, U 4.2.5 货物联运企业, U 8 数据使用者	SP 1 交通管理部门, SP 6.1 信息服务提供商, SP 6.2 通讯服务提供商, SP 6.3 交易中心, SP 6.4 银行, SP 6.5 清算中心, SP 6.6 电子支付卡管理中心, SP10 气象部门	修改 删除
2.1.7	其它相关交通电子收费	U 1 道路使用者, U 4.1 客运企业, U 4.2.1 道路货运企业, U10 车辆	SP 1 交通管理部门, SP 5 交通基础设施部门, SP 6.1.2 地图更新信息提供商, SP 6.1.3 基础地理信息生产、更新机构, SP 6.2 通讯服务提供商, SP 6.6 电子支付卡管理中心, SP 7 数据管理中心	修改 删除

图 5-27　用户服务、子服务操作界面

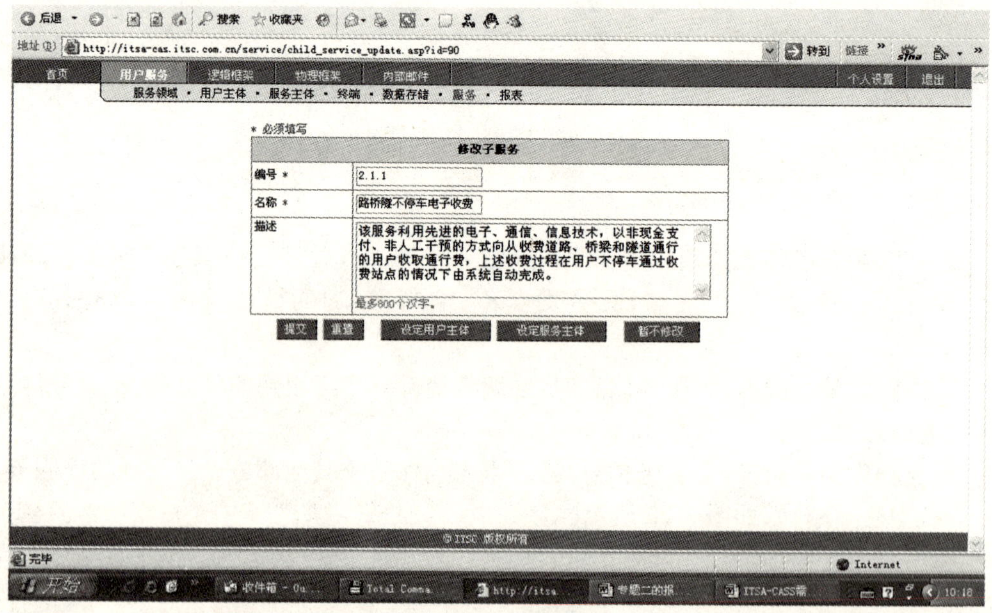

图 5-28　子服务修改界面

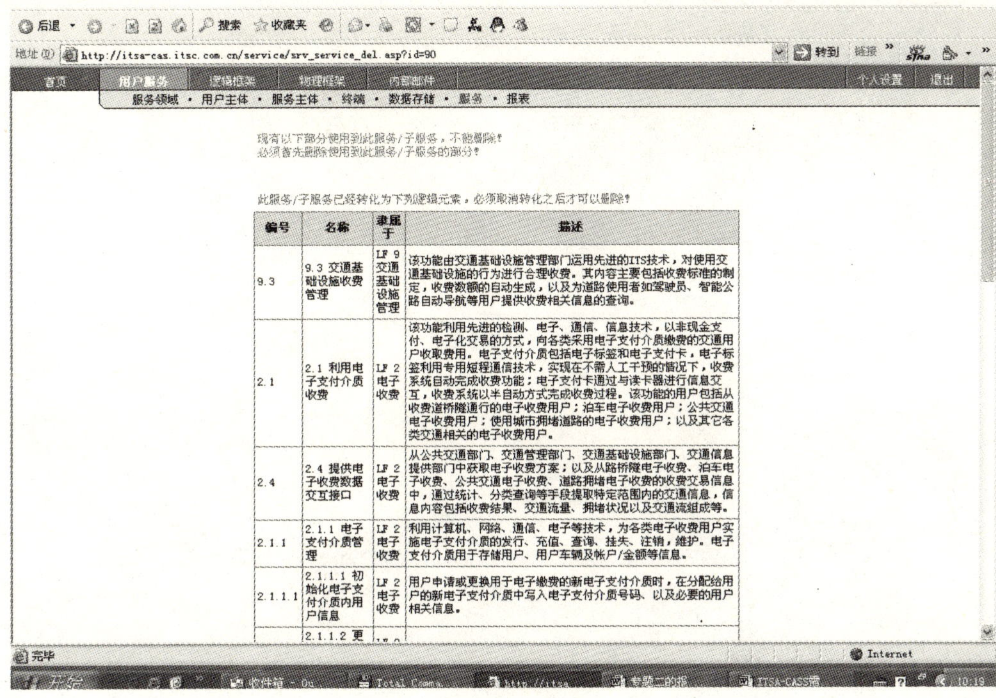

图 5-29 子服务删除界面

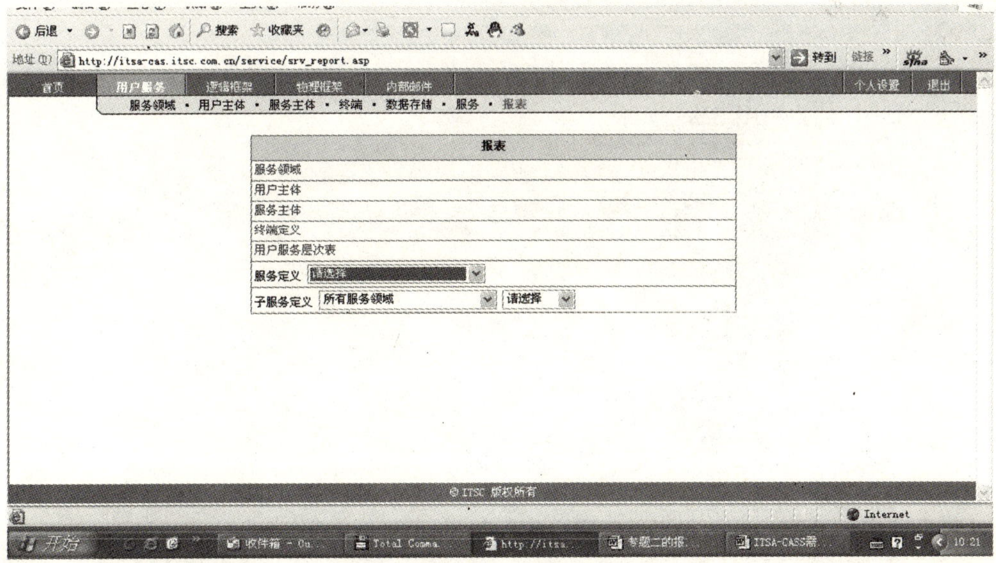

图 5-30 报表界面

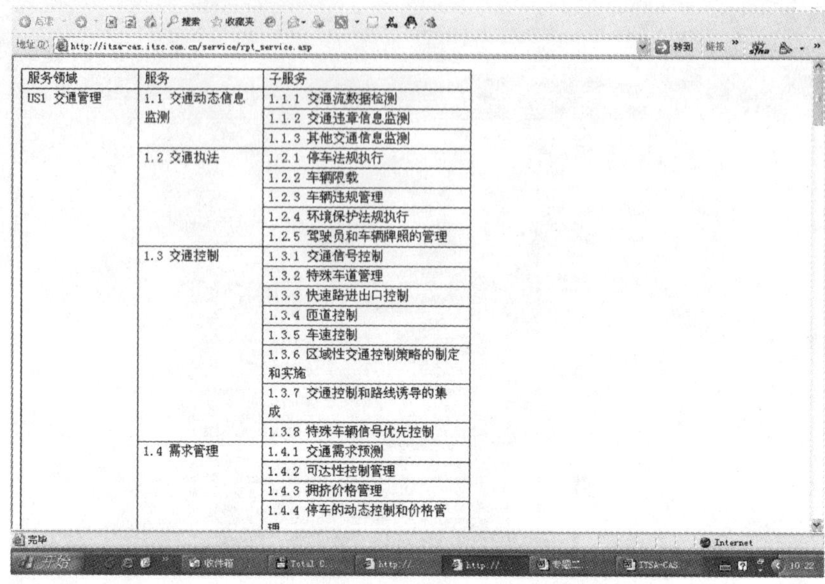

服务领域	服务	子服务
US1 交通管理	1.1 交通动态信息监测	1.1.1 交通流数据检测
		1.1.2 交通违章信息监测
		1.1.3 其他交通信息监测
	1.2 交通执法	1.2.1 停车法规执行
		1.2.2 车辆限载
		1.2.3 车辆违规管理
		1.2.4 环境保护法规执行
		1.2.5 驾驶员和车辆牌照的管理
	1.3 交通控制	1.3.1 交通信号控制
		1.3.2 特殊车道管理
		1.3.3 快速路进出口控制
		1.3.4 匝道控制
		1.3.5 车速控制
		1.3.6 区域性交通控制策略的制定和实施
		1.3.7 交通控制和路线诱导的集成
		1.3.8 特殊车辆信号优先控制
	1.4 需求管理	1.4.1 交通需求预测
		1.4.2 可达性控制管理
		1.4.3 拥挤价格管理
		1.4.4 停车的动态控制和价格管理

图 5-31 报表生成的用户服务层次表

5.8.2 逻辑框架

在逻辑框架开发阶段，软件实现的功能主要包括用户服务到逻辑框架的转化、文档输入和存储、数据流程图自动绘制、数据完整性检验四个方面。具体体现如下：

5.8.2.1 功能域

(1)可以增加或删除功能域，并可以修改编号、中文名称、英文全称、缩写、功能域的描述等内容，如图 5-32 和图 5-33 所示。

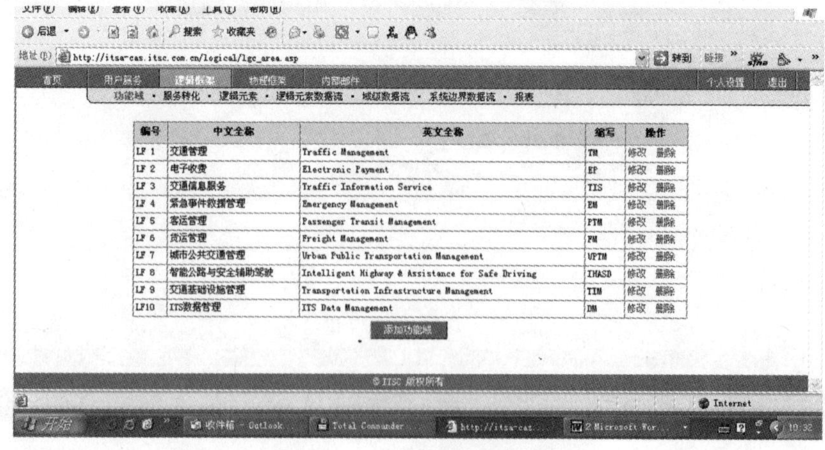

编号	中文全称	英文全称	缩写	操作
LF 1	交通管理	Traffic Management	TM	修改 删除
LF 2	电子收费	Electronic Payment	EP	修改 删除
LF 3	交通信息服务	Traffic Information Service	TIS	修改 删除
LF 4	紧急事件救援管理	Emergency Management	EM	修改 删除
LF 5	客运管理	Passenger Transit Management	PTM	修改 删除
LF 6	货运管理	Freight Management	FM	修改 删除
LF 7	城市公共交通管理	Urban Public Transportation Management	UPTM	修改 删除
LF 8	智能公路与安全辅助驾驶	Intelligent Highway & Assistance for Safe Driving	IHASD	修改 删除
LF 9	交通基础设施管理	Transportation Infrastructure Management	TIM	修改 删除
LF10	ITS数据管理	ITS Data Management	DM	修改 删除

图 5-32 功能域操作界面

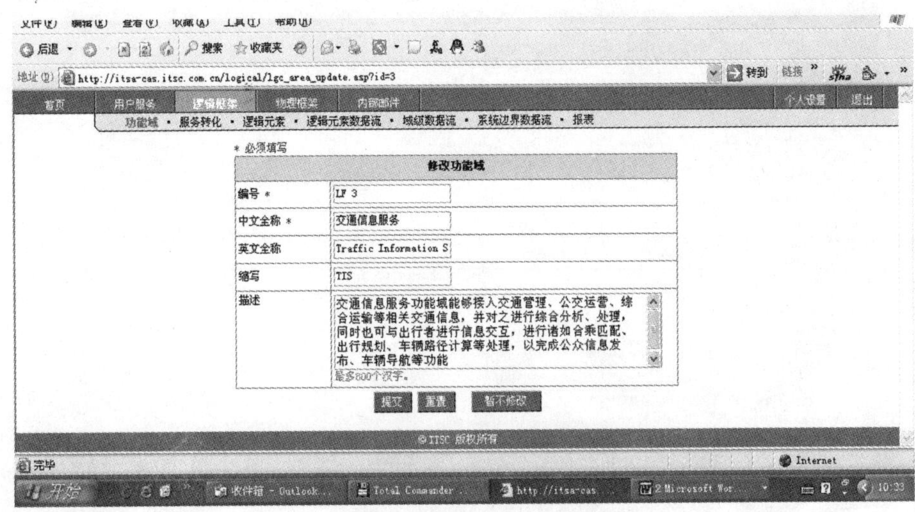

图 5-33　功能域修改界面

(2)当修改某项功能域信息时，系统其他部分已经用到的该功能域信息也将自动进行修改。

(3)要删除某项功能域信息，必须事先确保系统其他部分已经用到的该功能域信息均已被删除，如图 5-34 所示。

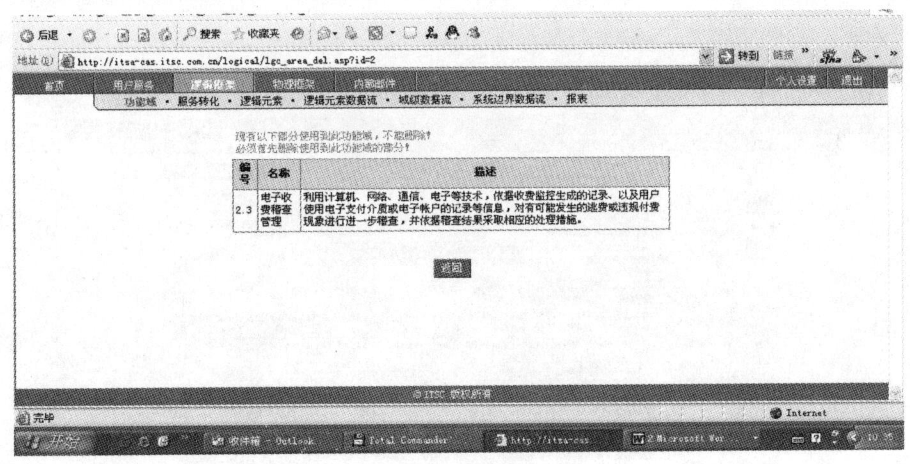

图 5-34　功能域删除界面

5.8.2.2　服务转化

支持从用户服务到逻辑框架的转化。该功能通过提供一个转化界面来实现，界面分成左右两部分，左边显示用户服务及子服务树状结构图，右边显示对应的功能元素名称。同时，当左边的服务或子服务元素在转化完成后，就会变成另外一种颜色，如图 5-35 所示。

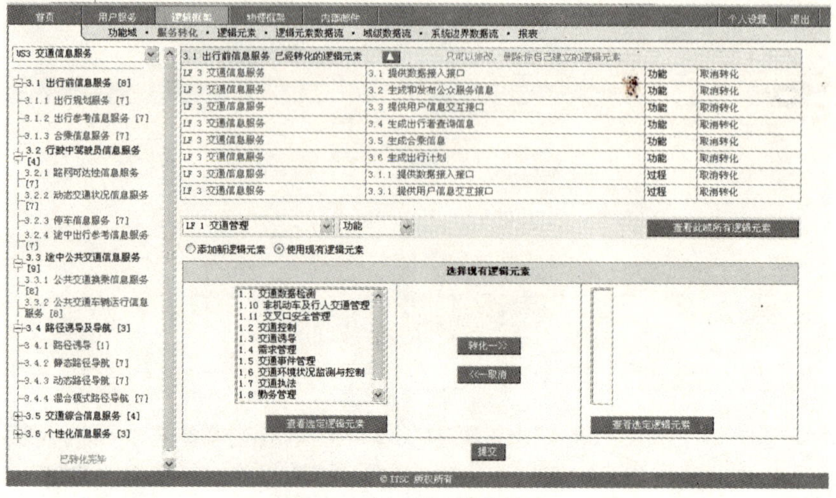

图 5-35　用户服务转化界面

5.8.2.3　逻辑元素

逻辑框架部分主要输入与功能域、系统功能、过程、子过程及数据字典有关的内容，根据工作流程软件实现的功能如下：

(1)可以增加或删除逻辑元素(包括功能、第 1 层子功能、过程)，确定逻辑层次，并可以修改编号、名称、逻辑元素(包括功能、第 1 层子功能、过程)的描述等内容，如图 5-36 和图5-37所示。

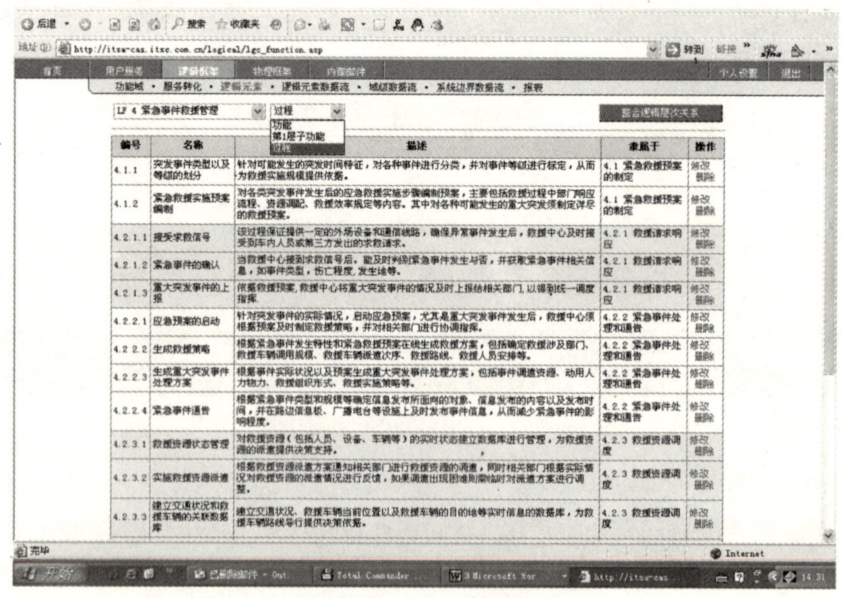

图 5-36　逻辑元素操作界面

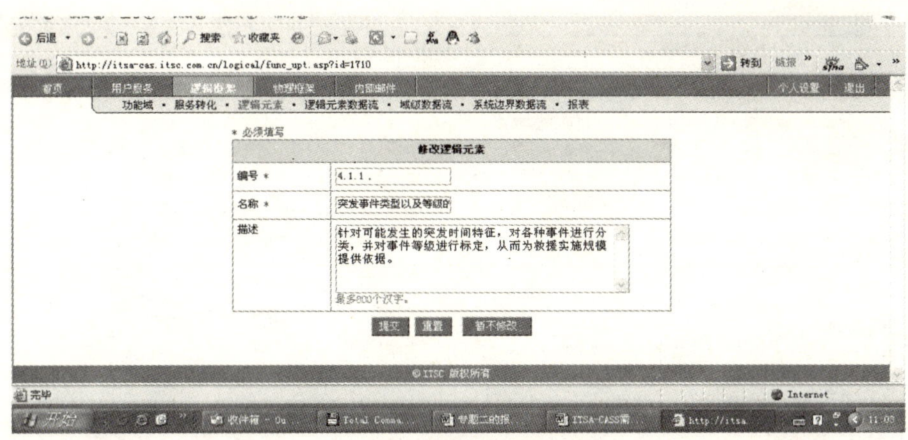

图 5-37　逻辑元素修改界面

(2)当修改某项逻辑元素(包括功能、第 1 层子功能、过程)信息时，系统其他部分已经用到的该逻辑元素(包括功能、第 1 层子功能、过程)信息也将自动进行修改。

(3)要删除某项逻辑元素(包括功能、第 1 层子功能、过程)信息，必须事先确保系统其他部分已经用到的该逻辑元素(包括功能、第 1 层子功能、过程)信息均已被删除，如图 5-38所示。

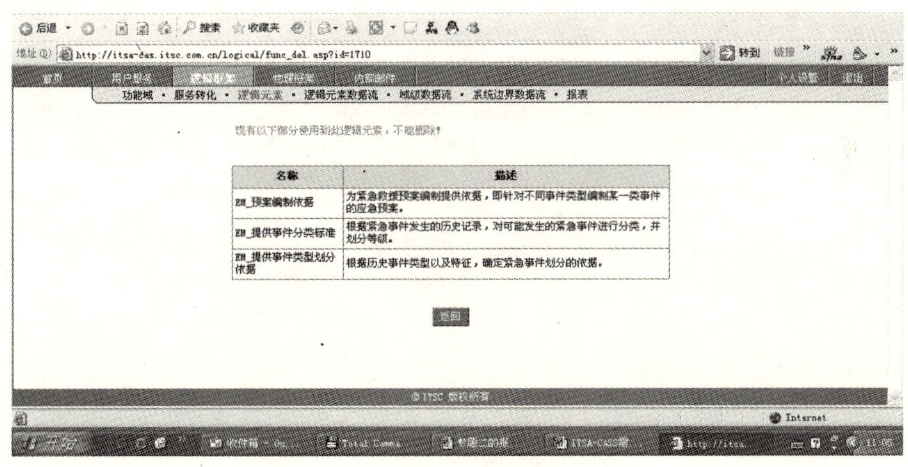

图 5-38　逻辑元素删除界面

5.8.2.4　逻辑元素数据流

(1)可以添加或删除逻辑元素数据流(包括系统边界数据流、域级数据流、功能、第 1 层子功能、过程)，并可以修改名称、逻辑元素数据流(包括系统边界数据流、域级数据流、功能、第 1 层子功能、过程)的描述等内容，如图 5-39 和图 5-40 所示。

首页 用户服务 逻辑框架 物理框架 内部邮件 个人设置 退出

功能域 · 服务转化 · 逻辑元素 · 逻辑元素数据流 · 域级数据流 · 系统边界数据流 · 报表

编辑属于 LF 5 客运管理 过程 数据流 添加过程数据流

功能
第1层子功能
过程

数据流状态 有效数据流 只可以修改、删除你自己建立的功能

名称	起点	终点	隶属于	操作
TM.PTM_动态交通路况信息	1.1.2.4 交通检测数据的系统级融合	5.2.2.1 途中驾驶员信息服务	TM.PTM_动态交通路况信息	修改 删除
TM.PTM_交通管制调整信息	1.5.4.4 交通管制相关信息的发布	5.2.2.1 途中驾驶员信息服务	TM.PTM_交通管制调整信息	修改 删除
TM.PTM_客运驾驶员和车辆的违章处罚信息	1.7.4.4 驾驶员和车辆违规信息管理	5.1.2.3 从业驾驶员运输行为的监督管理	TM.PTM_客运驾驶员和车辆的违章处罚信息	修改 删除
DM.PTM_交通地理信息(GIS-T)数据	10.6.1 数据应用接口	5.1.3.3 客运场站线路调整管理	DM.PTM_交通地理信息(GIS-T)数据	修改 删除
DM.PTM_交通地理信息(GIS-T)数据	10.6.1 数据应用接口	5.1.5.1 客运班线新开、调整审批管理	DM.PTM_交通地理信息(GIS-T)数据	修改 删除
DM.PTM_交通地理信息(GIS-T)数据	10.6.1 数据应用接口	5.1.7.4 旅客联运运输线路管理	DM.PTM_交通地理信息(GIS-T)数据	修改 删除
DM.PTM_交通地理信息(GIS-T)数据	10.6.1 数据应用接口	5.4.1.1 旅客联运路线规划支持	DM.PTM_交通地理信息(GIS-T)数据	修改 删除
TIS.PTM_沿途服务信息	3.2.3 发布公众服务信息	5.2.2.2 途中乘客信息服务	TIS.PTM_沿途信息服务	修改 删除
TIS.PTM_出行者反馈信息	3.3.1 提供用户信息交互接口	5.1.5.1 客运班线新开、调整审批管理	TIS.PTM_出行者反馈信息	修改 删除
EM.PTM_紧急救援联动请求	4.2.2.4 紧急事件通告	5.2.3.4 调度管理	EM.PTM_紧急救援联动请求	修改 删除
PTM.DM_客运基础数据	5.1.1.1 从业公司资质管理	10.2.1 接入数据	PTM.DM_客运基础数据	修改 删除
PTM.TM_客运车辆和驾驶员相关基础信息	5.1.1.1 从业公司资质管理	1.7.4.3 驾驶员和车辆年度审验	PTM.TM_客运车辆及驾驶员相关基础信息	修改 删除

图 5-39 用户服务和子服务定义界面

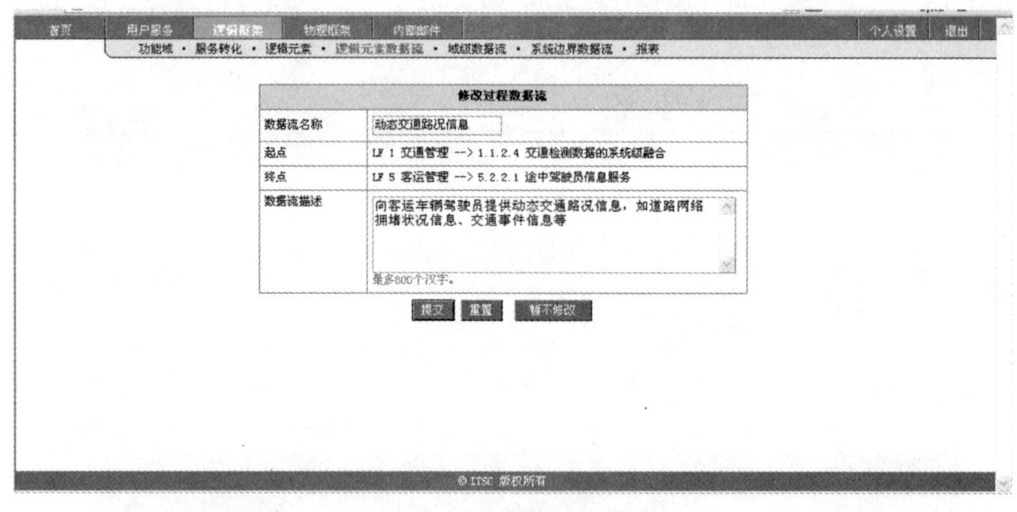

图 5-40 逻辑数据流修改界面

(2)在添加数据流时，数据流的起点和终点只能从功能层次表中的逻辑元素及系统的终端选定，如图 5-41 和图 5-42 所示。

(3)当修改某项逻辑元素数据流（包括系统边界数据流、域级数据流、功能、第 1 层子功能、过程）信息时，系统其他部分已经用到的该逻辑元素数据流（包括系统边界数据流、域级数据流、功能、第 1 层子功能、过程）信息也将自动进行修改。

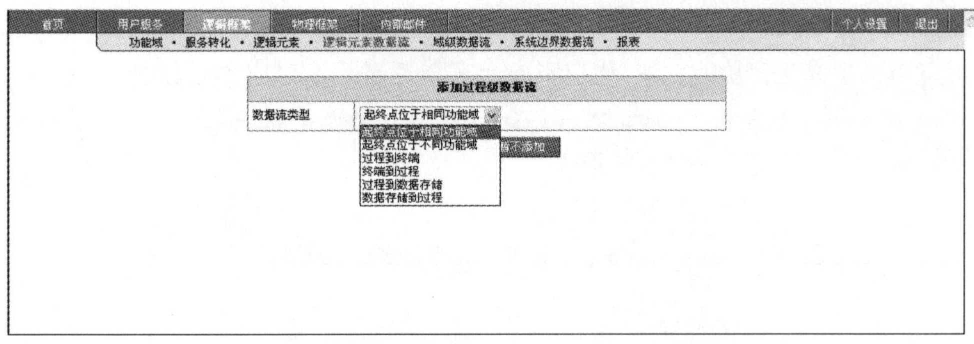

图 5-41　逻辑数据流添加界面(一)

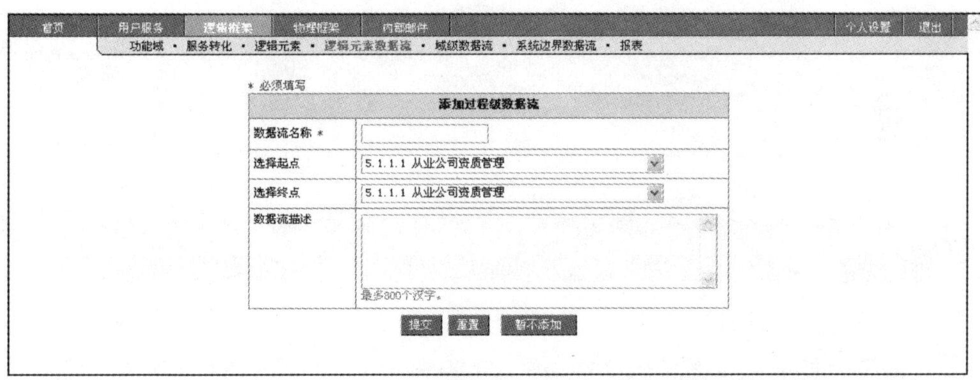

图 5-42　逻辑数据流添加界面(二)

(4)要删除某项逻辑元素数据流(包括系统边界数据流、域级数据流、功能、第 1 层子功能、过程)信息,必须事先确保系统其他部分已经用到的该逻辑元素数据流(包括系统边界数据流、域级数据流、功能、第 1 层子功能、过程)信息均已被删除,如图 5-43 所示。

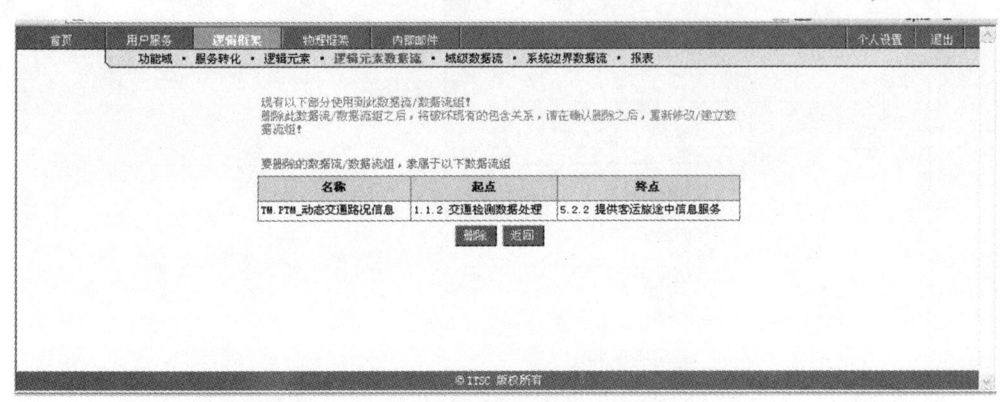

图 5-43　逻辑数据流删除界面

5.8.2.5 报表

可以自动生成逻辑功能领域、用户服务元素与逻辑元素对应关系、逻辑功能层次、逻辑元素描述(功能、第 1 层子功能、过程)、逻辑元素数据流描述(功能、第 1 层子功能、过程)等列表,如图 5-44 和图 5-45 所示。

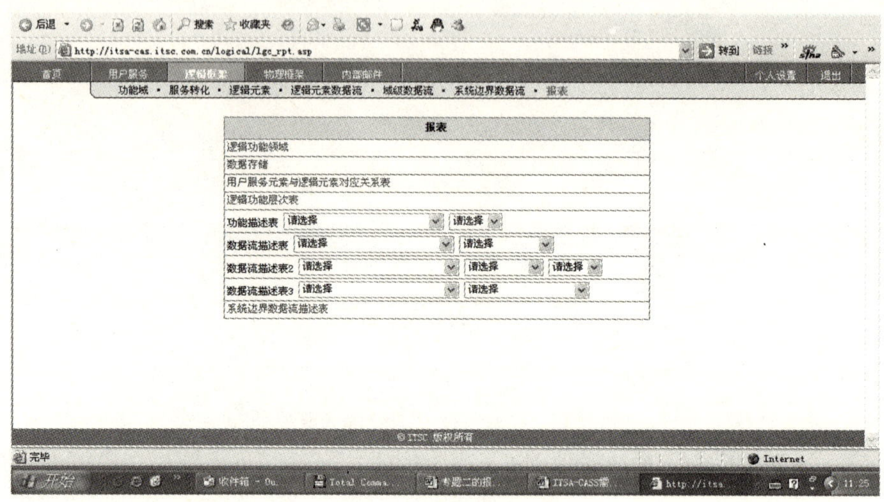

图 5-44 逻辑框架报表界面

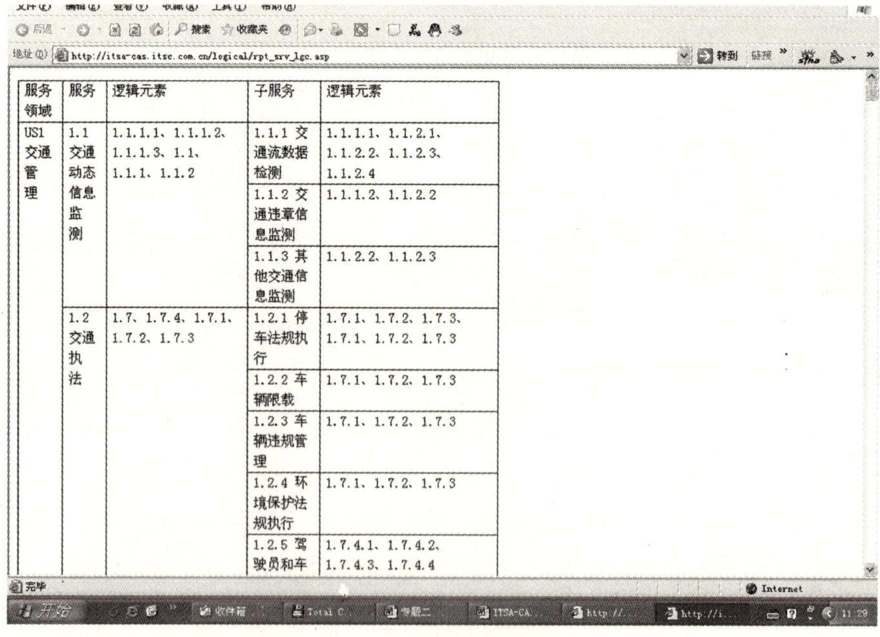

服务领域	服务	逻辑元素	子服务	逻辑元素
US1 交通管理	1.1 交通动态信息监测	1.1.1.1、1.1.1.2、1.1.1.3、1.1、1.1.1、1.1.2	1.1.1 交通流数据检测	1.1.1.1、1.1.2.1、1.1.2.2、1.1.2.3、1.1.2.4
			1.1.2 交通违章信息监测	1.1.1.2、1.1.2.2
			1.1.3 其他交通信息监测	1.1.2.2、1.1.2.3
	1.2 交通执法	1.7、1.7.4、1.7.1、1.7.2、1.7.3	1.2.1 停车法规执行	1.7.1、1.7.2、1.7.3、1.7.1、1.7.2、1.7.3
			1.2.2 车辆限载	1.7.1、1.7.2、1.7.3
			1.2.3 车辆违规管理	1.7.1、1.7.2、1.7.3
			1.2.4 环境保护法规执行	1.7.1、1.7.2、1.7.3
			1.2.5 驾驶员和车	1.7.4.1、1.7.4.2、1.7.4.3、1.7.4.4

图 5-45 报表生成的逻辑层次表

5.8.2.6 数据流图自动绘制

体系框架辅助支持系统能够按照用户要求从数据库中自动读取相关数据，自动生成风格统一、便于阅读、不同种类的逻辑框架数据流图。读取的数据包括逻辑框架中与每一个数据流图相关的逻辑层次表中元素、终端和数据流。

逻辑框架中的数据流图是分层的，数据流图按层次划分(图 5-46)，从上到下主要有：

(1)DFD 0，定义系统边界，由各个功能域、终端及其之间的数据流组成。

(2)DFD X，功能域图，是 ITS 系统的细分，反映整个 ITS 系统内各个功能域之间、功能域与终端之间的联系。

(3)DFD X. X，系统功能图，是某功能域的细分，反映各子功能之间、子功能与终端之间的联系。

(4)DFD X. X. X，过程图，是某子功能的细分，包含各过程之间、过程与终端之间的联系。

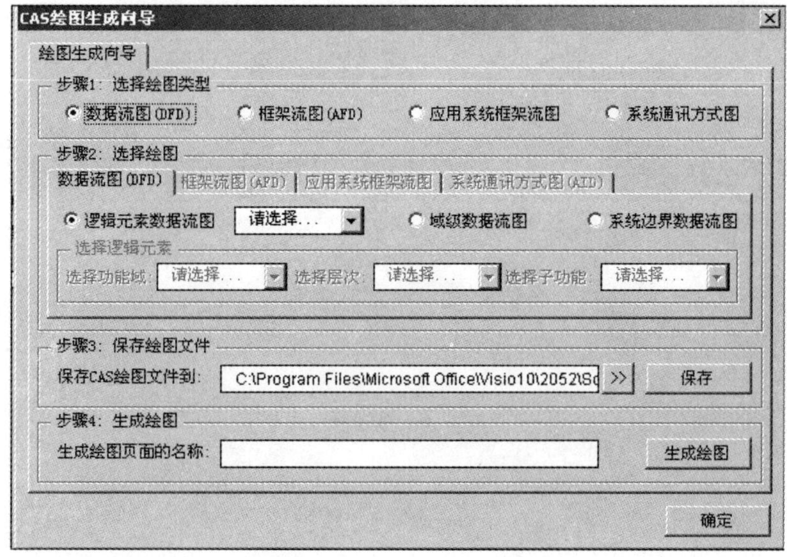

图 5-46 绘图生成界面

5.8.3 物理框架

与逻辑框架相似，在物理框架开发阶段，体系框架辅助支持系统实现的功能包括支持逻辑元素到物理元素的转化、文档输入和存储、框架流图自动绘制、数据完整性检验四个方面，具体如下：

5.8.3.1 物理系统

(1)可以增加或删除物理系统，并可以修改编号、中文名称、英文全称、缩写、物理系统的描述等内容，如图 5-47 和图 5-48 所示。

(2)当修改某项物理系统信息时,系统其他部分已经用到的该物理系统信息也将自动进行修改。

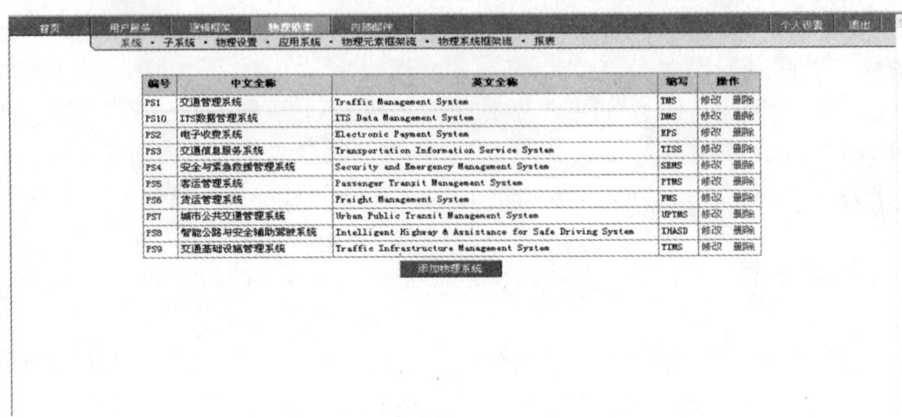

编号	中文全称	英文全称	缩写	操作
PS1	交通管理系统	Traffic Management System	TMS	修改 删除
PS10	ITS数据管理系统	ITS Data Management System	DMS	修改 删除
PS2	电子收费系统	Electronic Payment System	EPS	修改 删除
PS3	交通信息服务系统	Transportation Information Service System	TISS	修改 删除
PS4	安全与紧急救援管理系统	Security and Emergency Management System	SEMS	修改 删除
PS5	客运管理系统	Passenger Transit Management System	PTMS	修改 删除
PS6	货运管理系统	Freight Management System	FMS	修改 删除
PS7	城市公共交通管理系统	Urban Public Transit Management System	UPTMS	修改 删除
PS8	智能公路与安全辅助驾驶系统	Intelligent Highway & Assistance for Safe Driving System	IHASD	修改 删除
PS9	交通基础设施管理系统	Traffic Infrastructure Management System	TIMS	修改 删除

图 5-47　物理系统操作界面

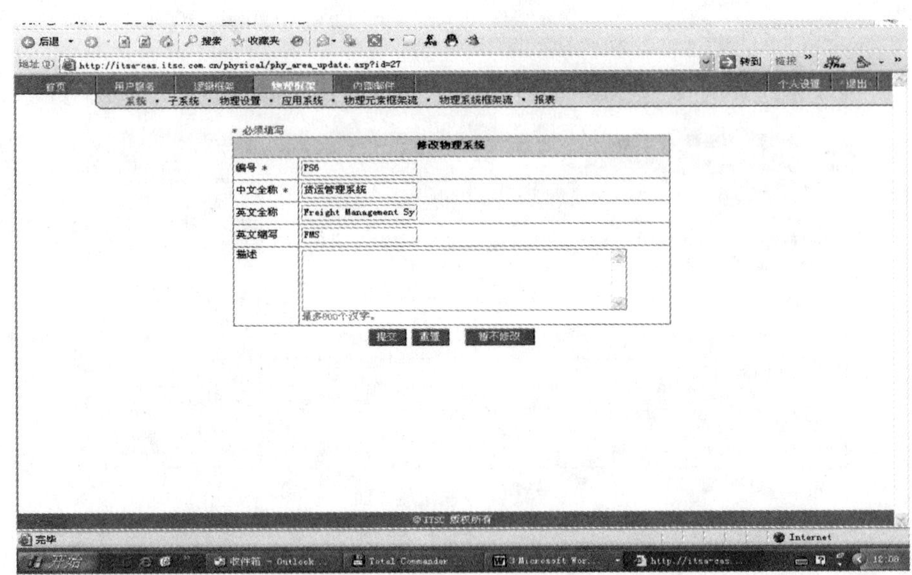

图 5-48　物理系统修改界面

(3)要删除某项物理系统信息,必须事先确保系统其他部分已经用到的该物理系统信息均已被删除,如图 5-49 所示。

5.8.3.2　子系统、系统模块

(1)可以增加或删除子系统、系统模块,并可以修改其编号、名称、描述等内容,如图 5-50 和图 5-51所示。

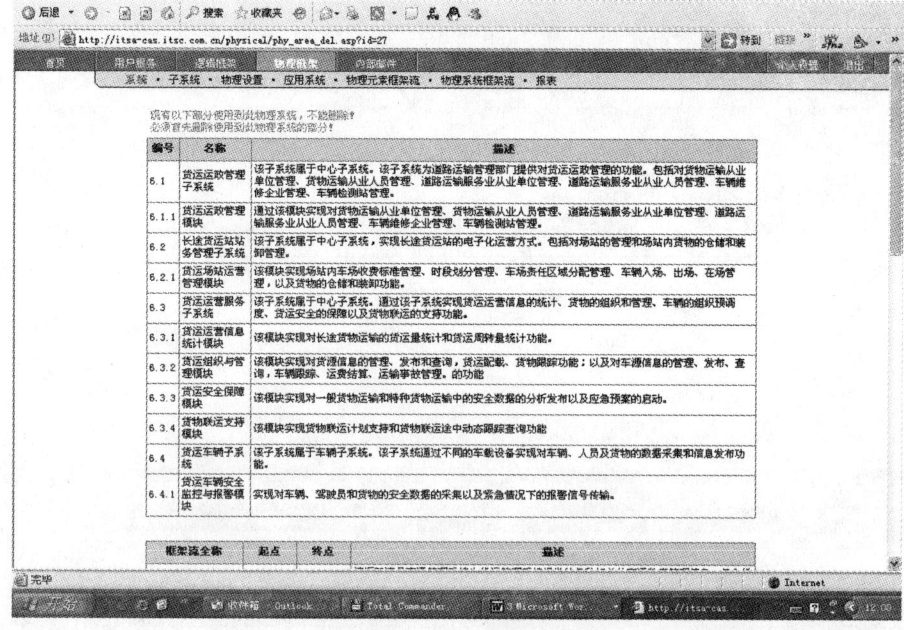

图 5-49　物理系统删除界面

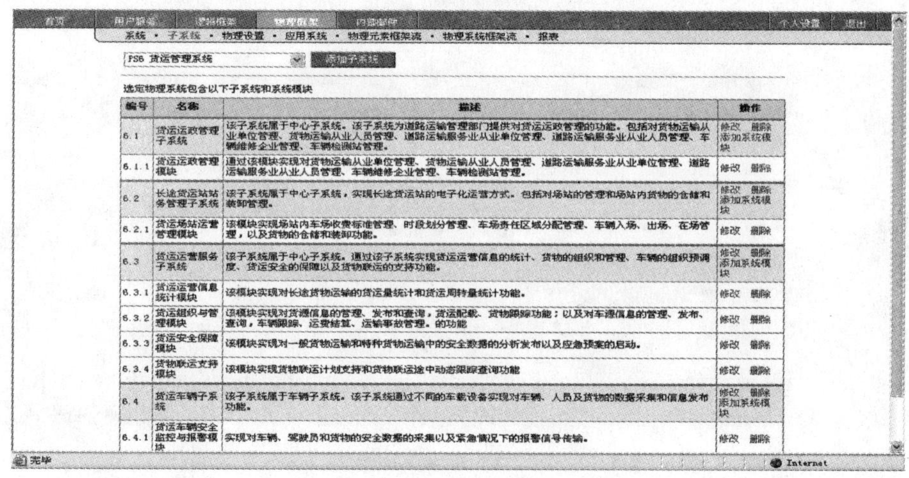

图 5-50　子系统、系统模块操作界面

(2)当修改某项子系统、系统模块信息时，系统其他部分已经用到的该子系统、系统模块信息也将自动进行修改。

(3)要删除某项子系统、系统模块信息，必须事先确保系统其他部分已经用到的该子系统、系统模块信息均已被删除，如图 5-52 所示。

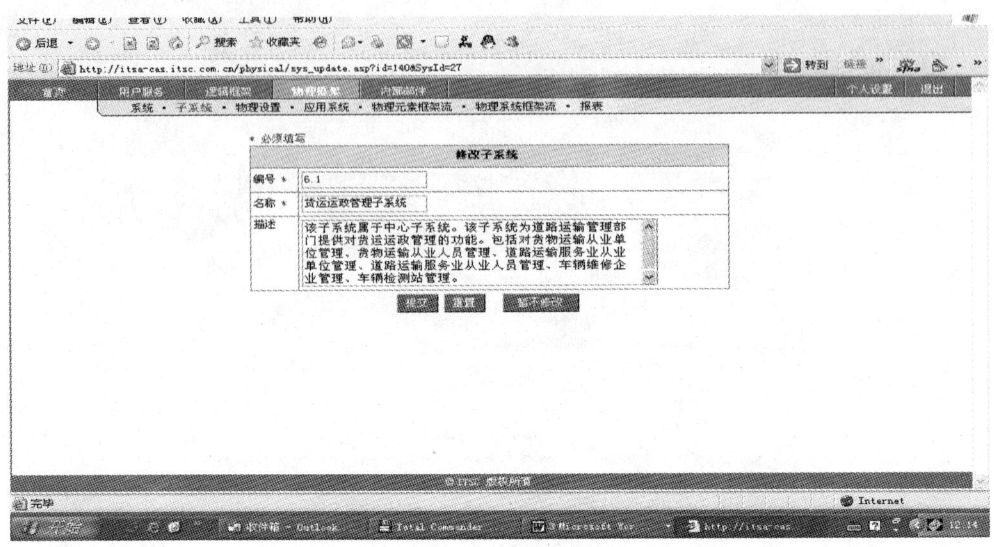

图 5-51　子系统修改界面(一)

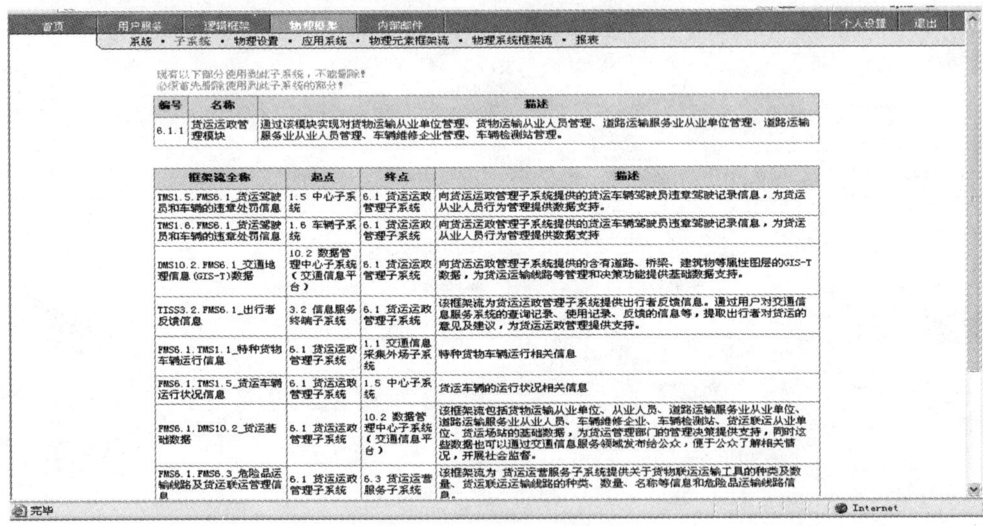

编号	名称	描述
6.1.1	货运运政管理模块	通过该模块实现对货物运输从业单位管理、货物运输从业人员管理、道路运输服务业从业单位管理、道路运输服务业从业人员管理、车辆维修企业管理、车辆检测站管理。

框架流全称	起点	终点	描述
TMS1.5.FMS6.1_货运驾驶员和车辆的违章处罚信息	1.5 中心子系统	6.1 货运运政管理子系统	向货运运政管理子系统提供的货运车辆驾驶员违章驾驶记录信息，为货运从业人员行为管理提供数据支持。
TMS1.6.FMS6.1_货运驾驶员和车辆的违章处罚信息	1.6 车辆子系统	6.1 货运运政管理子系统	向货运运政管理子系统提供的货运车辆驾驶员违章驾驶记录信息，为货运从业人员行为管理提供数据支持
DMS10.2.FMS6.1_交通地理信息(GIS-T)数据	10.2 数据管理中心子系统(交通信息平台)	6.1 货运运政管理子系统	向货运运政管理子系统提供的含有道路、桥梁、建筑物等属性图层的GIS-T数据，为货运运输线路等管理和决策功能提供基础数据支持。
TISS3.2.FMS6.1_出行者反馈信息	3.2 信息服务终端子系统	6.1 货运运政管理子系统	该框架流为货运运政管理子系统提供出行者反馈信息。通过用户对交通信息服务系统的查询记录、使用记录、反馈的信息等，提取出行者对货运的意见及建议，为货运运政管理提供支持。
FMS6.1.TMS1.1_特种货物车辆运行信息	6.1 货运运政管理子系统	1.1 交通信息采集外场子系统	特种货物车辆运行相关信息
FMS6.1.TMS1.5_货运车辆运行状况信息	6.1 货运运政管理子系统	1.5 中心子系统	货运车辆的运行状况相关信息
FMS6.1.DMS10.2_货运基础数据	6.1 货运运政管理子系统	10.2 数据管理中心子系统(交通信息平台)	该框架流包括货物运输从业单位、从业人员、道路运输服务业从业单位、道路运输服务业从业人员、车辆维修企业、车辆检测站、货运联运从业单位、货运场站的基础数据，为货运管理部门的管理决策提供支持，同时这些数据也可以通过交通信息服务领域发布给公众，便于公众了解相关情况，开展社会监督。
FMS6.1.FMS6.3_危险品运输线路及货运联运管理信息	6.1 货运运政管理子系统	6.3 货运运营服务子系统	该框架流为 货运运营服务子系统提供关于货物联运运输工具的种类及数量、货运联运运输线路的种类、数量、名称等信息和危险品运输线路信息。

图 5-52　子系统删除界面(二)

5.8.3.3　物理设置

(1)可以增加或删除物理设置，并可以修改其编号、名称、描述等内容，如图 5-53 和图 5-54 所示。

(2)当修改某项物理设置信息时，系统其他部分已经用到的该物理设置信息也将自动进行修改。

编号	名称	描述	类型	操作
U1	广域无线通讯	U1t+U1b	通讯方式	修改 删除
U1t	广域无线双向通讯	Wide Area Wireless Communications	通讯方式	修改 删除
U1b	广域无线单向通讯	Wide Area Broadcast Communications	通讯方式	修改 删除
U2	短程无线（车路）通讯	Vehicle-to-Roadside Communications	通讯方式	修改 删除
U3	短程无线（车车）通讯	Vehicle-to-Vehicle Communications	通讯方式	修改 删除
V	车辆内部交互	Vehicle Bus	通讯方式	修改 删除
W	有线通讯	Wireline Communications	通讯方式	修改 删除
PC	机/卡交互	Payment Instrument / Traveler card	通讯方式	修改 删除
H	人机交互	Human Interface	通讯方式	修改 删除
CS01	会话式业务	Conversational Service	通讯业务	修改 删除
CS02	消息式业务	Messaging Service	通讯业务	修改 删除
CS03	广播式业务	Broadcast Service	通讯业务	修改 删除
CS04	组播式业务	Multicast Service	通讯业务	修改 删除
CS05	人机交互	Human Interface Service	通讯业务	修改 删除
CS06	物物交互	Physical Interface Service	通讯业务	修改 删除
SR01	国家	National	标准区域要求	修改 删除
SR02	地区	Regional	标准区域要求	修改 删除
SR03	产品	Product	标准区域要求	修改 删除
SR04	无		标准区域要求	修改 删除
AS01	交通管理	Traffic Management	应用系统类别	修改 删除
AS02	电子收费	Electronic Payment	应用系统类别	修改 删除
AS03	交通信息服务	Traffic Information Service	应用系统类别	修改 删除
AS04	安全与紧急事件救援管理	Security and Emergency Management	应用系统类别	修改 删除
AS05	客运管理	Passenger Transit Management	应用系统类别	修改 删除

图 5-53　物理设置操作界面

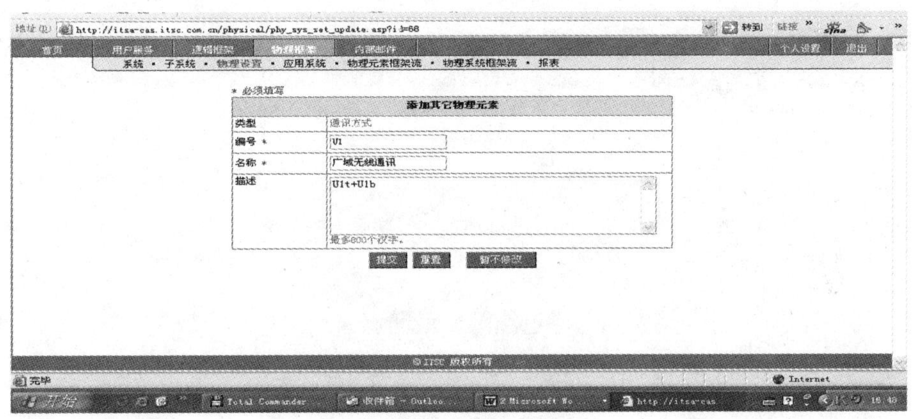

图 5-54　物理设置修改界面

5.8.3.4　应用系统

(1)可以增加或删除应用系统,并可以修改其中文名称、英文全称、应用系统类别、描述等内容,如图 5-55 和图 5-56 所示。

(2)当修改某项应用系统信息时,系统其他部分已经用到的该应用系统信息也将自动进行修改。

5.8.3.5　物理元素框架流

(1)可以增加或删除物理元素框架流(系统、子系统、系统模块),并可以修改其名称、描述、通信方式、通信业务等内容,如图 5-57 和图 5-58 所示。

中文名称	英文名称	英文缩写	应用系统类别	操作
交通电视监控系统	Traffic Closed Circuit Television System	TCCTVS	AS01 交通管理	修改 删除
"122"接处警系统	"122" Call Center Of Trafic Management	CCTM	AS01 交通管理	修改 删除
交通警用巡逻车辆(GPS)卫星定位系统	GPS Police Patrol Vehicle System Of Traffic Management	GPS PPVSTM	AS01 交通管理	修改 删除
交通流实时动态信息采集、处理/分析、发布系统	Traffic Flow Real Time Dynamic Information Collection、Dispose/Analysis、 Issue System	TFS	AS01 交通管理	修改 删除
交通信号控制系统	Traffic Signal Control System	TSCS	AS01 交通管理	修改 删除
交通执法综合信息系统	Traffic Enforcement Integration Information System	TEIIS	AS01 交通管理	修改 删除
交通违章自动监测系统	Traffic peccancy AutoDetection System	TPADS	AS01 交通管理	修改 删除
交通管理对外信息发布系统	Traffic Management Information Release System	TMIRS	AS01 交通管理	修改 删除
交通事故管理系统	Traffic Accident Management System	TAMS	AS01 交通管理	修改 删除
交通管理地理信息系统	Traffic Management Geography Information System	TMGIS	AS01 交通管理	修改 删除
路桥隧不停车电子收费应用系统	Road None Stop Electronic Toll Collection Application System	RNSETCS	AS02 电子收费	修改 删除
路桥隧停车电子收费应用系统	Road Stop Electronic Toll Collection Application System	RSETCS	AS02 电子收费	修改 删除
泊车电子收费应用系统	Parking Electronic Toll Collection Application System	PETCS	AS02 电子收费	修改 删除
城市道路拥堵电子收费应用系统	Electronic Road Pricing Application System	ERPS	AS02 电子收费	修改 删除
增值交通信息服务电子收费	Value Added Traffice Infomation Service Electronic	VATISETCS	AS02 电子收费	修改

图 5-55　应用系统操作界面

图 5-56　应用系统修改界面

(2)在添加框架流时,框架流的起点和终点(物理元素)只能先从已有数据库中把可能的起点和终点读取出来,再从中选择;框架流包含的数据流也不能添加,系统根据选定的框架流起终点在数据库中查询对应的逻辑元素,把起终点对应逻辑元素之间的逻辑数据流列出来,体系框架开发人员从中选择该框架流应该包含的数据流,从而保证框架流与数据流之间的对应关系以及逻辑框架与物理框架之间的映射关系,如图 5-59～图 5-61 所示。

首页 用户服务 逻辑框架 物理框架 内部邮件 个人设置 退出

系统 · 子系统 · 物理设置 · 应用系统 · 物理元素框架流 · 物理系统框架流 · 报表

编辑属于物理系统 PS6 货运管理系统 的 系统模块 框架流 添加系统模块框架流

物理系统“PS6 货运管理系统”包含以下系统模块框架流

全称	起点	终点	隶属于	操作
TMS1.3.FMS6.3_特种运输车辆通行信息	1.3.3 特殊车辆控制与方案实施模块	6.3.2 货运组织与管理模块	TMS1.3.FMS6.3_特种运输车辆通行信息	修改 删除
TMS1.4.FMS6.3_交通管制调整信息	1.4.1 诱导信息发布模块	6.3.2 货运组织与管理模块	TMS1.4.FMS6.3_交通管制调整信息	修改 删除
TMS1.4.FMS6.3_交通管制调整信息	1.4.2 交通管制措施信息发布模块	6.3.2 货运组织与管理模块	TMS1.4.FMS6.3_交通管制调整信息	修改 删除
TMS1.5.FMS6.3_动态交通路况信息	1.5.1 交通信息处理模块	6.3.2 货运组织与管理模块	TMS1.5.FMS6.3_动态交通路况信息	修改 删除
TMS1.5.FMS6.1_货运驾驶员和车辆的违章处罚信息	1.5.4 交通信息管理模块	6.1.1 货运运政管理模块	TMS1.5.FMS6.1_货运驾驶员和车辆的违章处罚信息	修改 删除
TMS1.6.FMS6.3_特种运输车辆通行信息	1.6.1 车辆身份标识模块	6.3.2 货运组织与管理模块	TMS1.6.FMS6.3_特种运输车辆通行信息	修改 删除
TMS1.6.FMS6.1_货运驾驶员和车辆的违章处罚信息	1.6.4 车辆信息管理模块	6.1.1 货运运政管理模块	TMS1.6.FMS6.1_货运驾驶员和车辆的违章处罚信息	修改 删除
DMS10.2.FMS6.1_交通地理信息(GIS-T)数据	10.2.5 数据应用支持模块	6.1.1 货运运政管理模块	DMS10.2.FMS6.1_交通地理信息(GIS-T)数据	修改 删除
TISS3.2.FMS6.1_出行者反馈信息	3.2.2 信息交互终端模块	6.1.1 货运运政管理模块	TISS3.2.FMS6.1_出行者反馈信息	修改 删除
SEMS4.3.FMS6.3_紧急救援联动请求	4.3.1 外场交通安全设施与事件管理中心信息交换模块	6.3.2 货运组织与管理模块	SEMS4.3.FMS6.3_货运途中安全状况信息及紧急救援联动请求	修改 删除
SEMS4.3.FMS6.3_货运途中安全状况信息	4.3.4 外场交通安全设施监控	6.3.3 货运安全保障模块	SEMS4.3.FMS6.3_货运途中安全状况信息及紧急救援联动请求	修改 删除
SEMS4.3.FMS6.4_提供紧急事件信息	4.3.4 外场交通安全设施监控	6.4.1 货运车辆安全监控与报警模块	SEMS4.3.FMS6.4_提供紧急事件信息	修改 删除
FMS6.1.FMS6.3_危险品运输线路信息	6.1.1 货运运政管理模块	6.3.3 货运安全保障模块	FMS6.1.FMS6.3_危险品运输线路及货运联运管理信息	修改 删除

完毕 Internet

图 5-57 物理元素框架流操作界面

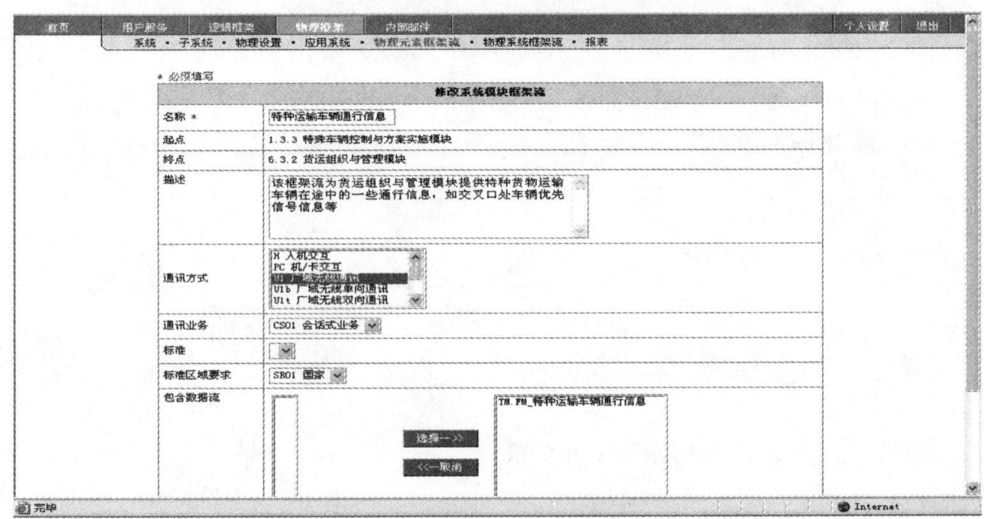

图 5-58 物理元素框架流修改界面

(3)当修改某物理元素框架流(系统、子系统、系统模块)信息时,系统其他部分已经用到的该物理元素框架流(系统、子系统、系统模块)信息也将自动进行修改。

(4)要删除某物理元素框架流(系统、子系统、系统模块)信息,必须事先确保系统其他部分已经用到的该物理元素框架流(系统、子系统、系统模块)信息均已被删除,如图 5-62 所示。

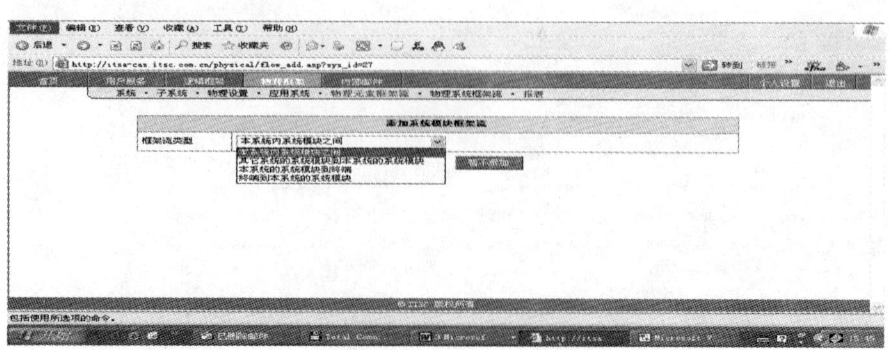

图 5-59　物理元素框架流添加界面(一)

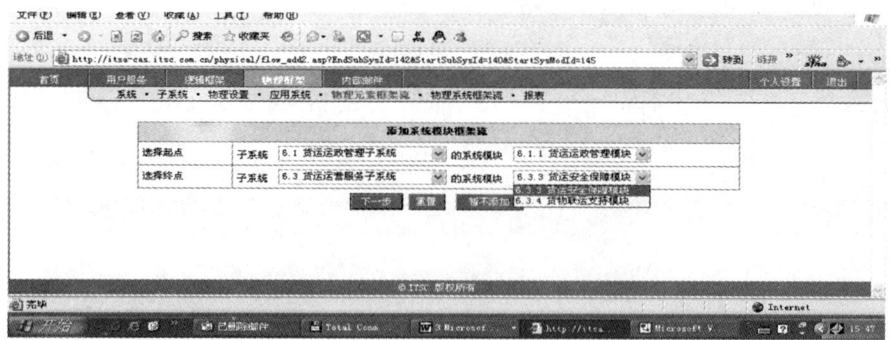

图 5-60　物理元素框架流添加界面(二)

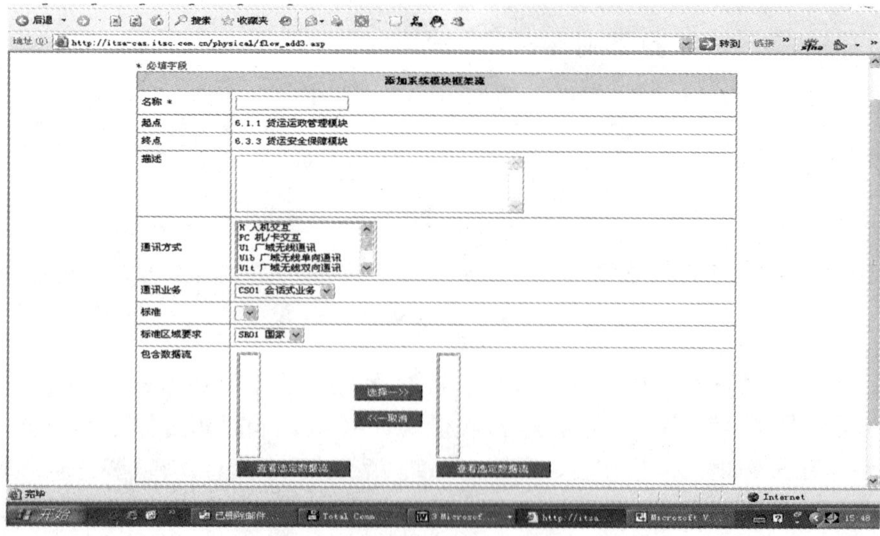

图 5-61　物理元素框架流添加界面(三)

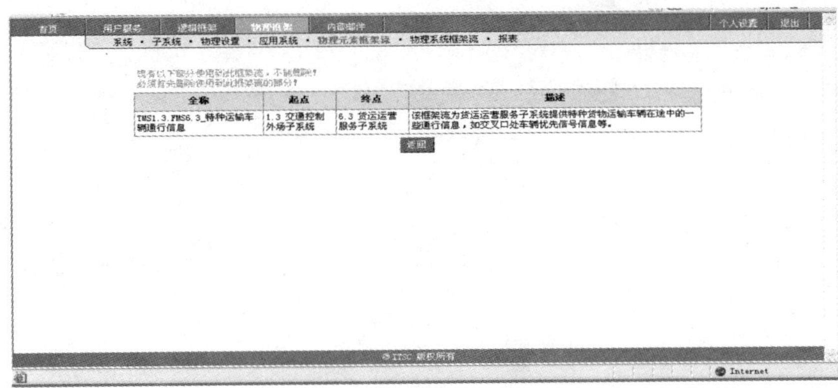

图 5-62　物理元素框架流删除界面

5.8.3.6　报表

可以自动生成物理层次、物理元素（系统、子系统、系统模块）描述、逻辑功能层次、逻辑元素描述（功能、第 1 层子功能、过程）、应用系统描述、物理框架流（系统级、子系统级、系统模块级）描述等列表，还可以列出框架流未包含的过程及数据流、没有与框架流相连的物理元素（系统、子系统、系统模块），如图 5-63 和图 5-64 所示。

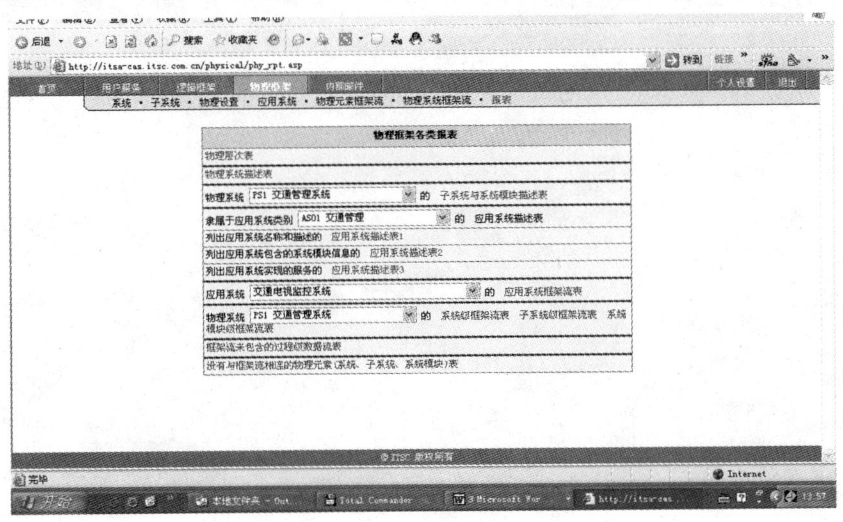

图 5-63　物理框架报表界面

5.8.3.7　框架流图的自动绘制

体系框架辅助支持系统能够按照用户要求从数据库中自动读取相关数据，自动生成风格统一、便于阅读、不同种类的物理框架流图，如图 5-65 所示。物理框架阶段自动绘制的图形包括：

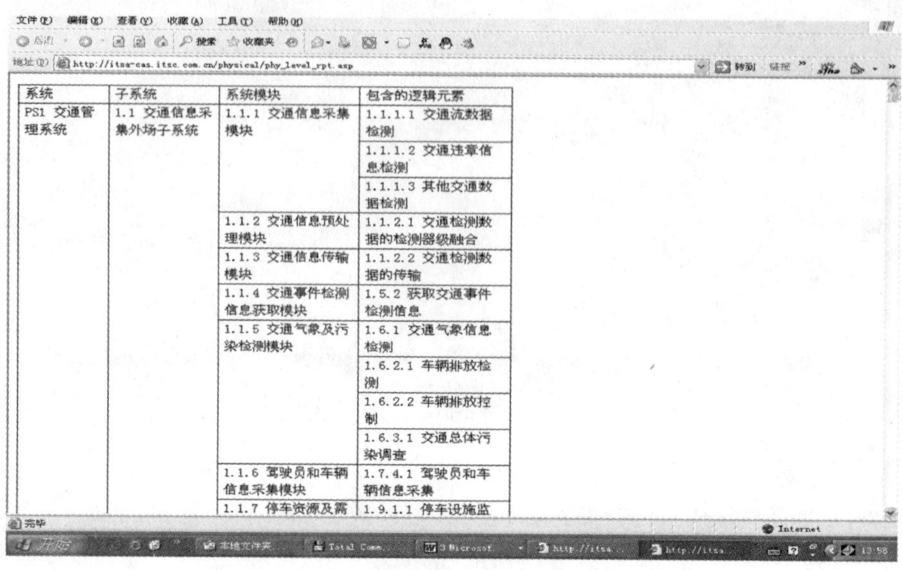

系统	子系统	系统模块	包含的逻辑元素
PS1 交通管理系统	1.1 交通信息采集外场子系统	1.1.1 交通信息采集模块	1.1.1.1 交通流数据检测
			1.1.1.2 交通违章信息检测
			1.1.1.3 其他交通数据检测
		1.1.2 交通信息预处理模块	1.1.2.1 交通检测数据的检测器级融合
		1.1.3 交通信息传输模块	1.1.2.2 交通检测数据的传输
		1.1.4 交通事件检测信息获取模块	1.5.2 获取交通事件检测信息
		1.1.5 交通气象及污染检测模块	1.6.1 交通气象信息检测
			1.6.2.1 车辆排放检测
			1.6.2.2 车辆排放控制
			1.6.3.1 交通总体污染调查
		1.1.6 驾驶员和车辆信息采集模块	1.7.4.1 驾驶员和车辆信息采集
		1.1.7 停车资源及需	1.9.1.1 停车设施监

图 5-64　物理框架报表生成的物理层次表

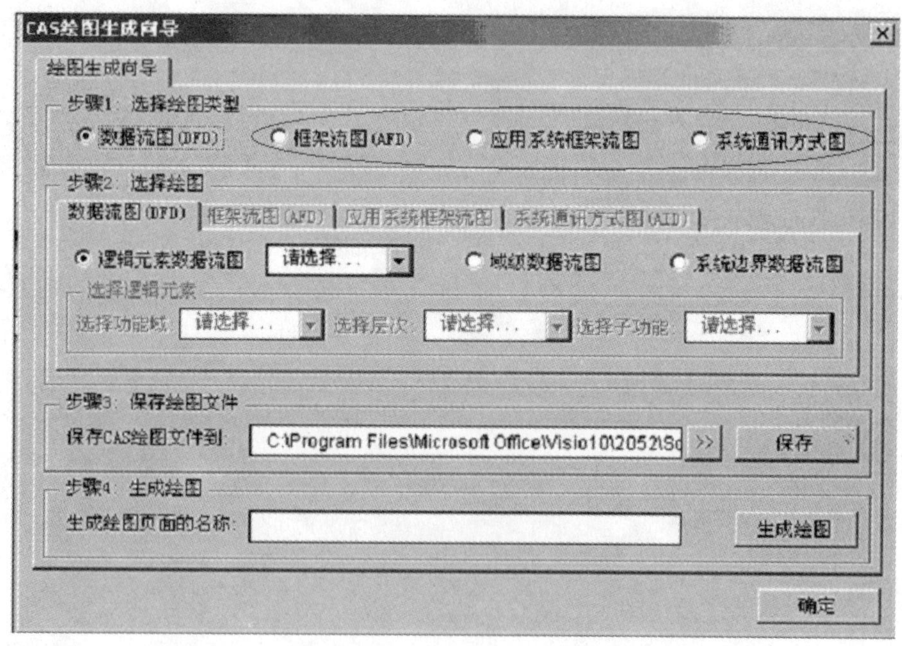

图 5-65　物理框架流绘图生成界面

(1)系统模块框架流图，包含某子系统的系统模块、终端、框架流等元素，反映子系统内各个系统模块之间、系统模块与终端之间的联系。

(2)子系统框架流图,包含某系统内的各子系统、终端、框架流等元素,反映系统内各个子系统之间、子系统与终端之间的联系。

(3)系统框架流图,包含ITS的各系统、终端、框架流等元素,反映各个系统之间、系统与终端之间的联系。

(4)应用系统框架流图,包含某应用系统中的系统模块(标明所属子系统)、终端、框架流等元素,反映应用系统内各个系统模块之间、系统模块与终端之间的联系。

(5)系统模块通信方式图,类似于系统模块框架流图,只是把其中的单向箭头改为双向箭头并标上通信方式,反映系统模块间的通信方式。

(6)子系统通信方式图,类似于子系统框架流图,只是把其中的单向箭头改为双向箭头并标上通信方式,反映子系统间的通信方式。

(7)系统通信方式图,类似于系统框架流图,只是把其中的单向箭头改为双向箭头并标上通信方式,反映系统间的通信方式。

5.8.4 系统管理

此项功能只有系统管理员才能使用,包括用户管理、逻辑层次、发布文档、操作日志四部分。

5.8.4.1 用户管理

用户管理功能包括:浏览用户信息、修改用户信息、用户授权、删除用户。

系统用户层次划分从上到下依次为:

(1)系统管理员

具有整个系统的所有权限,并且能够添加用户信息、修改用户信息、删除用户信息、设置用户权限、进行系统配置等。

(2)系统高级用户

除无添加用户信息、修改用户信息、删除用户信息、给用户授权、系统配置等权限外,具有系统功能的全部访问操作权。

(3)工作组用户

系统在用户服务、逻辑框架、物理框架三个不同的开发阶段分别按照服务领域、功能域、物理系统划分成不同的独立的工作组,每个用户隶属于其中的一个或多个组,且在所属组内具有所有的访问操作权,对其他组只有浏览权限,其在所属组内进行的各种操作,系统都会自动记录。不能添加、修改、删除用户信息,也不能给用户授权,不能配置系统。

(4)系统普通用户

只有部分内容的浏览以及下载有关发布信息的权限,没有任何操作权限。系统普通用户可以浏览的具体内容事先是不确定的，系统管理员可根据实际需要设定普通用户的浏览内容。

5.8.4.2 逻辑层次

用于设定逻辑层次的数目，从功能、子功能等到过程(不包括功能域)，当前最多允许建立 9 层逻辑结构，最少 3 层。在文本框中输入 3～9 之间的整数，点击“提交”按钮确认即可，如图 5-66 所示。

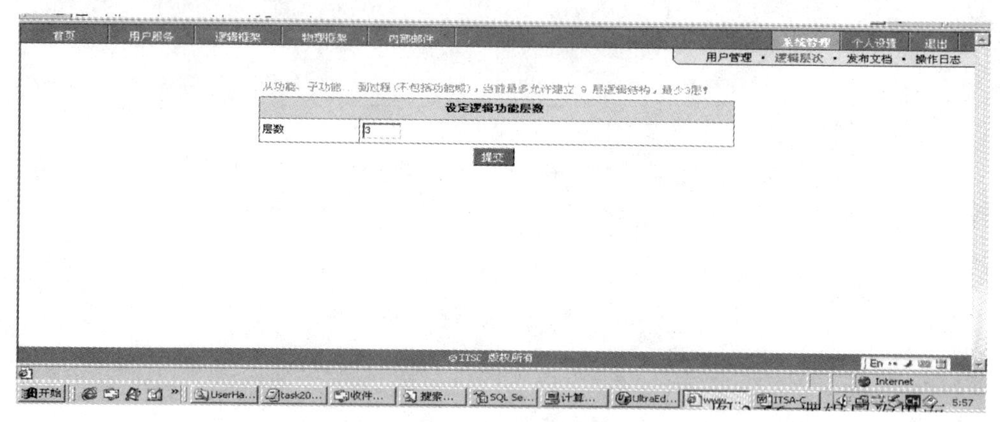

图 5-66 逻辑层次界面

逻辑层次数目的设定一定要根据实际需要进行，设得过小则不能满足业务需求，设得过大将影响系统运行效率。

5.8.4.3 发布文档

发布文档主要有两个方面的用途，一是系统管理员向所有用户发布通知，二是系统管理员对外公布 ITS 体系框架开发的阶段性成果(包含附件)，可供用户下载。

在页面中输入文档名称、文档描述，如果有附件(ITS 体系框架开发的阶段性成果等)要发布，则点击“浏览”按钮选择要发布的文件，点击“确定”按钮进行发布，点击“重置”按钮放弃发布并清空所有输入，点击“查看已发布文档”系统将自动定向到首页并显示管理员已经发布的文档，在这里点击“删除”按钮可以删除相应的文档，如图 5-67 所示。

5.8.4.4 操作日志

当逻辑功能层次表生成之后，逻辑元素的编号和名称信息一般情况下是不能更改的，但为了留下必要的回旋余地，提高系统的灵活性，目前也可以进行修改。在作这样的修改时，系统除了给出提示信息外，还会从安全的角度出发，自动将修改日志记录下来，具体包括修改时间、修改人员、修改内容(修改前的内容和修改后的内容)，以方便管理员对这种重要变更进行追踪。对这些修改日志的管理工作，由系统管理员在“操作日志”部分实现。

图 5-67　发布文档界面

操作日志按时间顺序列表排列，在删除操作日志的输入框中输入时间（格式为"年-月-日"，如 2003-11-03）后，点击"删除"按钮，系统将自动删除该时间以前的日志信息，如图 5-68所示。

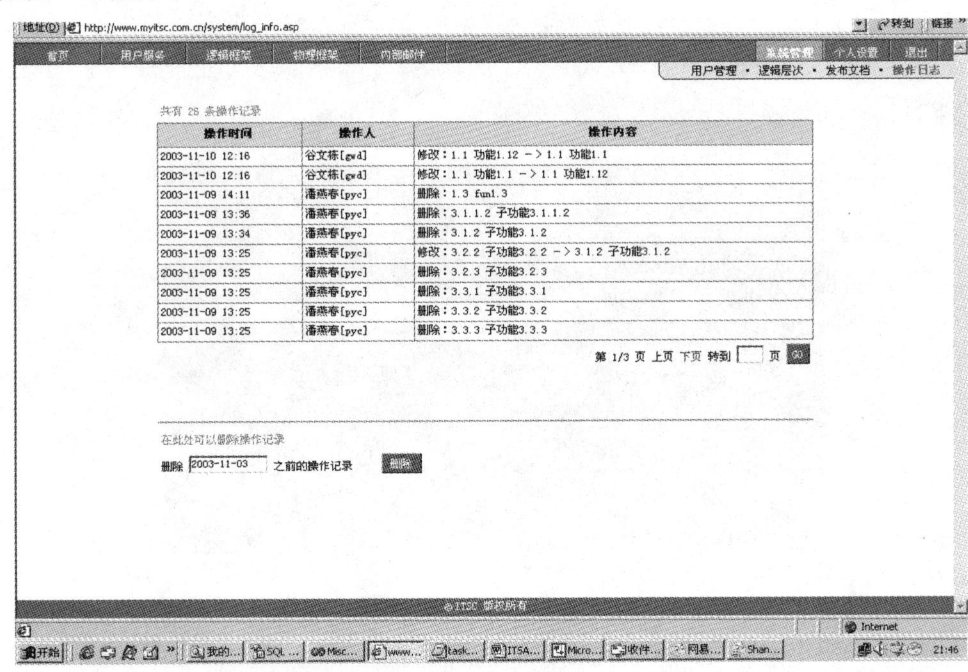

操作时间	操作人	操作内容
2003-11-10 12:16	谷文栋[gwd]	修改：1.1 功能1.12 -> 1.1 功能1.1
2003-11-10 12:16	谷文栋[gwd]	修改：1.1 功能1.1 -> 1.1 功能1.12
2003-11-09 14:11	潘燕春[pyc]	删除：1.3 fun1.3
2003-11-09 13:36	潘燕春[pyc]	删除：3.1.1.2 子功能3.1.1.2
2003-11-09 13:34	潘燕春[pyc]	删除：3.1.2 子功能3.1.2
2003-11-09 13:25	潘燕春[pyc]	修改：3.2.2 子功能3.2.2 -> 3.1.2 子功能3.1.2
2003-11-09 13:25	潘燕春[pyc]	删除：3.2.3 子功能3.2.3
2003-11-09 13:25	潘燕春[pyc]	删除：3.3.1 子功能3.3.1
2003-11-09 13:25	潘燕春[pyc]	删除：3.3.2 子功能3.3.2
2003-11-09 13:25	潘燕春[pyc]	删除：3.3.3 子功能3.3.3

图 5-68　操作日志界面

5.9 应用示例

在中国ITS体系框架(第二版)用户服务、逻辑框架、物理框架的开发过程中,按照应用领域划分为交通管理、电子收费、交通信息服务、安全与紧急救援管理、货运管理、客运管理、城市公共交通管理、智能公路与安全辅助驾驶、交通基础设施管理、ITS数据管理共十个工作组,分别委托熟悉相关业务且具备一定技术实力的单位承担相应任务。各工作组在体系框架开发辅助支持系统(ITSA-CASS软件)中,实现了在网络环境下各工作组异地协同工作,对国家框架进行了全面修订。同时成立了总体组,负责各工作组间的协调、每一阶段结束后的内容整合与下一阶段工作内容的重新组合划分、课题进度和质量管理,以及软件系统的维护等工作。在开发过程中,各工作组只具有相应领域的访问操作权限,各工作组用户只对所属组内具有所有的访问操作权,对其他组只有浏览权限。各工作组成员在所属组内进行的各种操作,系统都会自动记录。

本节以系统用户管理、用户服务元素到逻辑框架的转化、自动绘图等环节为例,说明体系框架辅助支持系统的应用情况。

5.9.1 用户管理

图5-1为ITSA-CASS系统登录界面。当系统管理员以管理者身份进入系统以后,进入图5-69和图5-70所示的工作界面进行用户权限分配和修改。本系统所有用户权限(除系统管理员外)都必须经过授权才有效,如图5-71所示。

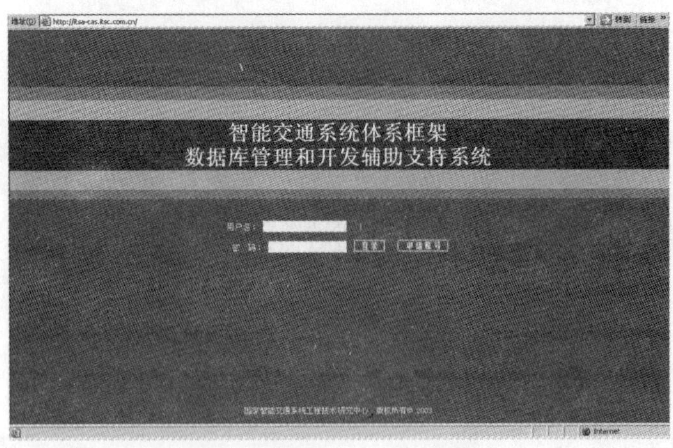

图5-69 ITSA-CASS系统登录界面

在用户类型中选定权限类别,如果选定“工作组用户”则系统将自动增加一栏“工作领域”(包括服务领域、功能域和物理系统),如果要将用户分配为服务领域工作组用户,则选定工作领域中"服务领域"前的复选框，此时系统将自动增加一栏"服务领域"列出当前的所有服务领域供选择，按住 Ctrl 键可以进行多选，即一个用户可以同时隶属于多个不同的服务领域。功能域和物理系统用户授权的过程类似。另外，一个用户可以同时隶属于不同的层次，即一个用户可以同时在服务层、功能层和物理层，服务领域、功能域、物理系统三个工作领域可以多选。

首页 用户服务 逻辑框架 物理框架 内部邮件 系统管理 个人设置

用户管理 · 逻辑层次 · 发布文档 ·

当前系统共有 35 个用户

	用户名	姓名↑	性别	权限	注册时间	操作
□	1	1	男	未授权用户	2004-9-12 12:22:30	修改
□	zjt	888888	男	普通用户	2004-7-7 12:25:03	修改
□	gis28	abi	男	未授权用户	2004-9-3 9:17:51	修改
□	jimyin	Jim Yin	男	未授权用户	2005-1-19 0:27:52	修改
□	流星雨	jinpeng	男	未授权用户	2004-12-5 15:00:54	修改
□	leeqiang	leeqiang	男	普通用户	2004-9-24 10:37:38	修改
□	lc	llcc	男	未授权用户	2004-12-30 8:30:30	修改
□	may	may	女	系统高级用户	2004-3-23 9:58:24	修改
□	test	test	男	普通用户	2004-7-7 12:05:15	修改
□	tjjt	zhaowei	男	未授权用户	2004-8-3 11:51:50	修改

□选中所有用户 第 1/4 页 上页 下页 转到 页 GO

删除

图 5-70 ITSA-CASS 系统用户管理界面

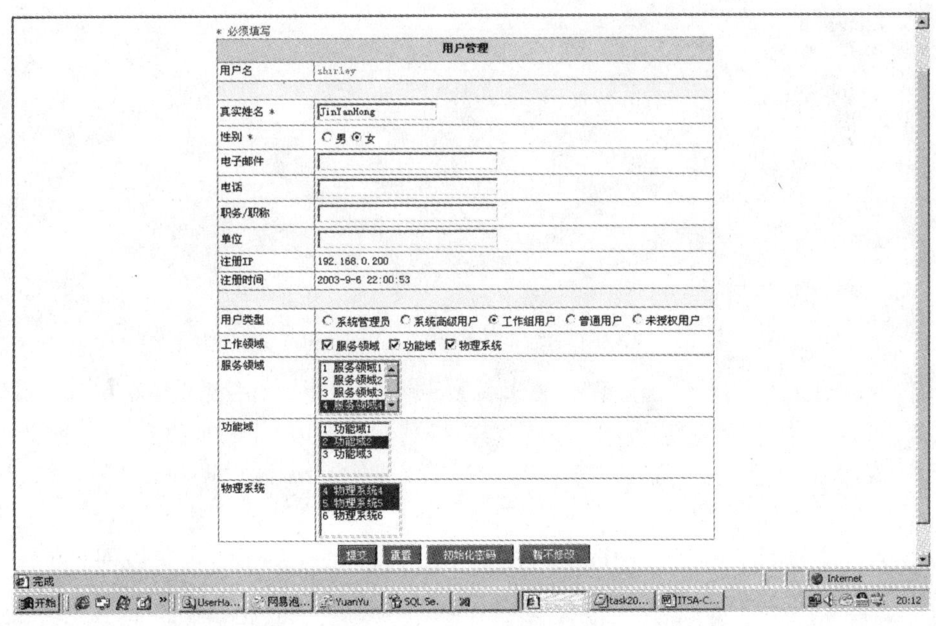

图 5-71 用户授权界面

5.9.2 用户服务转化

服务转化页面左上角的服务领域下拉列表只显示出当前用户有权限操作的服务领域，左边以树状结构显示出选定服务领域的服务和子服务，右上部分列表显示当前选定用户元素（服务或子服务）已经对应的逻辑元素（功能、子功能或过程），右下部分用于确定或添加逻辑元素。

如图 5-72 所示，在界面左侧的服务元素（子服务或服务）列表中选择需转化的服务元素（图 5-72 中①所示），可以转化成现有逻辑元素，当现有逻辑元素不能满足需要时，也可以添加新逻辑元素。

添加新逻辑元素（图 5-72②所示）。选定新增逻辑元素隶属的功能域（图 5-73）和层次（图 5-74），输入有关信息，点击“提交”按钮，生成该逻辑元素。

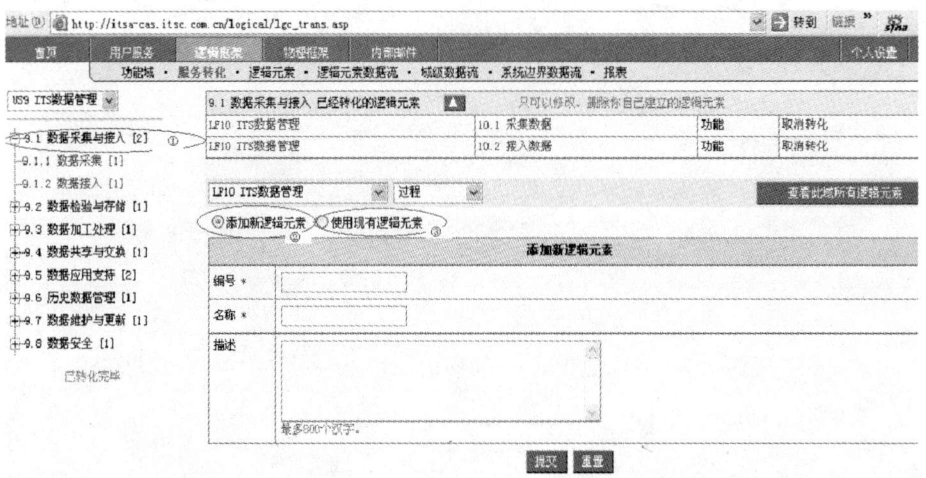

图 5-72 用户服务元素到逻辑元素转化界面（一）

转化成现有逻辑元素。选定现有逻辑元素隶属的功能域和层次，选定单选按钮“使用现有逻辑元素”（图 5-72 中③所示），左边列表框将自动显示出当前功能域当前层次的所有逻辑元素，在该列表框中选定所需的逻辑元素（按住 Ctrl 键可多选，如图 5-75 中①所示），通过“转化”按钮（图 5-75 中②所示）将选定的逻辑元素移入右边的列表框中（图 5-75 中③所示），单击“取消”按钮将把选定的逻辑元素从右边列表框移入左边列表框中，右边列表框中的所有逻辑元素就是该用户元素要对应的逻辑元素，点击“提交”（图 5-75 中④所示）按钮完成服务元素到逻辑元素的转化。

当某个服务领域的所有用户元素都有逻辑元素与其对应，即该服务领域转化完成时，由高级用户或系统管理员登录点击“转化完成”按钮进行确认。在转化界面的左侧下方会显示“已转化完毕”。

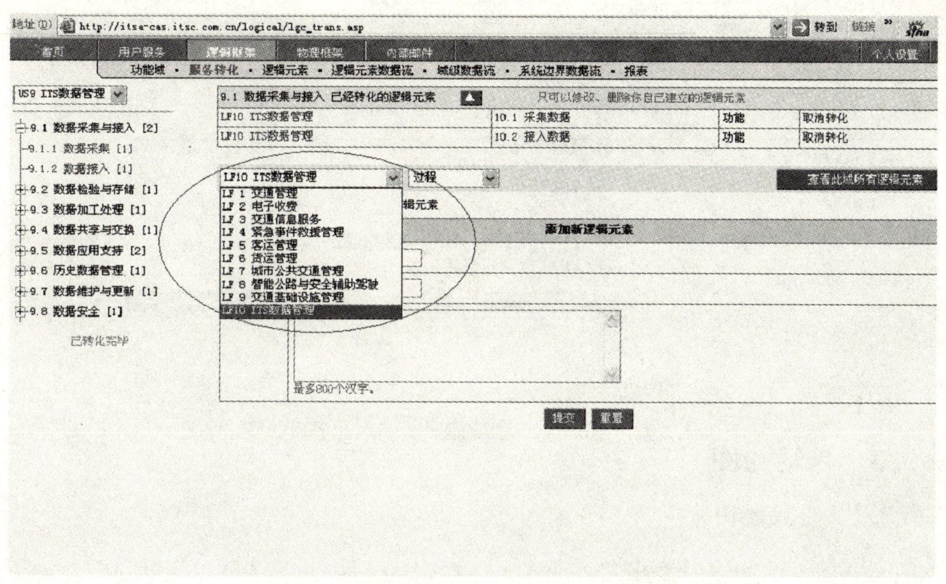

图 5-73 用户服务元素到逻辑元素转化界面(二)

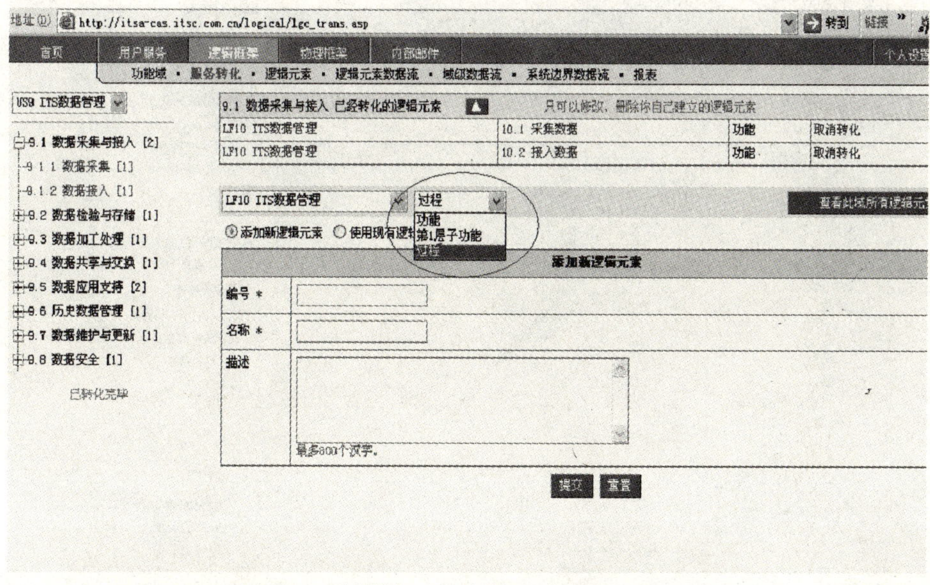

图 5-74 用户服务元素到逻辑元素转化界面(三)

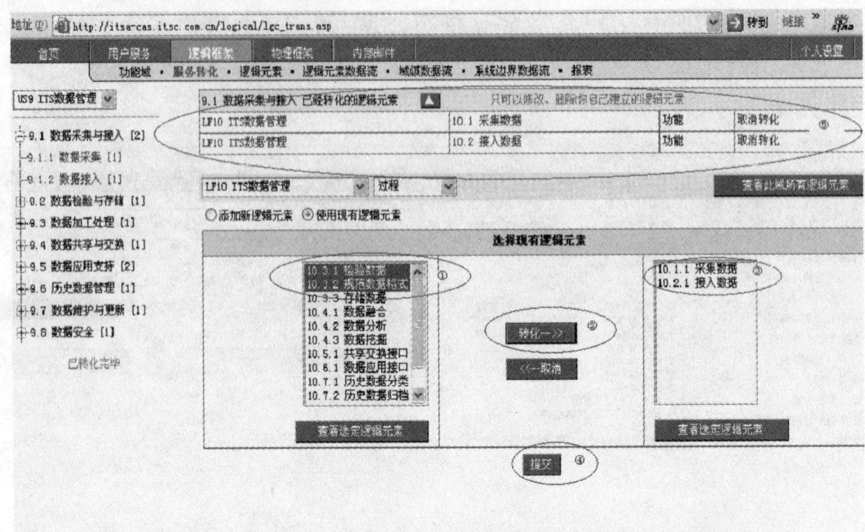

图 5-75　用户服务元素到逻辑元素转化界面(四)

5.9.3　自动绘图

5.9.3.1　生成绘图

启动 Microsoft Visio 2002 中文版后，ITSA-CAS 绘图出现在 Visio 选择绘图类型的类别中，显示 ITSA-CAS 绘图模板(图 5-76)。

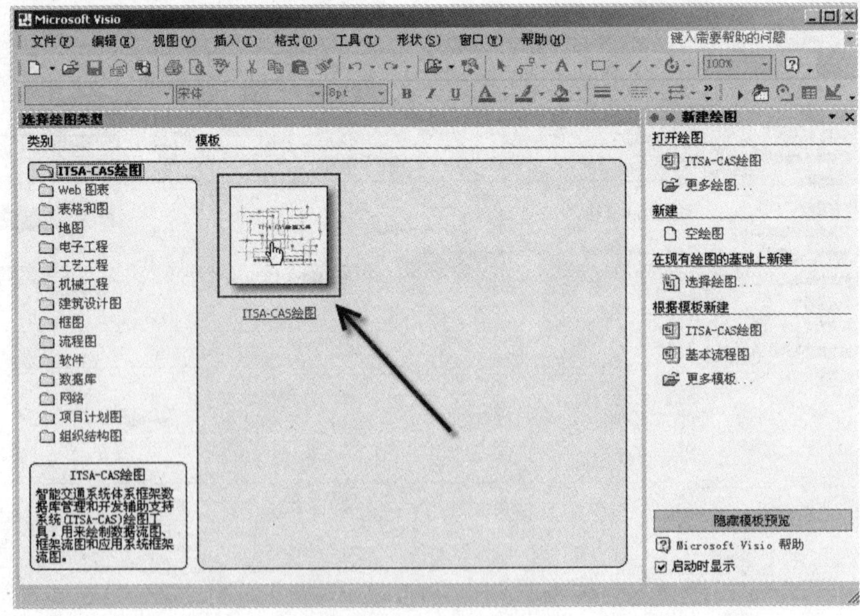

图 5-76　ITSA-CAS 绘图选择界面

选择 ITSA-CAS 绘图模板，系统出现提示，如图 5-77 所示。

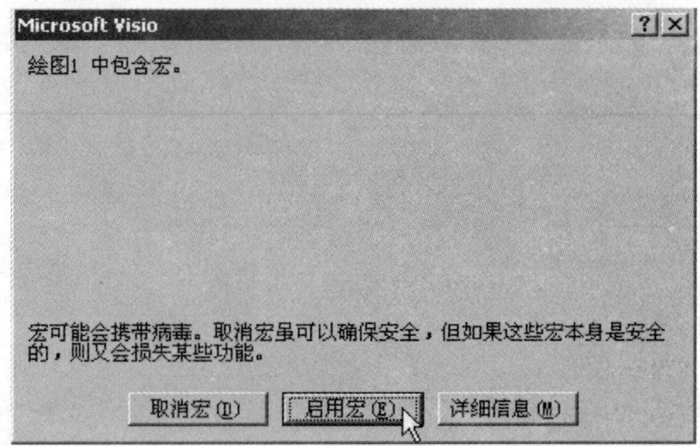

图 5-77 系统提示界面

为了正常运行 ITSA-CAS 绘图程序，选择“启用宏”后，出现系统主界面，它包括：绘图主菜单、ITSA-CAS 绘图形状和绘图工作区（图 5-78）。

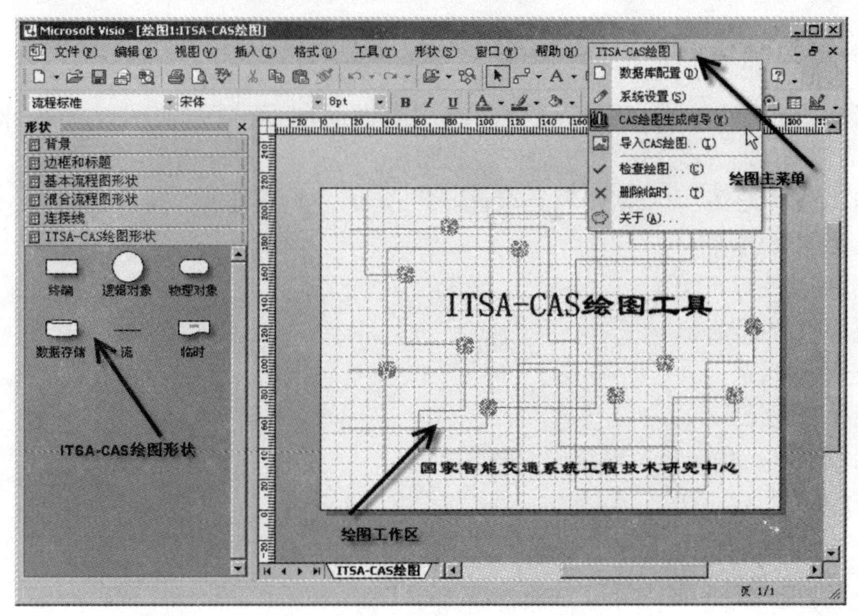

图 5-78 ITSA-CAS 绘图系统主界面

绘图工具将根据数据列表以及它们之间的关系，根据用户的输入条件自动获取流图所需的所有数据（包括图形元素信息和流信息等），进行校验并绘图。

绘图向导的主要功能是生成四种图形向导，它包括以下 4 个步骤(图 5-79)。

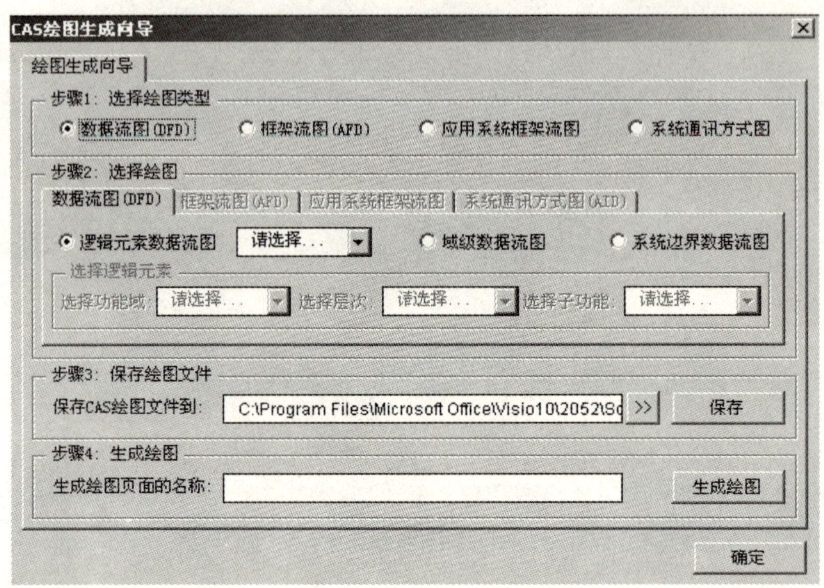

图 5-79　绘图生成向导

步骤 1：选择绘图类型，即系统所需绘制的四种图形：数据流图(DFD)、框架流图(AFD)、应用系统框架流图和系统通信方式图。

步骤 2：选择绘图，即根据图形类型，按照一定的规则选择所要生成的绘图。

选择绘图的规则有：

(1)数据流图(DFD)

系统边界数据流图；

域级数据流图；

功能域数据流图；

功能域下所有功能和过程数据流图。

(2)框架流图(AFD)

物理系统框架流图；

子系统物理框架流图；

系统模块物理框架流图。

(3)应用系统框架流图

(4)系统通信方式图

物理系统通信方式图；

子系统通信方式图；

系统模块通信方式图。

步骤 3：保存绘图文件，即按照所选择的绘图生成相应的绘图文件，输入保存的 CAS 绘图文件名称，并点击“保存”按钮。

步骤 4：生成绘图，即将步骤 3 生成的绘图文件导入当前 Visio 绘图中。具体操作步骤为：输入生成绘图页面的名称，并点击“生成绘图”按钮，显示导入流程图数据向导（图 5-80）。

按照流程图导入向导，点击“下一步”，选择步骤 3 所生成的绘图文件，同时选中“添加到当前绘图页”，并点击“下一步”，直到导入完成（图 5-81）。

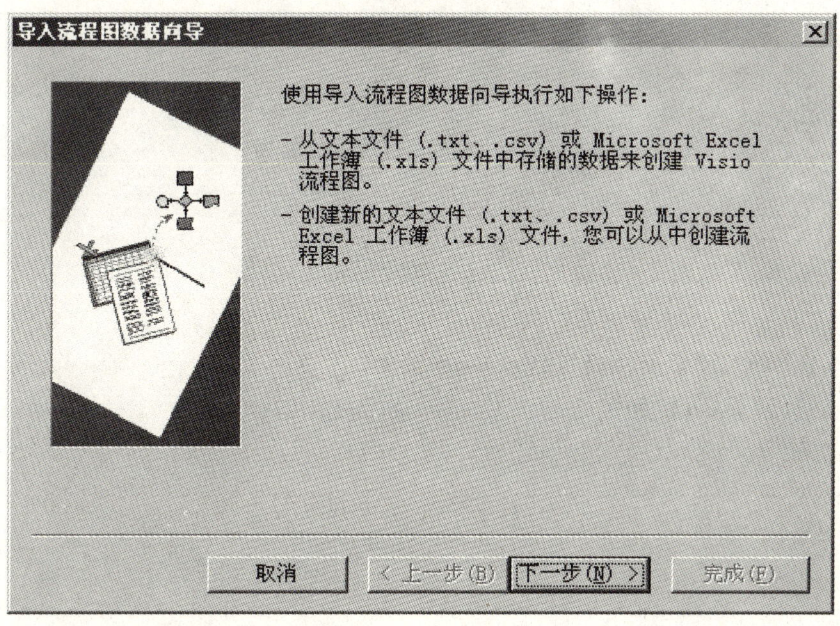

图 5-80　导入流程图数据向导

5.9.3.2　绘图检查

由绘图向导生成的绘图存在两个问题：

(1)数据流重叠；

(2)存在临时元素。

系统提供了两个检查绘图的功能：

(1)检查绘图。

点击绘图主菜单“检查绘图”按钮，检查系统重叠的数据流，如果重叠则以红色标注；如果不重叠则恢复黑色标注，如图 5-82 所示。

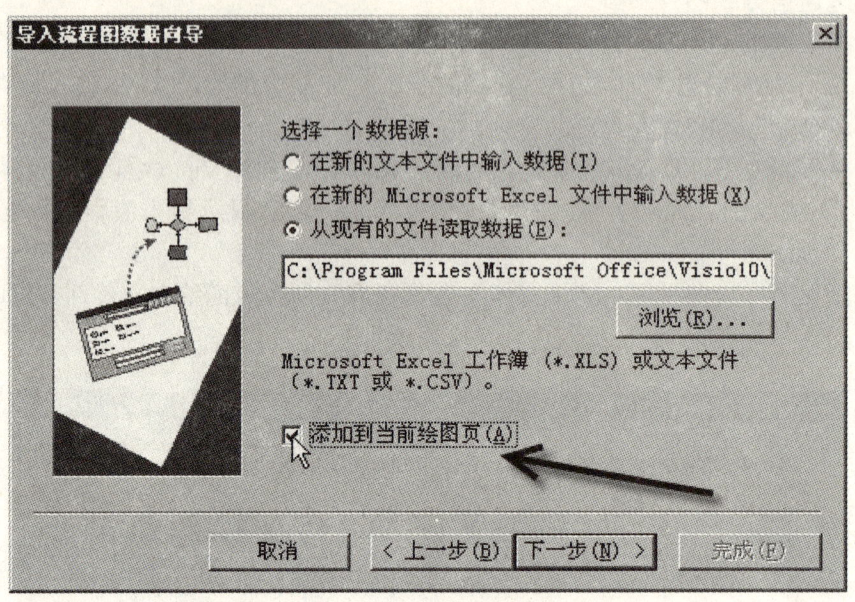

图 5-81　导入流程图数据向导

(2)删除临时。

点击绘图主菜单"删除临时"按钮,删除绘图不需要的临时元素。临时元素是绘图不需要但为了绘图布局方便而引入的图形元素,生成绘图时以"临时"主控图形出现,最后可一起删除,如图 5-83 所示。

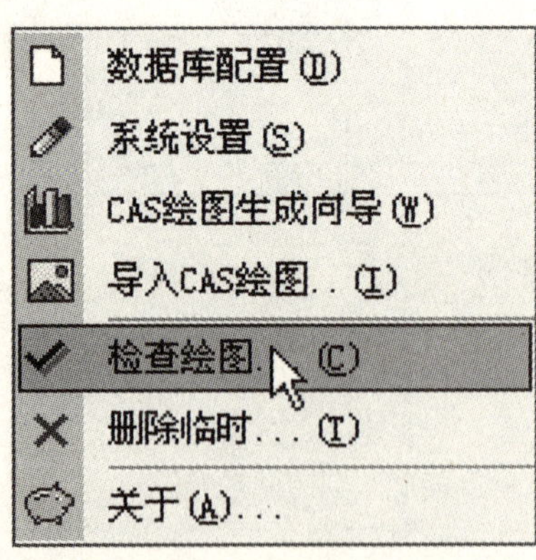

图 5-82　绘图检查

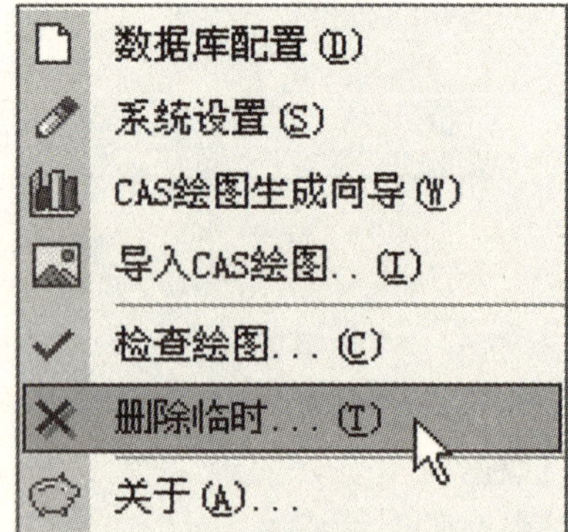

图 5-83 删除临时

图 5-84～图 5-86 为绘图工具生成的带临时元素的逻辑数据流图、经人工调整完成的物理框架流图和通信方式图。

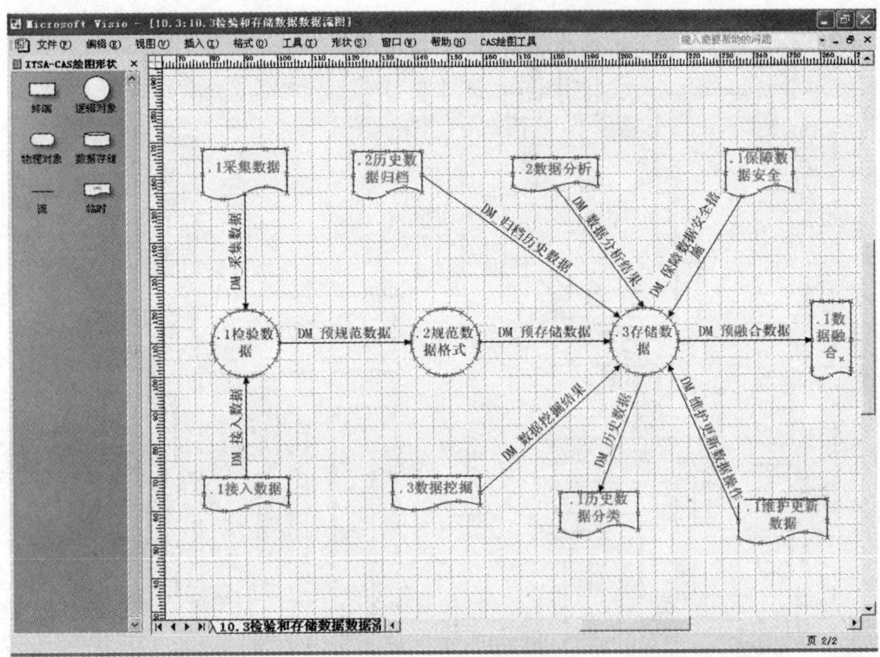

图 5-84　完成的逻辑数据流图

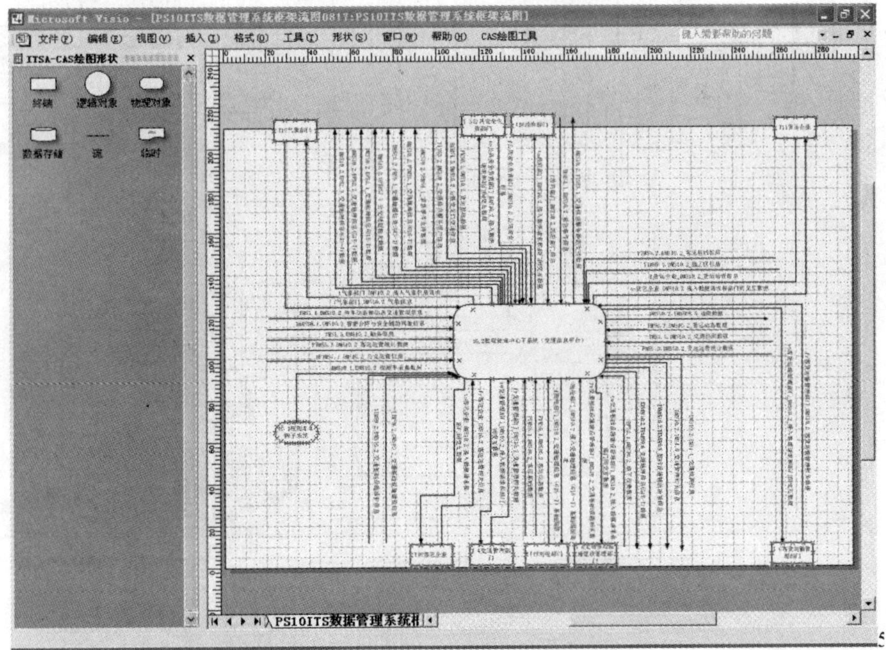

图 5-85　完成的物理框架流图

10.2.1 数据采集接入模块
10.2.2 数据检验存储模块
10.2.3 数据加工处理模块
10.2.4 数据访问支持模块
10.2.5 数据应用支持模块
10.2.6 历史数据分类归档模块
10.2.7 数据维护更新模块
10.2.8 保障数据安全模块
10.1.2 浮动车数据传输模块
6.1 货运运政管理子系统
6.3 货运运营服务子系统
7.1 城市公共交通管理中心子系统
8.1 智能公路外场子系统
9.1 交通基础设施外场监控子系统
9.2 交通基础设施维护中心子系统
5.3 长途客运运营服务子系统
5.2 长途客运站站务管理子系统
5.1 客运运政管理子系统
4.3 外场交通安全设施子系统
4.1 紧急事件管理子系统
3.2 信息服务终端子系统
2.1 中心收费中心子系统
1.5 中心子系统
1.4 交通管理信息发布外场子系统
1.1 交通信息采集外场子系统
T19 测绘部门
T11 货运企业
T18 政府部门
T5 公共安全负责部门
T10 客运企业
T4 交通管理部门
T6 客货运输管理部门
T8 交通基础设施建设管理部门
T16 气象部门
T12 系统操作人员
7.1 城市公共交通管理中心子系统
9.5 交通基础设施信息综合管理子系统
8.3 智能公路控制中心子系统
9.6 交通基础设施管理车辆子系统
4.1 紧急事件管理子系统
5.1 客运运政管理子系统
6.1 货运运政管理子系统
1.1 交通信息采集外场子系统
1.5 中心子系统
2.1 电子收费中心子系统
2.2 电子收费外场子系统
2.3 电子收费车载子系统
3.1 信息服务中心子系统
有线通信
广域无限通信

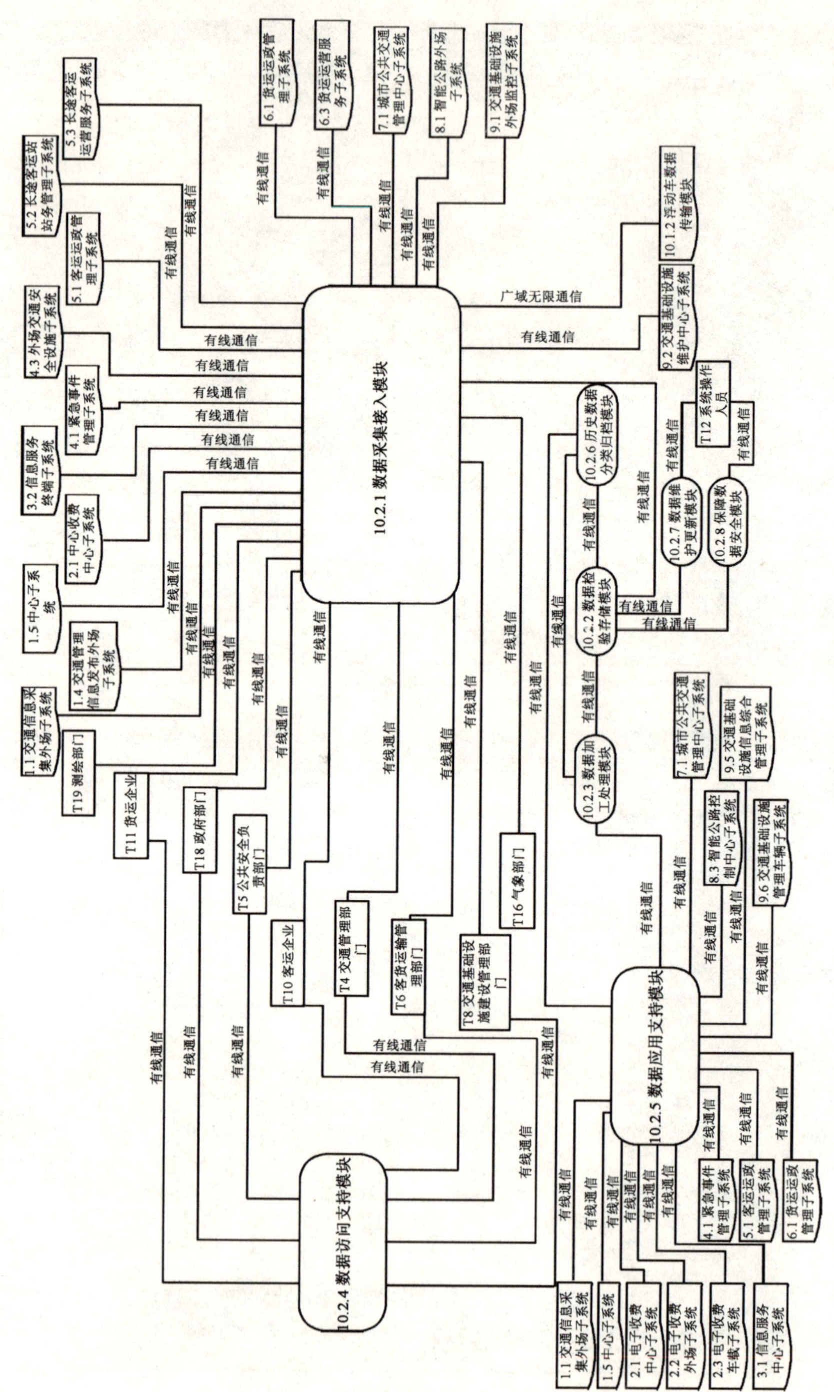

图 5-86 通信方式图

参考文献

[1]《中国智能运输系统体系框架》专题组. 中国智能运输系统体系框架[M]. 北京:人民交通出版社,2003.

[2] http://www.iteris.com/itsarch/html/menu/database.htm

[3] http://www.iteris.com/itsarch/html/turbo/turbooverview.htm

[4] 孙国萍,许焱,刘小明,等. Turbo Architecture 软件及其在奥运 ITS 规划中的应用[J]. 交通与计算机,2004,(3):24-27.

[5] 许焱,杨孝宽,荣建,等. 奥运智能交通系统体系框架开发方法研究[J]. 公路交通科技,2005,(6):139-142.

第 6 章　中国国家 ITS 体系框架(第二版)

6.1　主要特色

中国国家 ITS 体系框架(第二版)(以下简称第二版)是“十五”国家科技攻关计划“智能交通系统关键技术开发和示范工程”重大专项——课题 15《智能交通系统体系框架及支持系统开发和技术跟踪》之专题一的研究成果之一。

第二版与第一版相比,主要特色体现在:

(1)完善和规范了中国 ITS 体系框架的开发方法和流程,确保体系框架数据整体的一致性与完备性。

规范了用户服务、逻辑框架、物理框架各相邻阶段的转化过程,确保了服务元素、逻辑功能元素和物理系统元素之间对应关系的一致性与完备性;明确规定在用户服务、逻辑框架、物理框架各相邻阶段之间从前往后的转化过程中,需要进行元素的重新组合,从而保证逻辑功能域、物理系统划分的合理性。在数据的完整性方面,明确规定同一级别不同领域间的数据流应良好衔接,同一领域上下级别的数据流应对应一致,特别应考虑不同工作组之间协同工作的问题。

(2)规范了体系框架各阶段的具体表现形式,并统一制定了命名规则和格式规范。

用户服务阶段以用户服务层次表表示,包含服务领域、服务、子服务三个层次;逻辑框架阶段以逻辑元素(包括功能域、功能、各级子功能、过程)层次表及描述表、各级数据流图、数据流描述表来表现,并规定了数据流图格式及数据流命名规则;物理框架阶段以物理元素(包括物理系统、子系统和系统模块)层次表及描述表、物理框架流图、框架流描述表来表现,并规定了物理框架流图格式。

(3)提出并引入了“应用系统”的概念,将体系框架与实际应用有机结合。

应用系统是一类新的 ITS 体系框架元素,在国内体系框架研究领域是一项富有意义的创新。它体现了体系框架与实际应用相结合的原则,能够满足各方对体系框架的不同需求,并为后续研究提供便于参照的基本依据。

(4)全面更新用户服务,形成中国 ITS 用户服务(第二版)。

根据中国的 ITS 发展现状和需求,并参照 2003 年 8～9 月面向全国近百名专家开展的征询意见工作收到的反馈意见,全面更新和调整了中国 ITS 体系框架(第一版)中的用户服

务，形成了中国ITS用户服务（第二版），更加全面而合理地展示了中国ITS的服务内容。

(5)对中国ITS体系框架（第一版）进行全面修订，形成中国ITS体系框架（第二版）（含数据库版和文本版）。

在智能交通系统体系框架数据库管理和开发辅助支持系统（Computer Aided Support System for ITS Architecture development，ITSA-CASS）软件环境下，国家智能交通系统工程技术研究中心组织相关业务部门和科研单位，完成了中国ITS体系框架的全面修订，形成了中国ITS体系框架（第二版）。其中，同步形成的中国ITS体系框架（第二版）（数据库版），是我国ITS体系框架的首个数据库版本，为ITS体系框架的进一步开发应用提供了良好的数据基础。

6.2　内容概要

中国ITS体系框架（第二版）主要包括用户服务、逻辑框架、物理框架、应用系统四大部分。从展现形式上说，各部分分别包括以下内容：

(1)用户服务

用户服务包括由9个服务领域、47项服务、179项子服务组成的用户服务层次表，以及各服务元素的描述表。表6-1给出了用户服务层次表中第一层用户服务领域的划分。

用户服务领域列表　　表6-1

编号	中文名称	英文全称	英文缩写
US1	交通管理	Traffic Management	TM
US2	电子收费	Electronic Payment	EP
US3	交通信息服务	Transportation Information Service	TIS
US4	智能公路与安全辅助驾驶	Intelligent Highway & Assistance for Safe Driving	IHASD
US5	交通运输安全	Transportation Security	TS
US6	运输管理	Transportation Operation Management	TOM
US7	综合运输	Multimodal Transportation	MT
US8	交通基础设施管理	Transportation Infrastructure Management	TIM
US9	ITS数据管理	ITS Data Management	DM

与第一版用户服务相比，第二版用户服务主要调整之处在于：

①新增和调整用户服务领域。包括：新增ITS数据管理服务领域、新增交通基础设施管理服务领域，将原车辆安全与辅助驾驶与智能公路两个服务领域进行了合并。

②新增用户服务。包括：勤务管理、路政管理、运政管理、停车管理、非机动车和行人

通行管理、长途客运管理、轨道交通运营管理、出租车运营管理等。

③全面修订子服务。

(2)逻辑框架

逻辑框架包括由10个功能领域、57项功能、101项子功能、406个过程组成的四层逻辑元素层次表，120幅数据流图，以及相应的逻辑元素描述表、数据流描述表。

表6-2给出了逻辑元素层次表中第一层逻辑元素(即功能域)的划分。

逻辑框架功能域列表 表6-2

编号	中文名称	英文全称	英文缩写
LF1	交通管理	Traffic Management	TM
LF2	电子收费	Electronic Payment	EP
LF3	交通信息服务	Traffic Information Service	TIS
LF4	紧急事件救援管理	Emergency Management	EM
LF5	客运管理	Passenger Transit Management	PTM
LF6	货运管理	Freight Management	FM
LF7	城市公共交通管理	Urban Public Transportation Management	UPTM
LF8	智能公路与安全辅助驾驶	Intelligent Highway & Assistance for Safe Driving	IHASD
LF9	交通基础设施管理	Transportation Infrastructure Management	TIM
LF10	ITS数据管理	ITS Data Management	DM

图6-1 ITS逻辑框架简图、图6-2 ITS顶层逻辑数据流图给出了ITS逻辑框架数据流图的概貌。其中，图6-1简要勾勒了ITS各逻辑功能域间的数据流关系，图6-2详细描绘了ITS各逻辑功能域间以及功能域与ITS终端间的数据流关系。

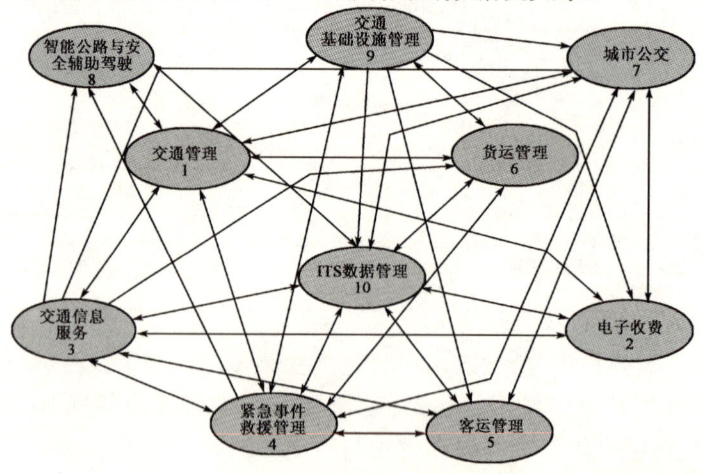

图6-1 ITS逻辑框架简图

按照体系框架开发方法，对用户服务转化得到的逻辑元素进行重新组合，得到逻辑元素层次表，与第一版逻辑元素层次表相比，第二版的主要修改之处有：

①功能域调整。

a. 新增“ITS 数据管理”功能域；

b. 新增“交通基础设施管理”功能域；

c. 调整原“运营管理”、“综合运输”功能域，重新组合、划分为“客运管理”、“货运管理”、“城市公共交通管理”功能域；

d. 合并原“车辆安全与辅助驾驶”、“自动公路”两个功能域为“智能公路与安全辅助驾驶”功能域。

②对功能、子功能进行了全面调整。

(3)物理框架

物理框架包括由 10 个系统、38 个子系统、150 个系统模块组成的三层物理元素层次表，29 幅物理框架流图，以及物理元素描述表、框架流描述表。

表 6-3 给出了物理元素层次表中第一层元素(即系统)划分情况。

物理框架系统列表　　表 6-3

编　号	中 文 名 称	英 文 全 称	缩　写
PS1	交通管理系统	Traffic Management System	TMS
PS2	电子收费系统	Electronic Payment System	EPS
PS3	交通信息服务系统	Transportation Information Service System	TISS
PS4	安全与紧急救援管理系统	Security and Emergency Management System	SEMS
PS5	客运管理系统	Passenger Transit Management System	PTMS
PS6	货运管理系统	Freight Management System	FMS
PS7	城市公共交通管理系统	Urban Public Transit Management System	UPTMS
PS8	智能公路与安全辅助驾驶系统	Intelligent Highway & Assistance for Safe Driving System	IHASD
PS9	交通基础设施管理系统	Traffic Infrastructure Management System	TIMS
PS10	ITS 数据管理系统	ITS Data Management System	DMS

图 6-3 ITS 物理框架简图、图 6-4 ITS 顶层框架流图给出了 ITS 物理框架流图的概貌。其中，图 6-3 简要勾勒了 ITS 各系统间的框架流关系，图 6-4 详细描绘了 ITS 各系统间以及系统与 ITS 终端间的框架流关系。

按照体系框架开发方法，以逻辑功能层次表为基础，综合考虑功能的实现地点、便于具体落实等因素对各逻辑功能元素进行组合，得到物理子系统、系统模块。与第一版物理元素层次表相比，主要修改之处有：

①系统的较大调整。

a. 新增“ITS 数据管理(交通信息平台)”系统；

b. 新增“交通基础设施管理”系统；

c. 调整原“客运系统”为“客运管理”系统和“城市公共交通管理”系统。

②子系统的调整。按照子系统构建原则，主要按照中心、车辆、外场、出行者四类进行了全面调整。

③系统模块的调整。系统模块是物理框架的核心，是推广体系框架应用的基础。第二版以修改后的系统、子系统对系统模块进行了调整。

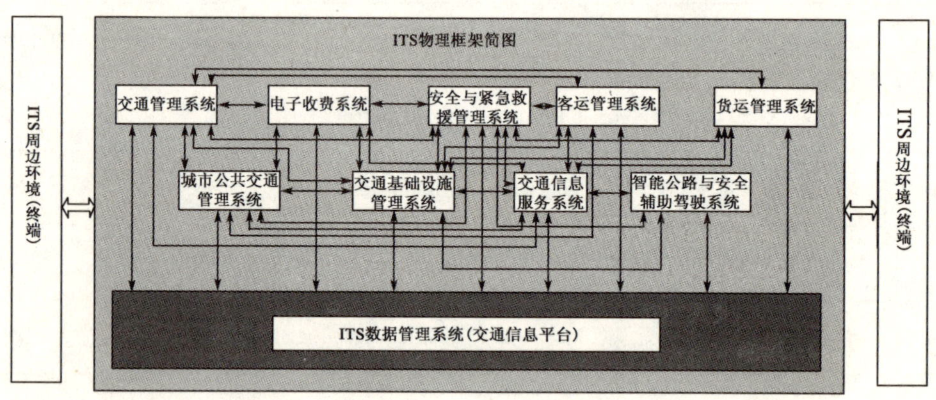

图 6-3　ITS 物理框架简图

(4)应用系统

应用系统包括 10 个应用领域、58 个应用系统，以及各应用系统的描述表、构成图。

表 6-4 给出了 ITS 应用系统列表。随着 ITS 发展和新需求的出现，ITS 应用系统将会不断更新、扩充和完善。

图 6-5 给出了 ITS 应用系统关系示意。

ITS 应用系统列表　　表 6-4

应用领域	应用系统	应用领域	应用系统
交通管理领域	“122”接处警系统	交通管理领域	交通流实时动态信息采集、处理/分析、发布系统
	交通电视监控系统		交通事故管理系统
	交通管理地理信息系统		交通违章自动监测系统
	交通管理对外信息发布系统		交通信号控制系统
	交通警用巡逻车辆(GPS)卫星定位系统		交通执法综合信息系统
电子收费领域	泊车电子收费系统	城市公共交通管理领域	城市公共交通安全保障系统
	城市道路拥堵电子收费系统		城市公共交通场站管理系统
	城市公共交通电子收费系统		城市公共交通救援调度系统
	路桥隧不停车电子收费系统		城市公共交通乘客信息服务系统
	路桥隧停车电子收费系统		城市公共交通电子收费系统
	增值交通信息服务电子收费系统		城市公共交通规划系统
交通信息服务领域	车载导航系统		城市公共交通运营调度管理系统
	车载交通信息服务系统		出租车运营调度管理系统
	出行规划系统		轨道交通运营调度管理系统
	个性化信息服务系统		大容量快速公交管理系统
	合乘信息服务系统		公共交通电子站牌显示系统
	呼叫中心式交通信息系统	智能公路与安全辅助驾驶领域	车辆安全辅助驾驶系统
	基于 PDA 的交通信息服务系统		路侧安全辅助驾驶系统
	交通黄页信息服务系统		智能车辆系统
	交通信息查询系统		智能公路系统
	交通信息服务网站	交通基础设施管理领域	高等级公路综合信息管理系统
	交通信息广播系统		高速公路监控调度系统
	交通信息客服电话		高速公路运营管理系统
	交通信息数字广播系统		路政管理系统
	可变情报板信息发布系统		施工区管理系统
	信息亭发布系统		交通基础设施养护管理系统
	中心发布式导航系统		道路气象信息系统
客运管理领域	运政管理系统(客运)	安全与紧急救援管理领域	交通安全管理系统
	长途客运站联网售票系统		交通安全信息网
	客运主枢纽信息系统		紧急事件救援中心系统
	客运企业运营管理信息系统	ITS 数据管理领域	交通综合信息平台
货运管理领域	运政管理系统(货运)		浮动车数据采集系统
	货运企业运营管理信息系统		交通管理信息平台
	车辆超载超限管理系统		客运管理信息平台
	重点运输车辆安全监控系统		货运管理信息平台
	货运物流枢纽信息管理系统		城市公共交通管理信息平台
			交通基础设施管理信息平台

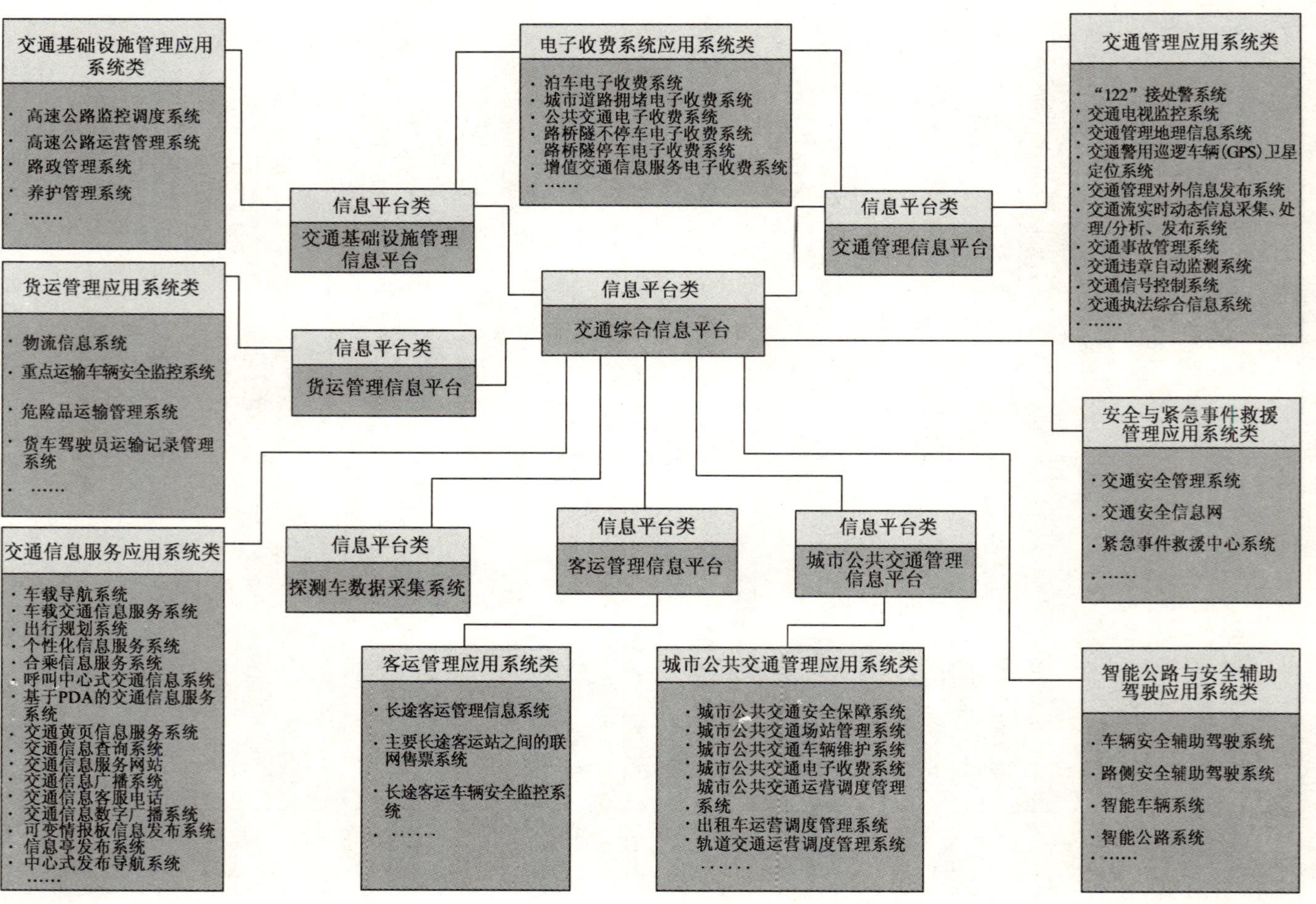

图6-5 ITS应用系统关系示意图

6.3 详细内容示例

以交通信息服务领域为例，在ITSA-CASS软件环境支持下，结合ITS体系框架的开发方法，给出交通信息服务领域相应的用户服务、逻辑框架、物理框架、应用系统等体系框架内容。

需要指出的是，ITS体系框架开发首先需要明确ITS终端、用户主体，由于ITS终端、用户主体是以ITS整体作为对象进行分析，因此交通信息服务领域框架开发示例中略去了ITS终端、用户主体相关分析过程。

1)用户服务

用户服务是在对用户主体的用户需求基础上提炼合并得到的。因此，首先明确用户主体；其次分析用户主体的需求，然后对需求进行归类合并，得到不同服务领域、服务、子服务，如表6-5所示。

交通信息服务领域用户服务层次表 表6-5

服务领域	服务	子服务
US3交通信息服务领域	3.1出行前信息服务	3.1.1出行规划服务
		3.1.2出行参考信息服务
		3.1.3合乘信息服务
	3.2行驶中驾驶员信息服务	3.2.1路网可达性信息服务
		3.2.2动态交通状况信息服务
		3.2.3停车信息服务
		3.2.4途中出行参考信息服务
	3.3途中公共交通信息服务	3.3.1公共交通换乘信息服务
		3.3.2公共交通车辆运行信息服务
	3.4路径诱导及导航	3.4.1路径诱导
		3.4.2静态路径导航
		3.4.3动态路径导航
		3.4.4混合模式路径导航
	3.5交通综合信息服务	3.5.1交通综合信息服务
	3.6个性化信息服务	3.6.1个性化信息服务

在用户服务阶段，ITSA-CASS软件支持对用户服务层次表的录入与修改。图6-6示例给出“US3交通信息服务”领域中各服务、子服务的添加、修改界面。

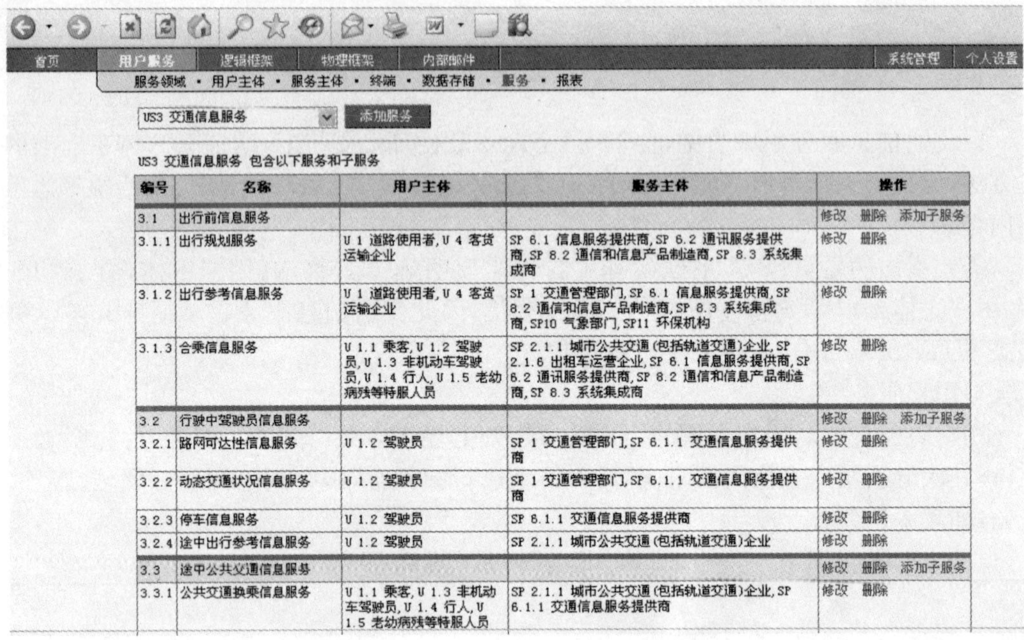

编号	名称	用户主体	服务主体	操作
3.1	出行前信息服务			修改 删除 添加子服务
3.1.1	出行规划服务	U 1 道路使用者,U 4 客货运输企业	SP 6.1 信息服务提供商,SP 6.2 通讯服务提供商,SP 8.2 通信和信息产品制造商,SP 8.3 系统集成商	修改 删除
3.1.2	出行参考信息服务	U 1 道路使用者,U 4 客货运输企业	SP 1 交通管理部门,SP 6.1 信息服务提供商,SP 8.2 通信和信息产品制造商,SP 8.3 系统集成商,SP10 气象部门,SP11 环保机构	修改 删除
3.1.3	合乘信息服务	U 1.1 乘客,U 1.2 驾驶员,U 1.3 非机动车驾驶员,U 1.4 行人,U 1.5 老幼病残等特服人员	SP 2.1.1 城市公共交通(包括轨道交通)企业,SP 2.1.6 出租车运营企业,SP 6.1 信息服务提供商,SP 6.2 通讯服务提供商,SP 8.2 通信和信息产品制造商,SP 8.3 系统集成商	修改 删除
3.2	行驶中驾驶员信息服务			修改 删除 添加子服务
3.2.1	路网可达性信息服务	U 1.2 驾驶员	SP 1 交通管理部门,SP 6.1.1 交通信息服务提供商	修改 删除
3.2.2	动态交通状况信息服务	U 1.2 驾驶员	SP 1 交通管理部门,SP 6.1.1 交通信息服务提供商	修改 删除
3.2.3	停车信息服务	U 1.2 驾驶员	SP 6.1.1 交通信息服务提供商	修改 删除
3.2.4	途中出行参考信息服务	U 1.2 驾驶员	SP 2.1.1 城市公共交通(包括轨道交通)企业	修改 删除
3.3	途中公共交通信息服务			修改 删除 添加子服务
3.3.1	公共交通换乘信息服务	U 1.1 乘客,U 1.3 非机动车驾驶员,U 1.4 行人,U 1.5 老幼病残等特服人员	SP 2.1.1 城市公共交通(包括轨道交通)企业,SP 6.1.1 交通信息服务提供商	修改 删除

图 6-6 “US3 交通信息服务”领域中各服务、子服务添加、修改界面

2)逻辑框架

(1)逻辑元素层次表

根据 ITS 体系框架开发理论,采用面向过程的分析方法,不考虑体制和技术因素,从提供交通信息服务领域的各项子服务或服务需要何种功能的角度,自顶向下进行功能分解,然后对分解得到的逻辑功能元素进行提炼、归并,得到逻辑元素层次表,如表 6-6 所示。

交通信息服务领域逻辑元素层次表　表 6-6

功 能 域	功 能	过 程
US3 交通信息服务功能域	3.1 提供数据接入接口	
	3.2 生成和发布公众服务信息	3.2.1 接入公众信息服务所需支持数据
		3.2.2 生成公众所需服务信息
		3.2.3 发布公众服务信息
	3.3 提供用户信息交互接口	
	3.4 生成出行者查询信息	3.4.1 接入出行者查询所需支持数据
		3.4.2 产生出行者查询信息
	3.5 生成合乘方案	3.5.1 接入合乘方案所需支持数据
		3.5.2 接收并管理合乘资源信息
		3.5.3 合乘申请与已有资源的匹配
		3.5.4 确认合乘计划

续上表

功能域	功能	过程
US3 交通信息服务功能域	3.6 生成出行计划	3.6.1 接入出行计划所需支持数据
		3.6.2 接入交通动态数据
		3.6.3 选择出行方式
		3.6.4 确定出行路径
	3.7 车辆导航	3.7.1 车辆定位
		3.7.2 接入车辆导航支持数据
		3.7.3 利用车载设备生成导航信息
		3.7.4 利用车辆导航服务中心生成导航信息
		3.7.5 路线引导
	3.8 提供个性化信息服务	3.8.1 接入个性化信息服务所需支持数据
		3.8.2 生成个性化服务信息
		3.8.3 记录和管理用户信息

对于交通信息服务领域中的各项服务、子服务内容而言，逐项分析提供各项服务、子服务所需逻辑元素，如“3.1.3 合乘信息服务”需要“提供数据接入接口、提供用户信息交互接口、接入合乘方案所需支持数据、接收并管理合乘资源信息、合乘申请与已有资源的匹配、确认合乘计划”等逻辑元素来实现，对其他子服务进行同样的分析。可以看出，“提供数据接入接口”、“提供用户信息交互接口”等元素可共用，因此，提炼共性的上述元素作为逻辑功能级元素；不同服务对应的特定元素为非共用的，可作为过程级元素。

上述开发过程在“ITSA-CASS”软件环境下，主要通过“逻辑框架—服务转化”、“逻辑框架—逻辑元素”两个页面实现。

①在“逻辑框架—服务转化”页面，通过添加逻辑元素、选择用户服务与逻辑元素的对应关系，完成全部逻辑元素的建立，并确定用户服务与逻辑元素的对应关系。

图6-7示例给出“3.1.3 合乘信息服务”子服务到逻辑元素的转化过程。首先，在界面左栏选择“3.1.3 合乘信息服务”子服务，然后通过“使用现有逻辑元素”，在已有逻辑元素中选择3.1.3子服务所需逻辑元素(3.1,3.3)；因为现有逻辑元素中没有3.1.3子服务所需的逻辑元素，则通过“添加新逻辑元素”，新建逻辑元素(3.5,3.5.1,3.5.2,3.5.3,3.5.4)，进而建立起用户子服务3.1.3与各逻辑元素的对应关系。

②在“逻辑框架—逻辑元素”页面，通过“整合逻辑层次关系”，对全部逻辑元素按照“功能域、功能、子功能、过程”等层次进行分组，得到逻辑层次表。

图6-8示例给出了逻辑元素“3.5 生成合乘信息”与其所包含逻辑元素的整合。通过下拉菜单，在“LF3 交通信息服务”功能域下，选择“第1层子功能”；软件将列出第1层子

功能 3.1～3.5，通过下拉菜单，选择"3.5 生成合乘信息"；系统将列出 LF3 功能域内所有的过程级逻辑元素；在过程级逻辑元素中选择可包含在 3.5 中的元素，提交后，即建立了逻辑元素"3.5 生成合乘信息"与过程级逻辑元素间的包含关系。

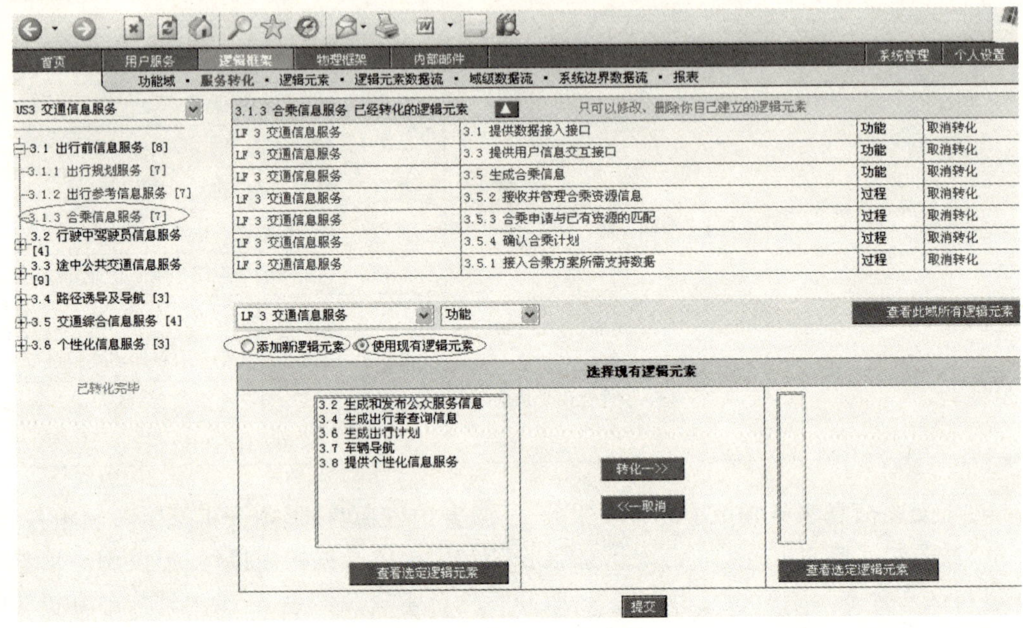

图 6-7 "3.1.3 合乘信息服务"子服务到逻辑元素的转化示例

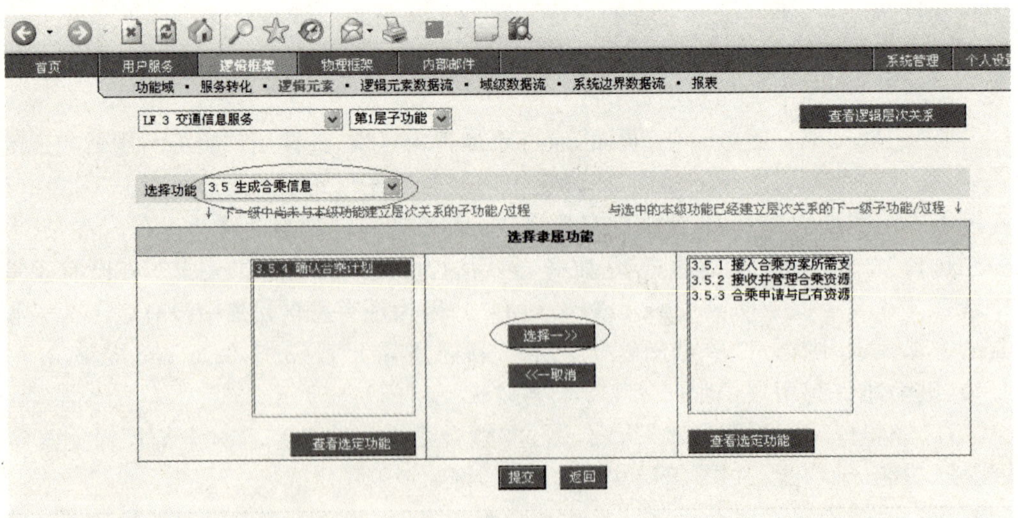

图 6-8 逻辑元素间包含关系的整合示例

(2)逻辑元素数据流

在对交通信息服务领域的各项服务内容进行功能分解的过程中，各项逻辑元素间有信息交互，即逻辑数据流。逻辑数据流由数据流名称、起终点唯一确定；如逻辑元素分层一样，逻辑数据流也是分层的，并遵循上下层、同层数据完整性和一致性原则。

表6-7示例给出了交通信息服务领域部分逻辑数据流，包括交通信息服务功能域内各逻辑元素间数据流、本功能域与ITS其他功能域间数据流，以及本功能域与终端间数据流。

交通信息服务领域逻辑数据流表(部分) 表6-7

数据流名称	起 点	终 点	包含隶属关系
TM. TIS_动态路况信息	1.1交通数据检测	3.1提供数据接入接口	该数据流属于TM. TIS_交通管理动态数据
	1.1.2交通检测数据处理	3.1提供数据接入接口	
	1.1.2.4交通检测数据的系统级融合	3.1提供数据接入接口	
TIS_公众信息所需支持数据	3.1提供数据接入接口	3.2生成和发布公众服务信息	—
	3.1提供数据接入接口	3.2.1接入公众信息服务所需支持基础数据	
TIS_基础交通数据	3.1提供数据接入接口	3.4生成出行者查询信息	—
	3.1提供数据接入接口	3.4.1接入出行者查询支持数据	
TIS_合乘支持数据	3.1提供数据接入接口	3.5生成合乘信息	—
	3.1提供数据接入接口	3.5.1接入合乘方案所需支持数据	
TIS_合乘服务交互信息	3.3提供用户信息交互接口	3.5生成合乘信息	该数据流组包含三条底层数据流： TIS_合乘资源信息； TIS_合乘方案反馈； TIS_合乘服务申请
TIS_合乘服务申请	3.3提供用户信息交互接口	3.5.1接入合乘方案所需支持数据	该数据流属于TIS_合乘服务交互信息
TIS_合乘资源信息	3.3提供用户信息交互接口	3.5.2接收并管理合乘资源信息	该数据流属于TIS_合乘服务交互信息
TIS_合乘方案反馈	3.3提供用户信息交互接口	3.5.4确认合乘计划	该数据流属于TIS_合乘服务交互信息
TIS. PTM_出行者反馈信息	3.3提供用户信息交互接口	5.1客运运政管理	该数据流属于域间数据流TIS. PTM_出行者反馈信息
	3.3提供用户信息交互接口	5.1.5道路客运班线管理	
	3.3提供用户信息交互接口	5.1.5.1客运班线新开、调整审批管理	
TIS_合乘匹配信息	3.5生成合乘信息	3.3提供用户信息交互接口	—
	3.5.3合乘申请与已有资源的匹配	3.3提供用户信息交互接口	

续上表

数据流名称	起　点	终　点	包含隶属关系
TIS_合乘匹配方案	3.5 生成合乘信息	3.8 提供个性化信息服务	—
	3.5.3 合乘申请与已有资源的匹配	3.8.2 生成个性化服务信息	
TIS_合乘支持数据	3.5.1 接入合乘方案所需支持数据	3.5.3 合乘申请与已有资源的匹配	—
TIS_合乘提供数据	3.5.2 接收并管理合乘资源信息	3.5.1 接入合乘方案所需支持数据	—
TIS_合乘匹配重计算指令	3.5.4 确认合乘计划	3.5.3 合乘申请与已有资源的匹配	—
DM. TIS_交通信息服务静态支持数据	10.6 数据应用接口	3.1 提供数据接入接口	该数据流组包括： DM. TIS_交通地理信息(GIS-T)数据； DM. TIS_交通基础设施静态数据； DM. TIS_经融合处理的交通综合信息； DM. TIS_交通管理静态数据； DM. TIS_客、货运静态数据； 该数据流组属于 DM. TIS_交通信息服务静态支持数据(10.3)
f 驾驶员_TIS_车辆导航请求	T1.1 驾驶员	3.3 提供用户信息交互接口	该数据流属于 fr 道路使用者_TIS_出行者信息申请

ITSA-CASS 软件为逻辑元素数据流的创建与检验以及逻辑数据流图的绘制提供了非常有效的支持。软件要求逻辑数据流从过程级开始添加，子功能级数据流则需要从已建的过程级数据流中选择添加，依此类推，由此保证各级数据流间包含隶属关系的正确性。图 6-9 为选择添加过程级数据流界面。

图 6-10 为添加修改功能级数据流界面。除了可添加数据流名称、起终点、描述等基本属性外，它会根据数据流起终点的归属关系，列出可能包含在本数据流内的下一级数据流供选择。

(3)逻辑元素数据流图

ITSA-CASS 软件提供了数据流图自动绘制的功能，如图 6-11、图 6-12 所示。

图 6-13 示例给出了交通信息服务功能域数据流图(DFD3)，它描绘了本功能域内各功能间以及与终端间数据流的交互情况；图 6-14 示例给出了“生成合乘信息”功能数据流图(DFD3.5)，它描绘了本功能所包含的各过程间以及与终端间数据流的交互情况。

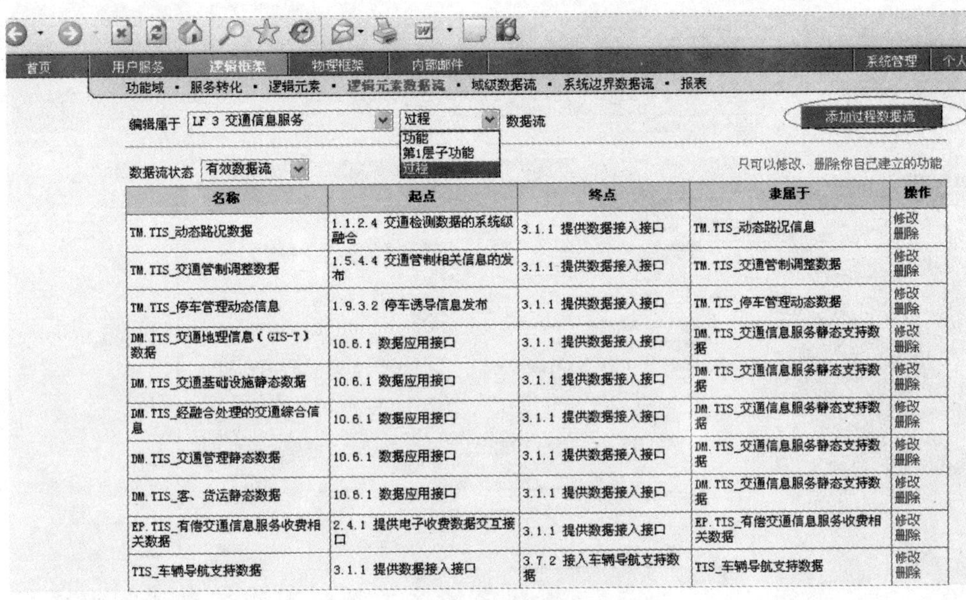

名称	起点	终点	隶属于	操作
TM.TIS_动态路况数据	1.1.2.4 交通检测数据的系统级融合	3.1.1 提供数据接入接口	TM.TIS_动态路况信息	修改 删除
TM.TIS_交通管制调整数据	1.5.4.4 交通管制相关信息的发布	3.1.1 提供数据接入接口	TM.TIS_交通管制调整数据	修改 删除
TM.TIS_停车管理动态信息	1.9.3.2 停车诱导信息发布	3.1.1 提供数据接入接口	TM.TIS_停车管理动态数据	修改 删除
DM.TIS_交通地理信息（GIS-T）数据	10.6.1 数据应用接口	3.1.1 提供数据接入接口	DM.TIS_交通信息服务静态支持数据	修改 删除
DM.TIS_交通基础设施静态数据	10.6.1 数据应用接口	3.1.1 提供数据接入接口	DM.TIS_交通信息服务静态支持数据	修改 删除
DM.TIS_经融合处理的交通综合信息	10.6.1 数据应用接口	3.1.1 提供数据接入接口	DM.TIS_交通信息服务静态支持数据	修改 删除
DM.TIS_交通管理静态数据	10.6.1 数据应用接口	3.1.1 提供数据接入接口	DM.TIS_交通信息服务静态支持数据	修改 删除
DM.TIS_客、货运静态数据	10.6.1 数据应用接口	3.1.1 提供数据接入接口	DM.TIS_交通信息服务静态支持数据	修改 删除
EP.TIS_有偿交通信息服务收费相关数据	2.4.1 提供电子收费数据交互接口	3.1.1 提供数据接入接口	EP.TIS_有偿交通信息服务收费相关数据	修改 删除
TIS_车辆导航支持数据	3.1.1 提供数据接入接口	3.7.2 接入车辆导航支持数据	TIS_车辆导航支持数据	修改 删除

图 6-9　选择添加过程级数据流界面

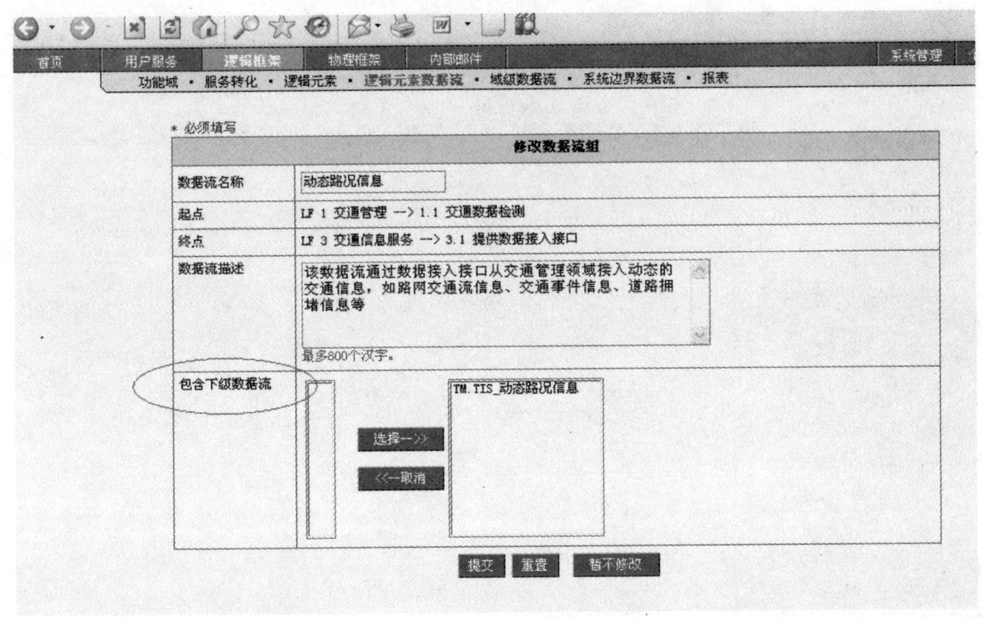

图 6-10　修改功能级逻辑数据流界面

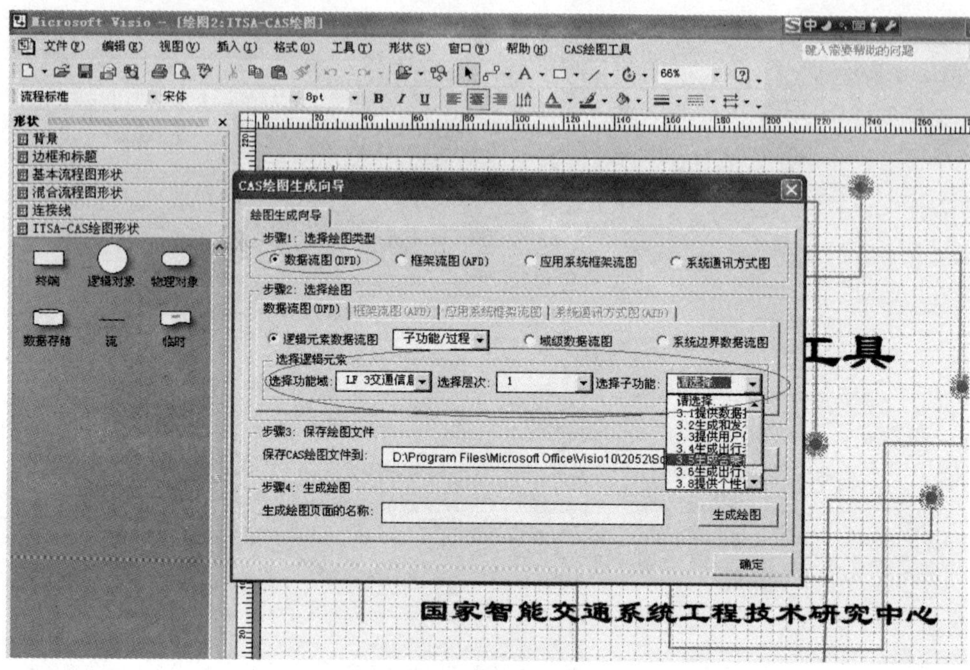

图 6-11　数据流图绘制界面

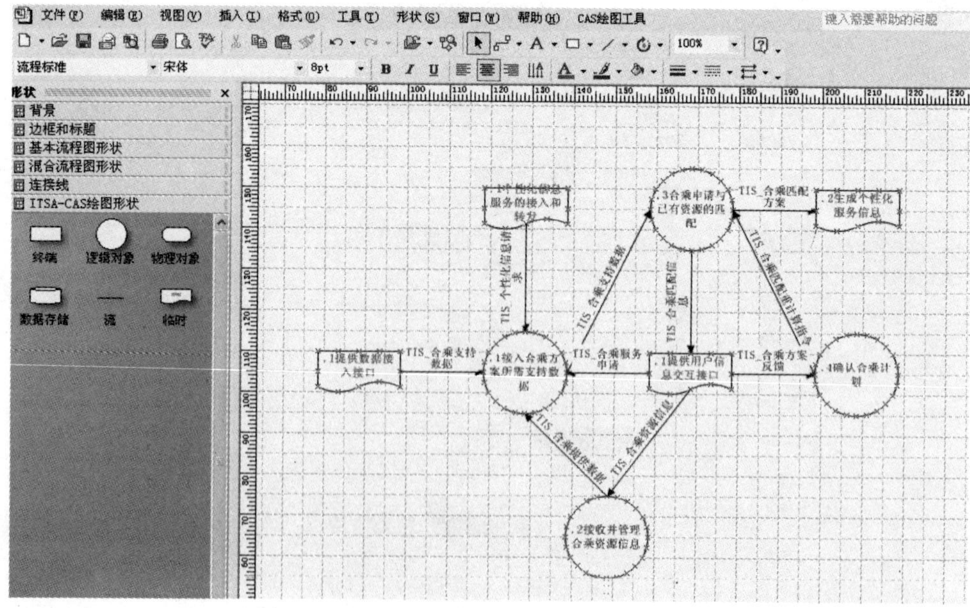

图 6-12　软件生成的数据流图示例

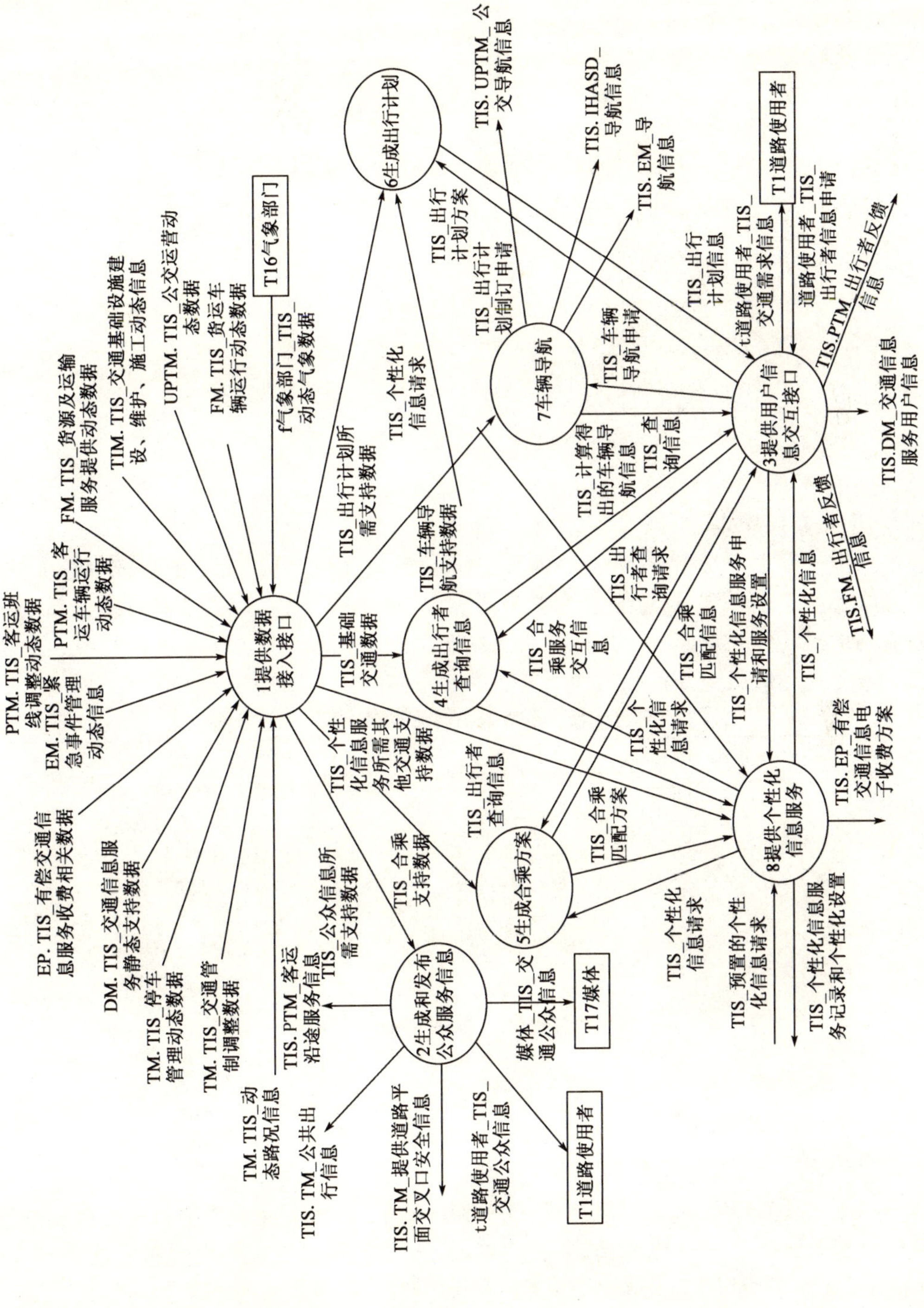

图6-13 DFD3交通信息服务

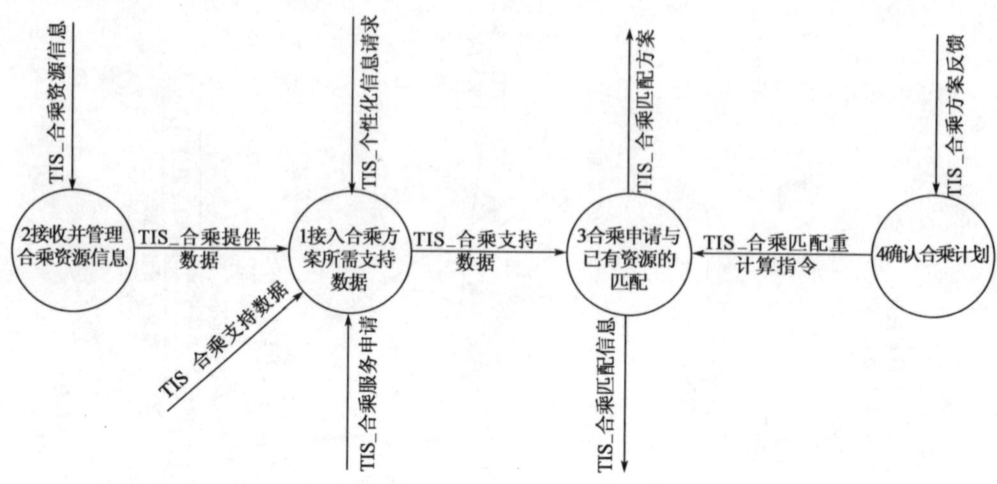

图 6-14　DFD3.5 生成合乘信息

3)物理框架

(1)物理元素层次表

在物理框架开发方法指导下,按照中心、外场、车载、出行者四大类子系统划分方式,得到信息服务中心子系统、信息服务终端子系统、车辆导航车载子系统;再以各子系统中所需完成的逻辑功能为对象,从便于实现各逻辑功能的角度,建立相对独立的各系统模块。表 6-8 为交通信息服务系统物理元素层次表。

交通信息服务系统物理元素层次表　表 6-8

系　统	子　系　统	系 统 模 块
PS3 交通信息服务系统	3.1　信息服务中心子系统	3.1.1　交通基础信息接入模块
		3.1.2　交通公众信息发布模块
		3.1.3　信息查询服务模块
		3.1.4　合乘信息服务模块
		3.1.5　出行计划服务模块
		3.1.6　中心导航服务模块
		3.1.7　个性化信息服务模块
	3.2　信息服务终端子系统	3.2.1　公众信息提供模块
		3.2.2　信息交互终端模块
	3.3　车辆导航车载子系统	3.3.1　车载定位模块
		3.3.2　路径计算模块
		3.3.3　路线引导模块

ITSA-CASS 软件环境下,主要通过"物理框架—子系统"界面完成物理元素层次表的建立。图 6-15 为添加修改子系统、系统模块的界面,通过本界面实现物理元素层次的建立;图 6-16是建立系统模块与逻辑元素对应关系的界面,是建立系统模块的步骤之一。

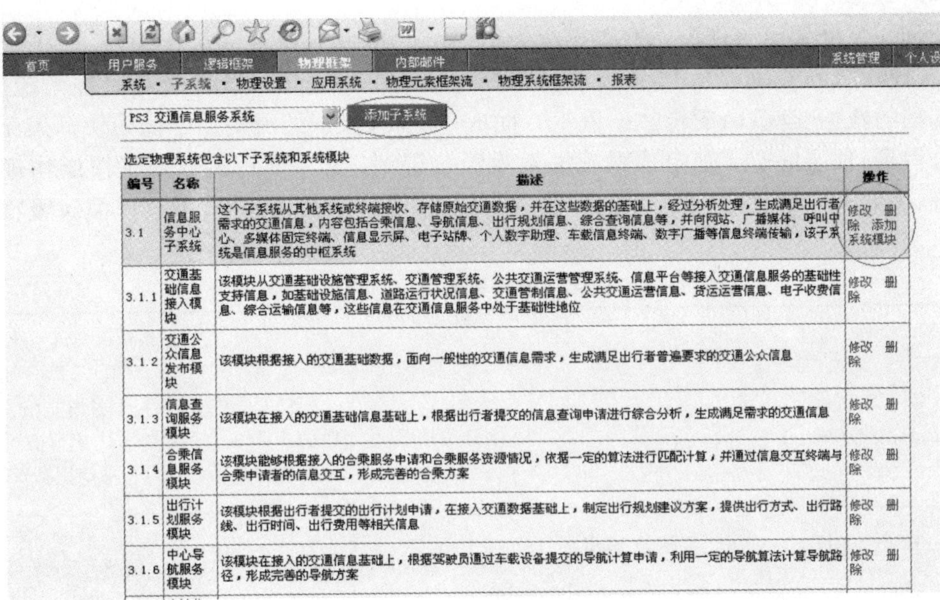

图 6-15 添加修改交通信息服务系统之子系统、系统模块的界面

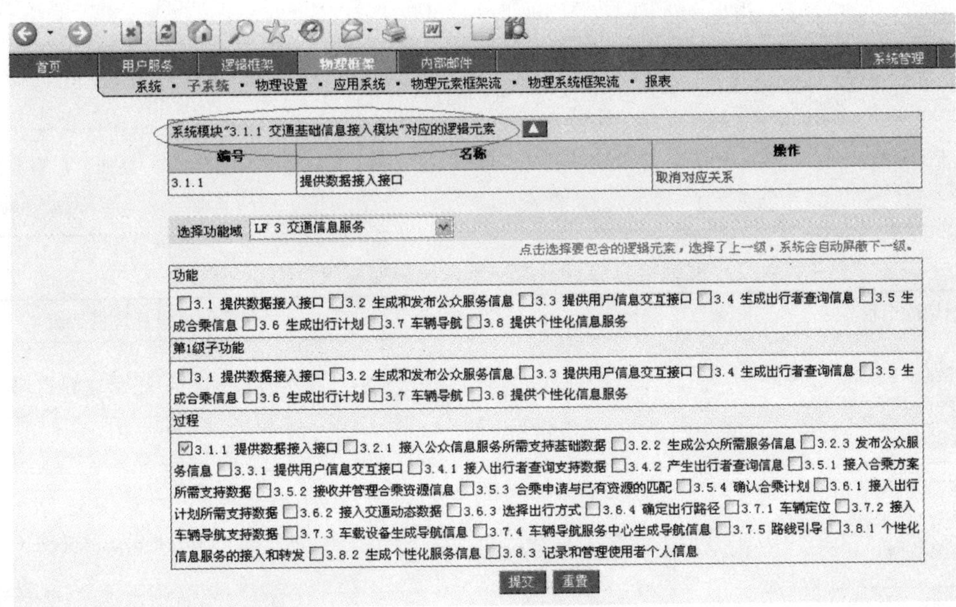

图 6-16 建立系统模块与逻辑元素对应关系的界面

(2)物理元素框架流

物理元素框架流与逻辑元素数据流类似,也是分层的,包括顶层框架流、系统级框架流、系统模块级框架流。其中,系统模块级框架流表描述了该系统模块与其他系统模块、与终端间的数据交互,由逻辑数据流组合而成;子系统级框架流则以系统模块框架流为基础组合得到;顶层框架流则由子系统框架流组合得到。表 6-9 示例给出了顶层物理元素框架流,表 6-10 示例给出了子系统级物理框架流,表 6-11 示例给出了系统模块级物理框架流。

顶层物理元素框架流示例 表 6-9

框架流全称	起点	终点	包含的子系统框架流
TISS. PTMS_出行者反馈信息及沿途服务信息	3 交通信息服务系统	5 客运管理系统	TISS3. 2. PTMS5. 3_长途客运沿途服务信息,TISS3. 2. PTMS5. 1_出行者反馈信息,TISS3. 2. PTMS5. 4_沿途信息服务
TISS. FMS_出行者反馈信息	3 交通信息服务系统	6 货运管理系统	TISS3. 2. FMS6. 1_出行者反馈信息
TISS. UPTMS_公交导航信息	3 交通信息服务系统	7 城市公共交通管理系统	TISS3. 3. UPTMS7. 1_公交导航信息
TISS. IHASD_导航信息	3 交通信息服务系统	8 智能公路与安全辅助驾驶系统	TISS3. 3. IHASD8. 3_导航信息
TISS. DMS_交通信息服务用户信息	3 交通信息服务系统	10 ITS 数据管理系统	TISS3. 2. DMS10. 2_交通信息服务用户信息

交通信息服务系统—子系统级框架流示例 表 6-10

框架流全称	起点	终点	包含的系统模块框架流
TMS1. 5. TISS3. 1_交通管制和停车管理动态数据	1.5 中心子系统	3.1 信息服务中心子系统	TMS1. 4. TISS3. 1_交通管制调整数据,TMS1. 4. TISS3. 1_停车管理动态信息
TMS1. 5. TISS3. 1_动态路况数据	1.5 中心子系统	3.1 信息服务中心子系统	TMS1. 5. TISS3. 1_动态路况数据
EPS2. 1. TISS 3. 1_有偿交通信息服务收费相关数据	2.1 电子收费中心子系统	3.1 信息服务中心子系统	EPS2. 1. TISS3. 1_有偿交通信息服务收费相关数据

续上表

框架流全称	起　点	终　点	包含的子系统框架流
TISS3.1.TISS3.3_车辆导航数据	3.1　信息服务中心子系统	3.3　车辆导航车载子系统	TISS3.1.TISS3.3_车辆导航数据
TISS3.1.TISS3.2_待发布的交通信息	3.1　信息服务中心子系统	3.2　信息服务终端子系统	TISS3.1.TISS3.2_生成的交通公众信息,TISS3.1.TISS3.2_查询信息,TISS3.1.TISS3.2_合乘匹配信息,TISS3.1.TISS3.2_出行计划信息,TISS3.1.TISS3.2_个性化信息

交通信息服务系统—系统模块级框架流表　表6-11

框架流全称	起　点	终　点	包含的过程及数据流
TMS1.4.TISS3.1_交通管制调整数据	1.4.2　交通管制措施信息发布模块	3.1.1　交通基础信息接入模块	TM.TIS_交通管制调整数据
TMS1.5.TISS3.1_动态路况数据	1.5.1　交通信息处理模块	3.1.1　交通基础信息接入模块	TM.TIS_动态路况数据
EPS2.1.TISS3.1_有偿交通信息服务收费相关数据	2.1.3　电子收费用户信息管理模块	3.1.1　交通基础信息接入模块	EP.TIS_有偿交通信息服务收费相关数据
TISS3.1_公众信息所需支持数据	3.1.1　交通基础信息接入模块	3.1.2　交通公众信息发布模块	TIS_公众信息所需支持数据
TISS3.1_基础交通数据	3.1.1　交通基础信息接入模块	3.1.3　信息查询服务模块	TIS_基础交通数据
TISS3.1_合乘支持数据	3.1.1　交通基础信息接入模块	3.1.4　合乘信息服务模块	TIS_合乘支持数据

在ITSA-CASS环境下,可通过“物理框架—物理元素框架流”、“物理框架—物理系统框架流”界面实现。从建立“系统模块级框架流”开始,如图6-17所示,在建立系统模块级框架流时,系统会根据框架流起终点与逻辑数据流起终点的包含关系,判断给出可能包含在此框架流的逻辑数据流供选择,如图6-18所示。类似方法可建立子系统级框架流、顶层框架流。

(3)物理元素框架流图

ITSA-CASS软件提供了自动绘制物理元素框架流图的功能,界面如图6-19所示。图6-20为通过软件自动绘制得到的物理元素框架流图示例。对于部分物理元素框架流复杂的图,可人工对图中元素位置进行微调,保证图中各元素描述清晰。

图 6-17　添加物理元素框架流界面

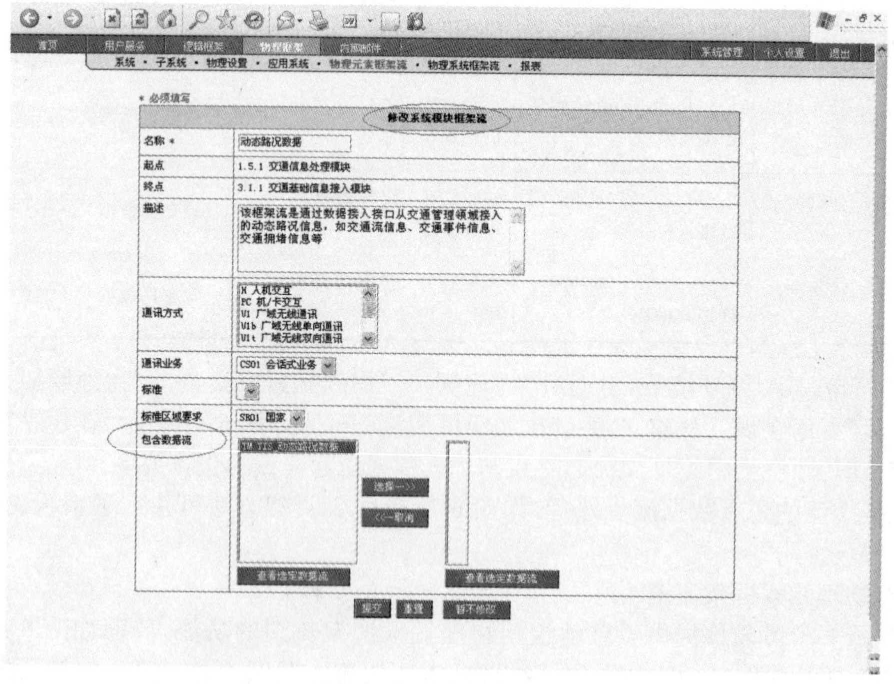

图 6-18　修改系统模块框架流界面

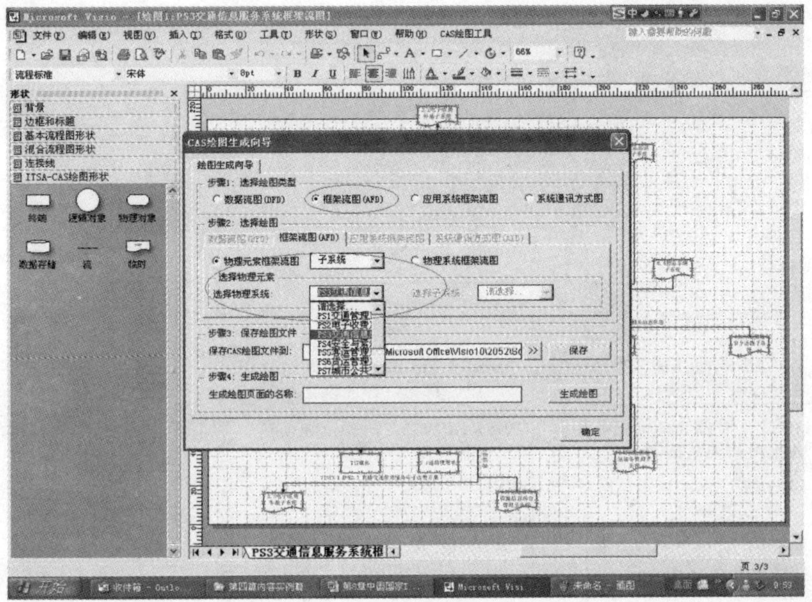

图 6-19　物理元素框架流图绘制界面示例

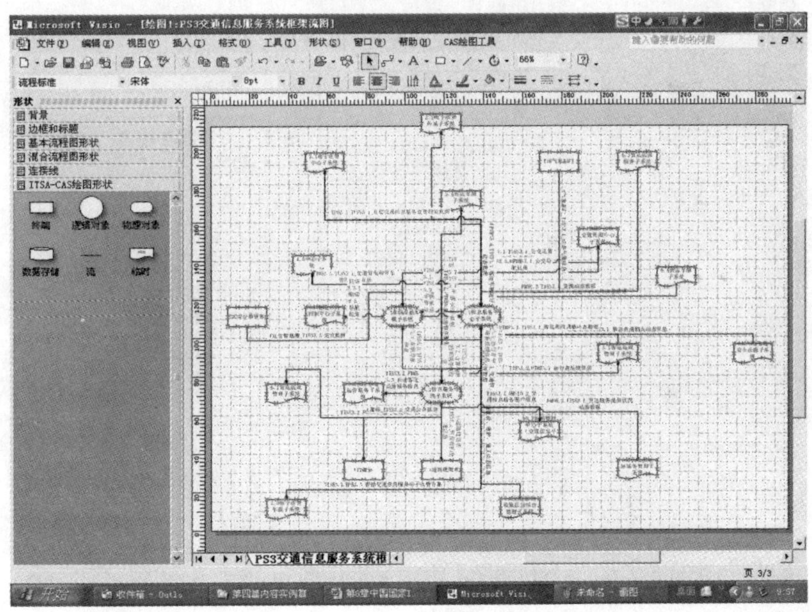

图 6-20　自动绘制得到的物理元素框架流图示例

图 6-21 给出了交通信息服务系统框架流图。图 6-22 示例给出了 3.1 信息服务中心子系统框架流图。

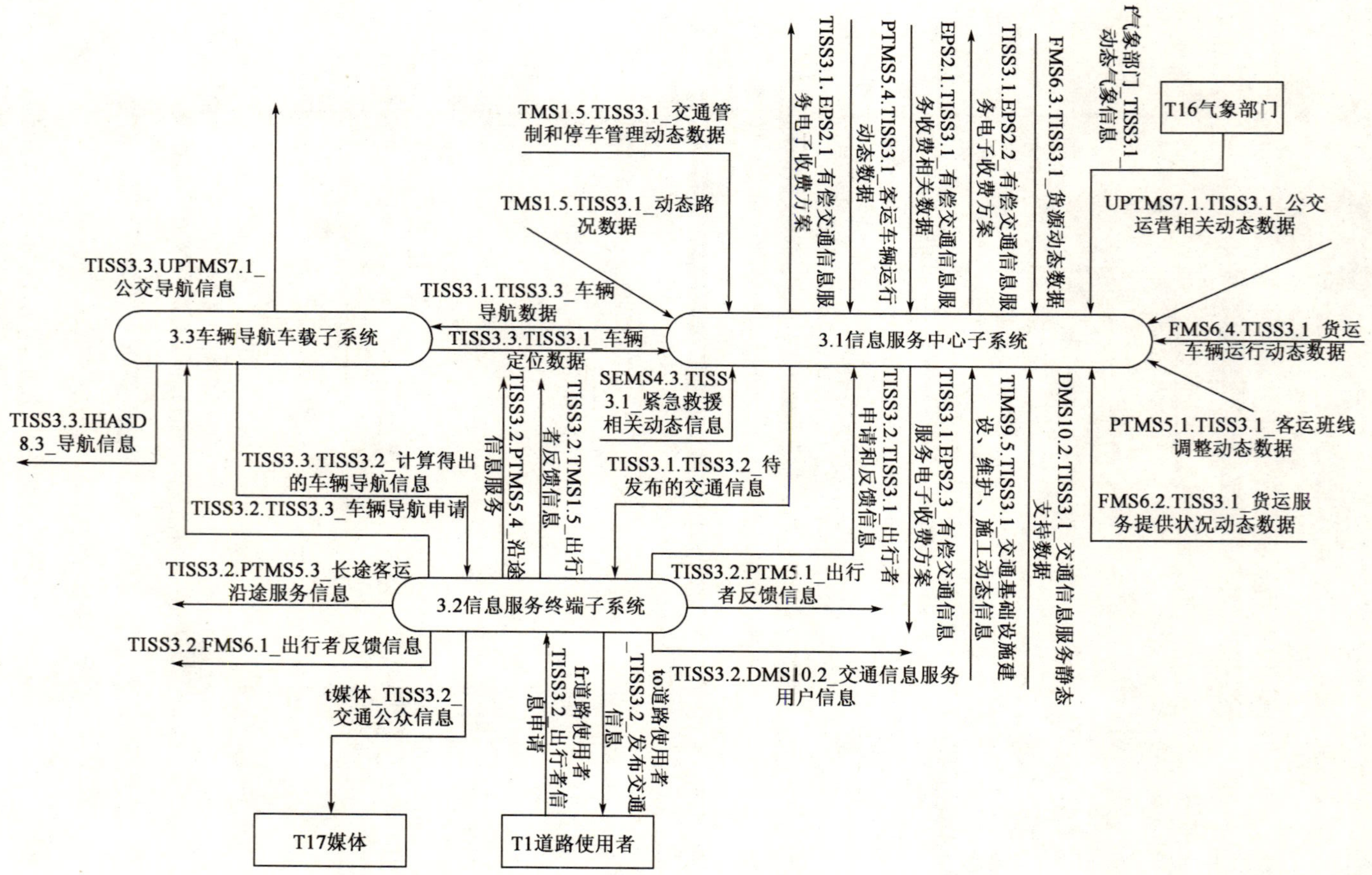

图6-21 AFD3交通信息服务系统框架流图

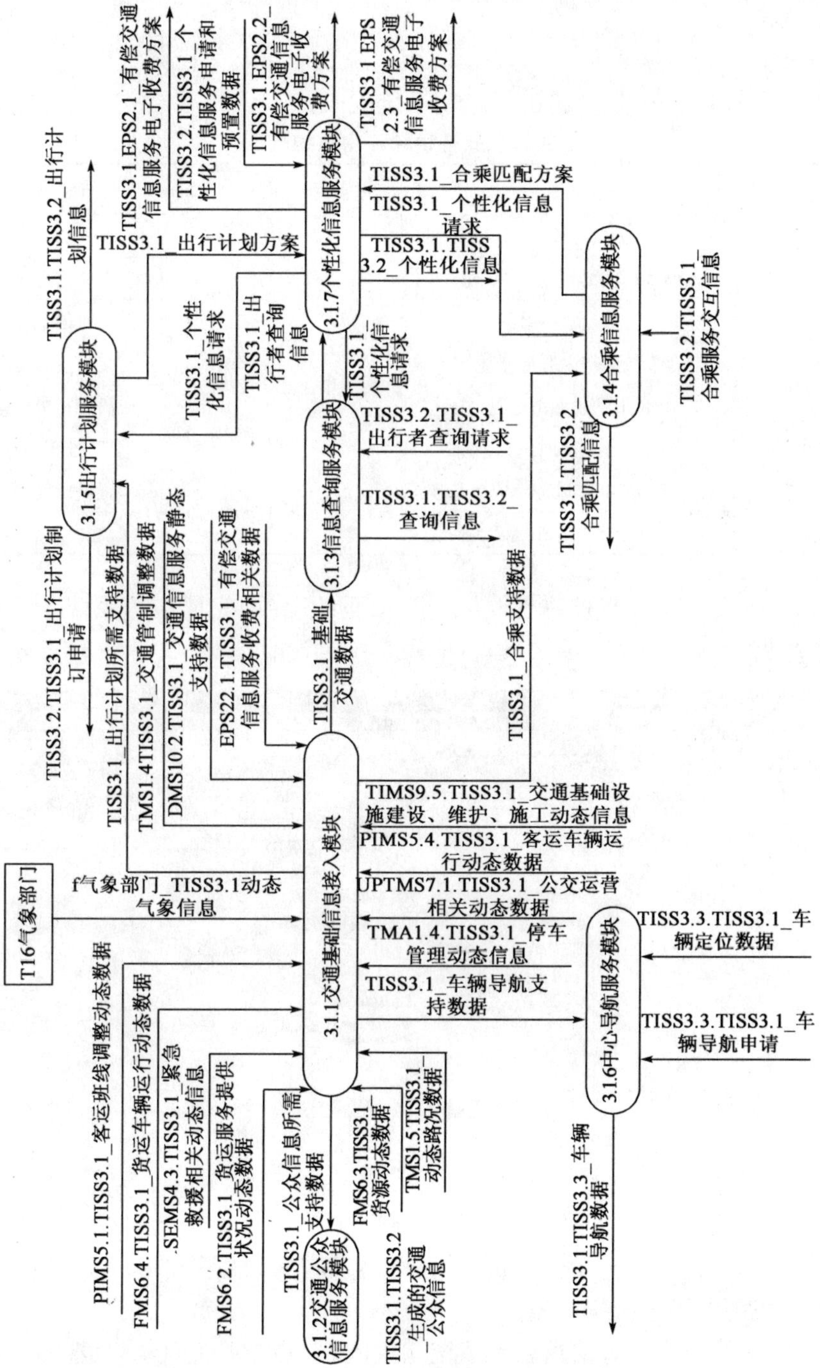

T16气象部门
f气象部门_TISS3.1动态气象信息
PIMS5.1.TISS3.1_客运班线调整动态数据
FMS6.4.TISS3.1_货运车辆运行动态数据
.SEMS4.3.TISS3.1_紧急救援相关动态信息
FMS6.2.TISS3.1_货运服务提供状况动态数据
TISS3.1_公众信息所需支持数据
3.1.2交通公众信息服务模块
TISS3.1.TISS3.2_生成的交通公众信息
FMS6.3.TISS3.1_货源动态数据
TMS1.5.TISS3.1_动态路况数据
3.1.1交通基础信息接入模块
TISS3.1_车辆导航支持数据
TMA1.4.TISS3.1_停车管理动态信息
UPTMS7.1.TISS3.1_公交运营相关动态数据
PIMS5.4.TISS3.1_客运车辆运行动态数据
TIMS9.5.TISS3.1_交通基础设施建设、维护、施工动态信息
3.1.6中心导航服务模块
TISS3.1.TISS3.3_车辆导航数据
TISS3.3.TISS3.1_车辆导航申请
TISS3.3.TISS3.1_车辆定位数据
TISS3.2.TISS3.1_出行计划制订申请
TISS3.1_出行计划所需支持数据
TMS1.4TISS3.1_交通管制调整数据
DMS10.2.TISS3.1_交通信息服务静态支持数据
EPS22.1.TISS3.1_有偿交通信息服务收费相关数据
TISS3.1_基础交通数据
3.1.3信息查询服务模块
TISS3.1.TISS3.2_查询信息
TISS3.2.TISS3.1_出行者查询请求
TISS3.1_个性化信息请求
TISS3.1_合乘支持数据
3.1.5出行计划服务模块
TISS3.1.TISS3.2_出行计划信息
TISS3.1_出行计划方案
TISS3.1_个性化信息请求
TISS3.1_出行者查询信息
3.1.7个性化信息服务模块
TISS3.1.EPS2.1_有偿交通信息服务电子收费方案
TISS3.2.TISS3.1_个性化信息服务申请和预置数据
TISS3.1.EPS2.2_有偿交通信息服务电子收费方案
TISS3.1.EPS2.3_有偿交通信息服务电子收费方案
TISS3.1.TISS3.2_个性化信息
TISS3.1_个性化信息请求
TISS3.1_合乘匹配方案
3.1.4合乘信息服务模块
TISS3.1.TISS3.2_合乘匹配信息
TISS3.2.TISS3.1_合乘服务交互信息

图6-22　AFD3.1信息服务中心子系统框架流图

4)应用系统

交通信息服务应用领域列出了16项应用系统。应用系统由系统模块组合得到，它可实现一定的用户服务。表6-12给出了应用系统列表。

交通信息服务领域应用系统列表　　表6-12

应用领域	应用系统	应用领域	应用系统
交通信息服务领域	车载导航系统	交通信息服务领域	交通信息查询系统
	车载交通信息服务系统		交通信息服务网站
	出行规划系统		交通信息广播系统
	个性化信息服务系统		交通信息客服电话
	合乘信息服务系统		交通信息数字广播系统
	呼叫中心式交通信息系统		可变情报板信息发布系统
	基于PDA的交通信息服务系统		信息亭发布系统
	交通黄页信息服务系统		中心发布式导航系统

ITSA-CASS环境下，通过“物理框架—应用系统”界面完成应用系统的构建。其中，软件按照系统类别列出各系统模块，以备应用系统创建时选择，如图6-23所示。

图6-23　建立应用系统与系统模块关系示意图

ITSA-CASS软件可自动生成应用系统框架流图，界面如图6-24所示。图6-25示例给出了自动生成的应用系统构成图。

图6-26示例给出了车载信息服务系统构成图，它是在系统自动生成的系统构成图基础上微调图形位置后得到的。

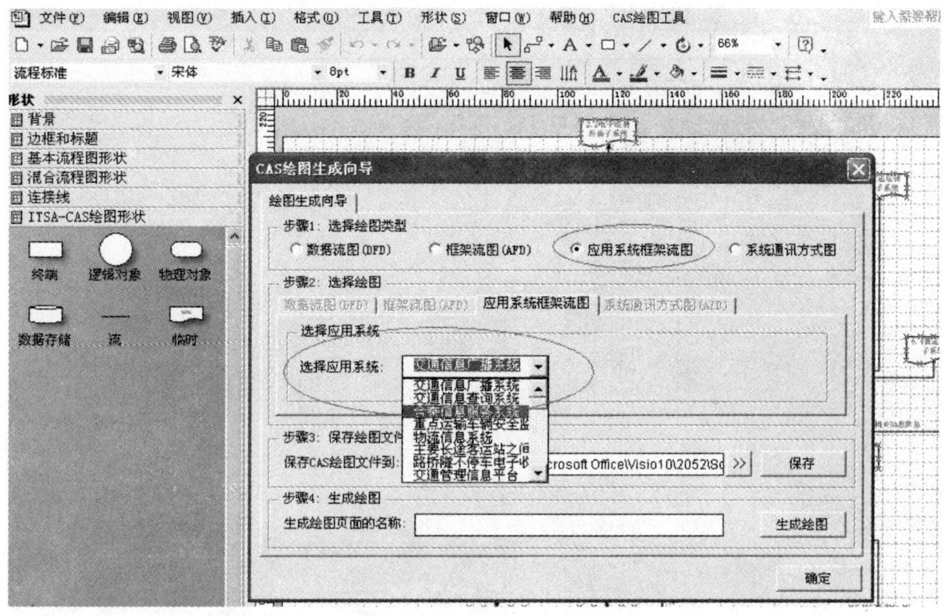

图 6-24　应用系统绘图界面

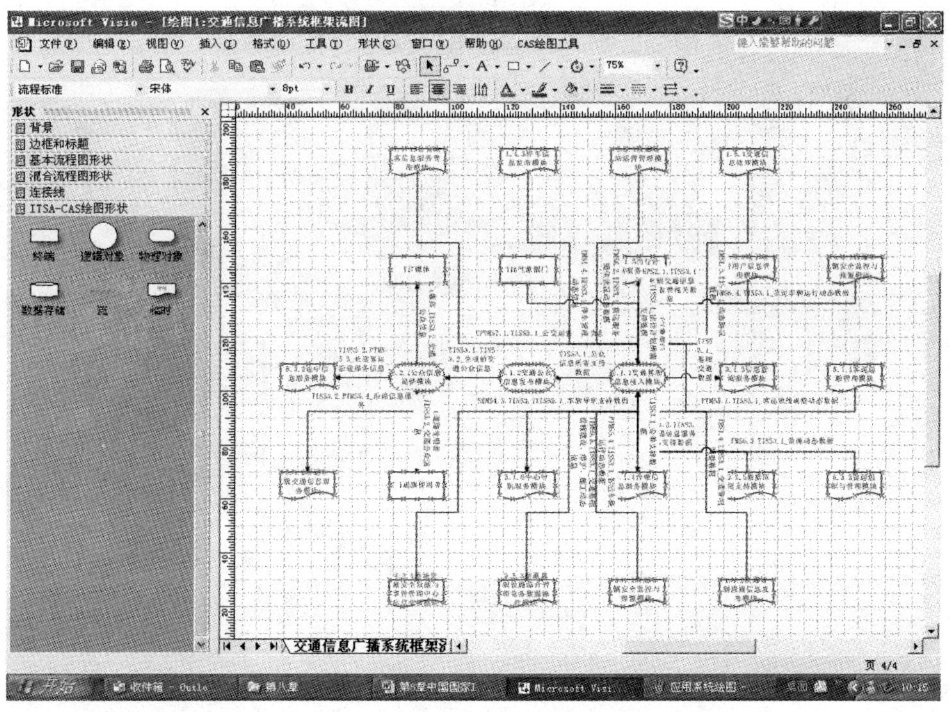

图 6-25　自动生成的应用系统构成图

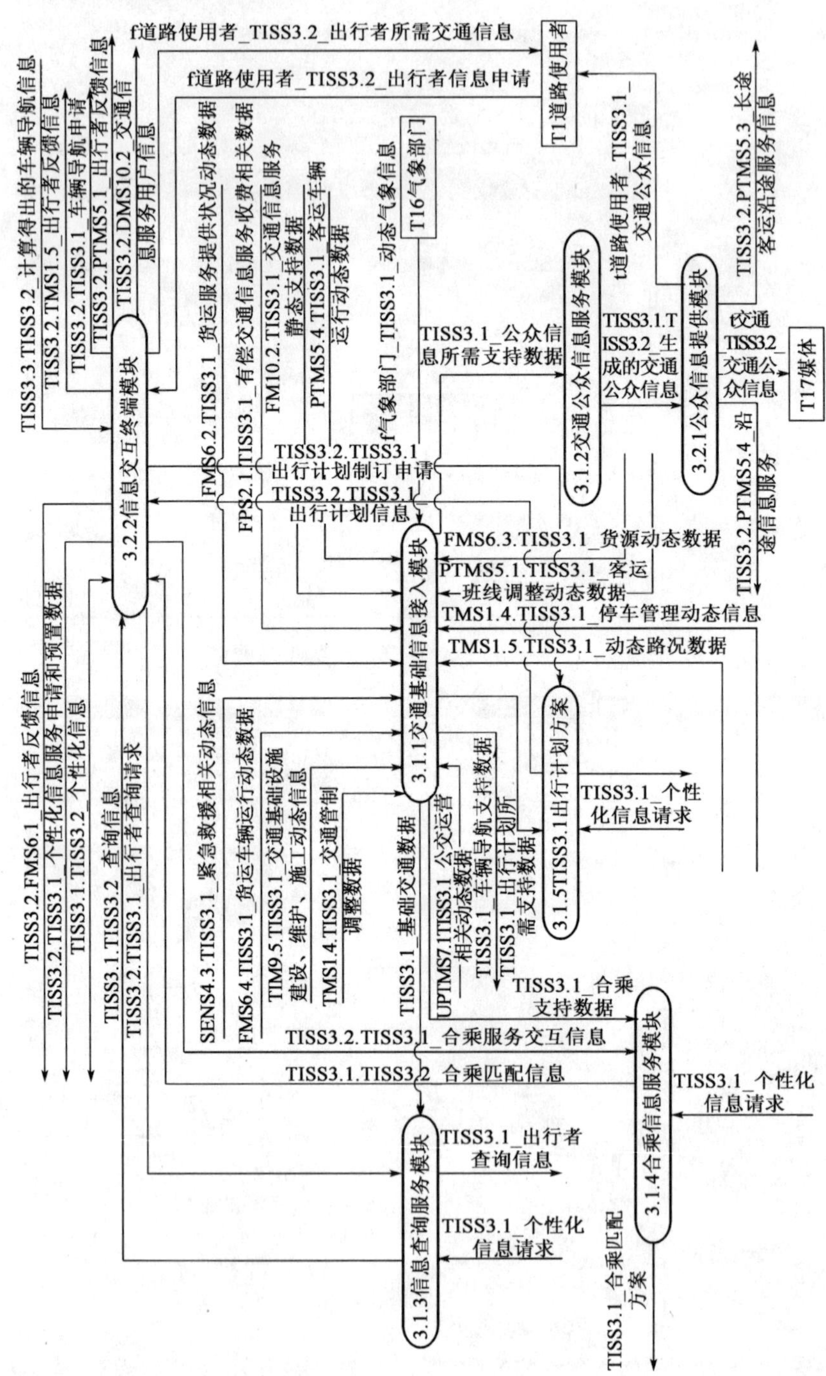

图6-26 车载交通信息服务系统构成图

第 7 章　地方 ITS 体系框架

7.1　地方 ITS 体系框架概述

地方 ITS 体系框架的概念最早是由美国提出的。其基本定位是为保证一个地区 ITS 项目实施过程中的部门协调和技术集成而建立的区域性体系框架。地方 ITS 框架定义了一个地区内现有的或规划的许多 ITS 项目的要素和信息交换，通过明确各相关机构间、各运输模式间、各应用系统间如何协同作用和运行，达到促进该地区 ITS 系统的有效集成。

在应用过程中，所谓地方 ITS 框架，是对该地区 ITS 全面和综合性的描述，具体来说，就是以某一地区为对象，在国家 ITS 体系框架的指导下，根据该地区现状和需求方面的特点，定义该地区对 ITS 的用户需求，ITS 为满足用户需求所应提供的服务、具备的功能、建设的应用系统、各个应用系统之间的相互关系和集成方式，重点应明确定义该地区内现有的和规划中的各 ITS 应用系统的要素和信息交换的内容及方式，并为该地区各相关部门间的信息共享、交换，以及协同配合，提供基本的依据。这里所谓的“地区”，是指一个或多个行政或职能管辖权范围内的地理区域，可以是一个省或多个省、一个城市或多个城市、一个交通通道等。

制定地方 ITS 体系框架的作用和意义在于：

(1)为该地区 ITS 的发展提供宏观指导性和纲领性的文件，勾画出该地区 ITS 的未来蓝图和总体架构。

(2)为今后该地区 ITS 相关研究、规划和建设提供基本依据。

(3)为该地区范围内 ITS 的互联互通以及与其他地区 ITS 的兼容性提供保证。

(4)有助于整合该地区的各 ITS 应用系统，充分利用有限的交通系统资源和信息资源。

(5)有助于明确各方在地方 ITS 建设中的职责，从而协调各相关部门，高效规范地推进地方 ITS 建设。

7.2 地方框架与国家框架的关系

国家ITS体系框架是对全国的智能交通系统发展起到战略指导作用的纲领性文件，是确保ITS在全国范围内得以顺利实施和规范发展的保障。原则上，任何地方进行与ITS相关的行为都应该遵循国家ITS体系框架。

但是我国各地区的交通发展情况不同，对ITS的需求相差较大，各地区与ITS相关的政府管理体制也不尽相同。国家ITS体系框架因为要具备普遍适用性而必须要兼顾各地的情况，不可能非常具体。因而直接引用国家ITS体系框架来指导地方ITS的规划和实施，难以满足各地区的实际需要。

地方ITS框架是对国家ITS体系框架的进一步延伸，是国家框架在某一地区的具体化，对国家体系框架将起到很好的补充作用。通过地方框架可以直接指导和规范该地区的ITS建设。

地方ITS框架与国家ITS框架间的关系可以归纳为两个方面：

(1)地方框架是针对地方实际情况，对国家框架的进一步细化和具体化。

制定地方ITS框架，应针对地方的实际情况，把那些为保证通用性而在国家框架中不宜细化的内容具体化，从而直接指导本地区的ITS建设。

(2)地方框架应当以国家框架为基本依据。

地方框架应在基本内容、格式定义、系统接口等方面严格遵循国家框架，以保证与国家框架的一致性，以及与其他地区ITS在未来接入过程中的兼容性。

7.3 制定地方ITS体系框架的方法

目前来看，制定地方ITS体系框架的方法有两大类。

一类是在国家框架比较完善的情况下，以国家ITS体系框架为内容依据，根据地方的实际需求，直接选取国家框架中适合的物理框架要素，并可以根据实际需要添加地方的个性化内容。应当说，这种技术路线是开发地方ITS体系框架的一条捷径。但采用该技术路线有一个非常重要的前提，即必须建立在一个相当完善的国家框架的基础之上。

另一类是在国家框架不够完善的情况下，开发地方框架应采用基于体系框架开发的一般过程，并在每个阶段充分考虑地方的实际需求的方法。这种方法比较繁琐，但它是在国家ITS体系框架不够完善的情况下，开发地方框架的适当选择。

由于美国的国家ITS框架相对完善，其地方ITS框架的编制普遍采用了第一类方法，即直接以国家框架为基本依据，从中选取适合地方实际需求的市场包，并专门开发了由国家框架直接生成地方框架的 Turbo architecture 软件。

在我国现阶段，国家 ITS 体系框架还不够完善，因而我国当前开发地方 ITS 体系框架提倡采用第二类方法。

具体来说：

(1)用户服务部分

该部分应尽量与国家框架保持一致，但可以根据该地区的实际情况，添加一些内容，删减和弱化一些内容。

(2)逻辑框架部分

该部分对于地方框架来说不是重点，当国家框架完善到一定程度之后，编制地方框架可以跳过这个部分，但在现阶段，还是应当要由逻辑框架部分进行过渡。这一部分的开发方法和表现形式对于国家框架和地方框架而言是基本相同的，但要体现出地方 ITS 用户服务与国家框架的不同之处。

(3)物理框架部分

这是能够体现地方框架特色的重点部分，也是开发地方框架的最主要目标，可以直接用于指导地方 ITS 建设。为了充分体现地方框架的特色以及该地区的特点，方便地方 ITS 体系框架使用者，应当提出地方物理框架各种不同于国家框架的表现形式，如建设主体方面、具体系统方面、不同考虑层面方面等。

7.4 国内外地方 ITS 体系框架的现状

7.4.1 美国

美国高度重视地方(项目)ITS 体系框架的编制工作。美国运输部作出规定，从 2001 年 4 月起，凡是申请联邦资助进行 ITS 项目建设的州，必须按照国家的体系框架制定本州的地方框架，只有符合地方框架的项目方有资格申请联邦资助。

相关规定是在 2001 年 1 月，由美国联邦公路局颁布的"ITS Architecture and Standards; Final Rule"，以及由美国联邦运输局颁布的"FTA National ITS Architecture Policy on Transit Projects; Notice"中提出的。具体内容如下：

(1)对于已经实施 ITS 项目的地区，必须在 4 年内(2005 年 4 月 8 日之前)建立地方 ITS 框架。

(2)对于尚未实施 ITS 项目的地区，必须在启动 ITS 项目起的 4 年内建立地方 ITS 框架。

(3)建立地方 ITS 框架之后，所有的重大 ITS 项目必须有项目级框架，以保证对区域系统集成的适当考虑。

(4)2005 年 4 月 8 日之后，未经论证符合地方 ITS 框架的新提出的 ITS 项目将不能立项。如果某地区仍未建立地方 ITS 框架，该地区将不可能再获得由联邦资助的 ITS 项目，直至建立地方 ITS 框架为止。

这些具体规定出台后，美国各州、各地区、各重大 ITS 项目都分别建立了各自的地方或项目 ITS 体系框架。

美国地方 ITS 框架的开发工具是由国家框架直接生成地方框架的 Turbo architecture 软件。该软件目前的最新版本为 2.0 版。

7.4.2 中国

中国地方 ITS 体系框架的编制工作始于“九五”末期，当时在第一版国家框架完成之后，为了配合国家“十五”ITS 示范城市的申报工作，由国家智能交通系统工程技术研究中心牵头，组织了一些科研机构和高等院校的专家和技术人员，为济南、青岛、深圳、广州等城市制定了地方 ITS 体系框架和城市 ITS 总体规划。

地方 ITS 体系框架是对某地区 ITS 全面和综合性的描述。具体来说，就是以某一地区为对象，在国家 ITS 体系框架的指导下，根据该地区现状和需求方面的特点，定义该地区对 ITS 的用户需求，ITS 为满足用户需求所应提供的服务、具备的功能、建设的应用系统、各个应用系统之间的相互关系和集成方式，重点应明确定义该地区内现有的和规划中的各 ITS 应用系统的要素和信息交换的内容及方式，并为该地区各相关部门间的信息共享、交换以及协同配合，提供基本的依据。

地方 ITS 体系框架是对国家 ITS 体系框架的进一步延伸，是国家框架在某一地区的具体化，可直接指导和规范该地区的 ITS 建设。

考虑到我国 ITS 发展环境以及区域差异显著的特点，提出适合我国特色的地方 ITS 体系框架编制方法，即：用户服务尽量贴近国家框架，同时按照地方实际情况进行调整；逻辑框架主要作为用户服务到物理框架的中间过渡，对于与国家框架一致的内容，可略过逻辑框架阶段；重点突出物理框架，以此充分体现地方框架的地方特色，以应用系统为对象，采用各种方便决策者和体系框架使用者的表现方式，全方位、立体化地表现地方 ITS 物理体系。针对现阶段各地 ITS 建设尚处于起步阶段、区域差别显著、新需求不断涌现的状况，提出现阶段我国编制地方框架的具体实施方案，即采用基于体系框架开发的一般过程，并在每个阶段充分考虑地方实际需求的总体技术路线，对于地方特色用户服务内容，仍需要开发逻辑框架作为中间过渡。

7.5 北京市地方 ITS 体系框架

北京市地方 ITS 体系框架，是以中国国家 ITS 体系框架(第二版)为基本依据，充分考虑北京市的地方特色，按照地方ITS体系框架的开发方法编制得到的。北京市ITS体系框架的特点主要体现在以下方面：

(1)构建了基于交通综合信息平台的北京市ITS体系框架，体现了北京市特色交通需求。

在分析北京市交通发展现状与交通需求特点的基础上，构建了内容全面、重点突出的北京市ITS地方体系框架。框架重点体现了以下特色需求：北京作为首都以及我国政治与国际交流中心，大型国际活动众多(特别是2008年夏季奥运会)，要有良好的特勤管理能力和针对重大事件高效的紧急救援、指挥调度和安全保障能力；机动车增长迅速，交通拥堵日趋严重，急需高新技术手段予以缓解；交通信息缺乏有效共享、交通运输系统资源未能有效整合已成为制约北京市交通运输系统充分发挥效率的瓶颈所在，交通综合信息平台将在其中起到至关重要的作用。

(2)北京市ITS体系框架对应用系统进行了详细深入的分析，并且为保证框架的可用性与可读性，框架采用多种直观方式对成果进行展现。

对于地方ITS体系框架的构建而言，其重点任务之一是给出体现地方需求的ITS各系统及各系统间的关系。因此，北京市ITS体系框架对应用系统进行了详细深入的分析，以国家ITS体系框架应用系统为基础，参考北京市ITS需求分析内容，提出了符合北京市交通发展需求及趋势的基于交通综合信息平台的各应用系统，并从宏观、微观层面对应用系统总体关系、应用系统构成、应用系统建设主体、应用系统建设情况等方面进行了分析，分析结果以图、文的形式给出。

7.5.1 基本内容概要

北京市地方ITS体系框架的基本内容主要包括以下方面：

(1)北京市ITS需求。在总结分析北京市ITS发展现状的基础上，结合北京市在中国政治、经济、文化生活中的地位以及北京市的地理位置特点，系统分析了北京市作为国际化大都市交通发展存在的问题，并根据北京2008年举办奥运会对交通运输的特殊需要以及ITS的发展趋势，总结出北京市的ITS需求。

(2)北京市ITS用户服务。以北京市ITS需求分析为基础，根据体系框架用户服务转换原则，参照国家ITS用户服务，推理得到北京市ITS用户服务。

(3)北京市ITS逻辑框架。以北京市ITS用户服务为基础，根据地方ITS体系框架开发方法，得到北京市ITS逻辑框架层次表、逻辑数据流图，实现用户服务向物理框架的过渡。

(4)北京市ITS物理框架。以北京市ITS逻辑框架和国家ITS体系框架为基础，根据体系框架开发方法，得到北京市ITS物理框架层次表、物理框架流图。

(5)北京市ITS应用系统。在北京市ITS物理框架基础上,根据体系框架应用系统设计原则,结合北京市ITS建设现有的项目和工程以及北京市ITS发展趋势与特点,得到北京市ITS应用系统体系,共61项应用系统,并分别从宏观、微观角度对应用系统进行了详尽的分析。

北京市ITS需求是北京市ITS用户服务的基础,北京市ITS用户服务描述北京市ITS能为北京公众提供的服务,北京市ITS逻辑框架描述实现用户服务需要提供的功能,北京市ITS物理框架描述逻辑功能实现的具体体现形式,北京市ITS应用系统体系把ITS领域已经建设的系统与工程以及规划中的系统与工程或根据ITS发展趋势需要建立的系统与工程与物理框架对应起来,因此北京市ITS需求、北京市ITS用户服务、北京市ITS逻辑框架、北京市ITS物理框架以及北京市ITS应用系统是北京市ITS体系框架研究的有机组成部分。

7.5.2 详细内容示例

鉴于ITS应用系统为地方体系框架的重要组成部分,也是地方体系框架的主要成果,因此本节选择北京市ITS应用系统作为示例的重点,就北京市ITS应用系统的总体架构、物理构成、各应用领域之间数据交互、各应用领域内部数据交互以及各应用系统的结构进行展现。

北京市ITS体系框架应用系统以北京市交通综合信息平台为核心,构建了7个分平台:交通管理信息平台、客运管理信息平台、货运管理信息平台、城市公交信息管理平台、交通基础设施信息平台、交通信息服务平台、安全与紧急救援平台。智能公路系统相当于智能公路与安全辅助驾驶领域的分平台,电子收费领域没有单独的分平台,其领域中各应用系统在应用系统体系中处于同等地位。由此形成对北京市交通信息规模性聚集管理,既满足不同行业、不同程度的数据需求,又通过各业务平台分散了北京市海量交通信息管理的压力。

基于交通信息平台(包括北京市交通综合信息平台及7个分平台)的基本功能定位为数据快速交换通道和数据深层次加工处理,同时考虑到北京市ITS各系统建设程度、各系统间信息互通参差不齐,因此结合实际建设状况给出ITS各应用系统间数据传输原则,供ITS规划、建设参考:①保留已有系统间的信息通路;②对有需求但目前不存在的信息通路原则上不进行直接建设,而鼓励利用交通信息平台提供的信息通路;③交通信息平台提供具有一定权限的各系统间的信息通路。

北京市ITS体系框架对ITS应用系统进行了详尽的分析,并采用图、表的形式多角度进行描述,主要包括以下内容:

(1)总体架构分析。主要采用图的形式进行描绘,包括应用领域构成示意图和ITS

应用系统构成层次结构示意图。

图 7-1 为北京市 ITS 应用领域构成示意图，它描述了以 ITS 数据管理（交通综合信息平台）为核心的北京市 ITS 系统各领域间的关系。图 7-2 为北京市 ITS 应用系统构成层次结构示意图，它按照领域类别详细列出了 ITS 各领域应用系统。

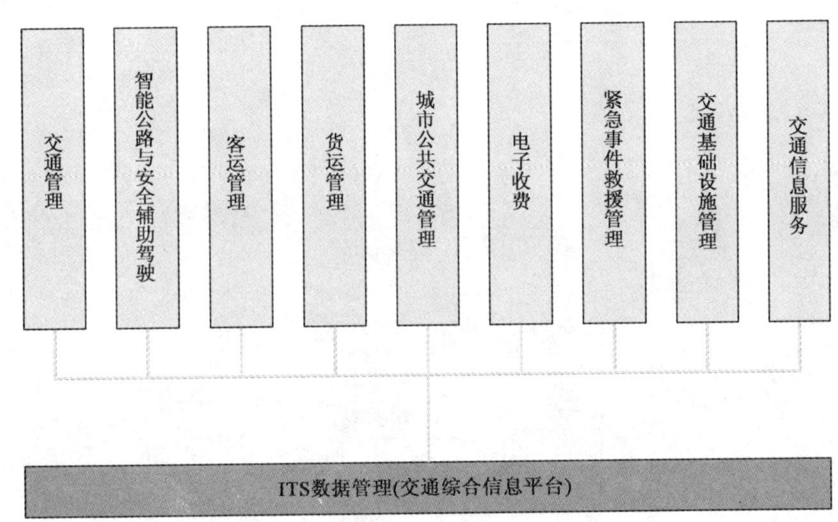

图 7-1 北京市 ITS 应用领域构成示意图

（2）物理构成分析。主要采用图的形式进行描绘，包括物理构成示意图和 ITS 应用系统四类子系统通信方式关系图，如图 7-3、图 7-4 所示。

（3）各应用领域间关系分析。主要以图的形式进行描绘。以图 7-5 交通管理领域、图 7-6城市公共交通管理领域为例，示例给出了领域间数据交互示意图。

（4）应用系统构成分析。采用图、表相结合的形式，对各应用系统组成子系统间的数据关系进行描述。以市政交通"一卡通"电子付费系统、长途客运站联网售票系统两个应用系统为例，示例给出了应用系统构成图，如图 7-7、图 7-8 所示。同时，表 7-1 为对应的系统分析表格。

（5）应用系统发展状况分析。表 7-2 给出了北京市交通信息平台与交通信息服务领域所包含的应用系统实施情况，主要依据北京市实际现状，从相应应用系统的建设情况、规划情况、功能实现程度等角度进行分析。"实现程度"主要从此系统的规划与建设情况以及功能实现程度的角度进行评价。

（6）应用系统建设主体分析。表 7-3 示例给出了应用系统建设主体相关内容。结合北京市交通运输的政府管理体制，对各应用系统的建设主体进行分析，可为确定各系统的建设模式以及各应用系统的组织实施等提供支持。

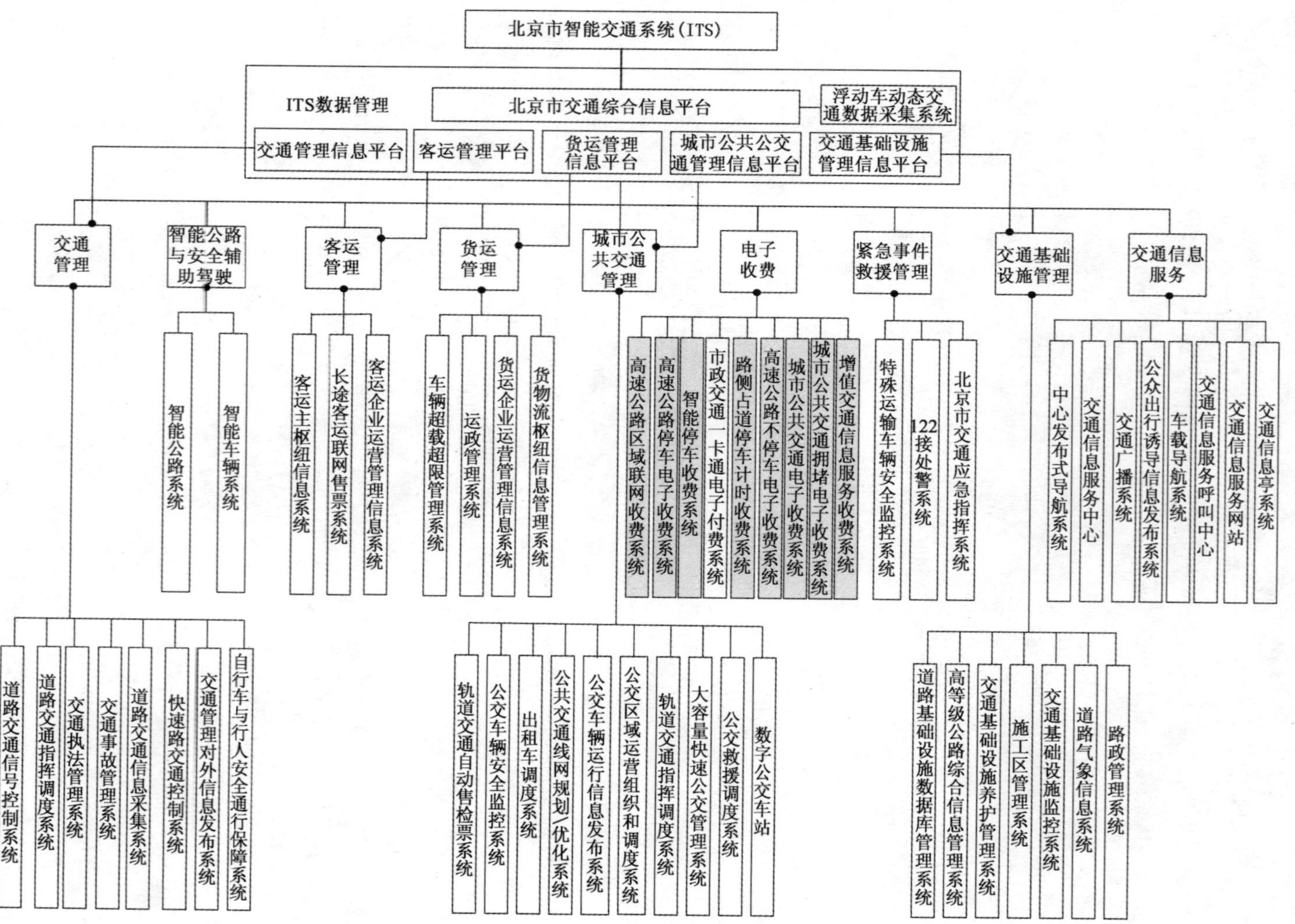

图7-2　北京市ITS应用系统构成层次结构示意图

注：灰色底部分的应用系统表示在分类上属于电子收费应用领域，也可属于相应的业务领域。

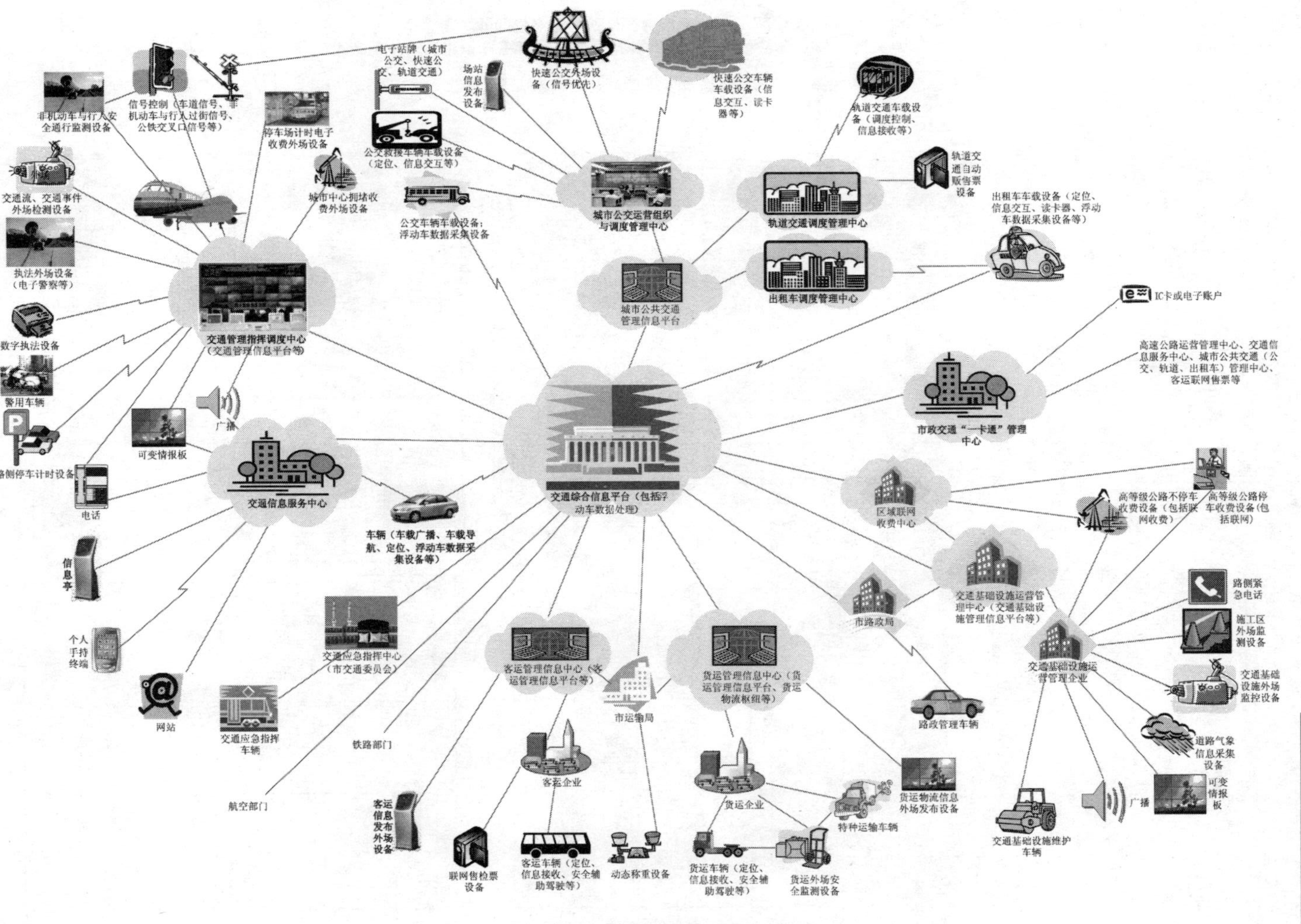

图7-3 北京市ITS应用系统物理构成示意图

注：云朵表示一个实体，是为实施ITS某应用系统而需要的部门实体。

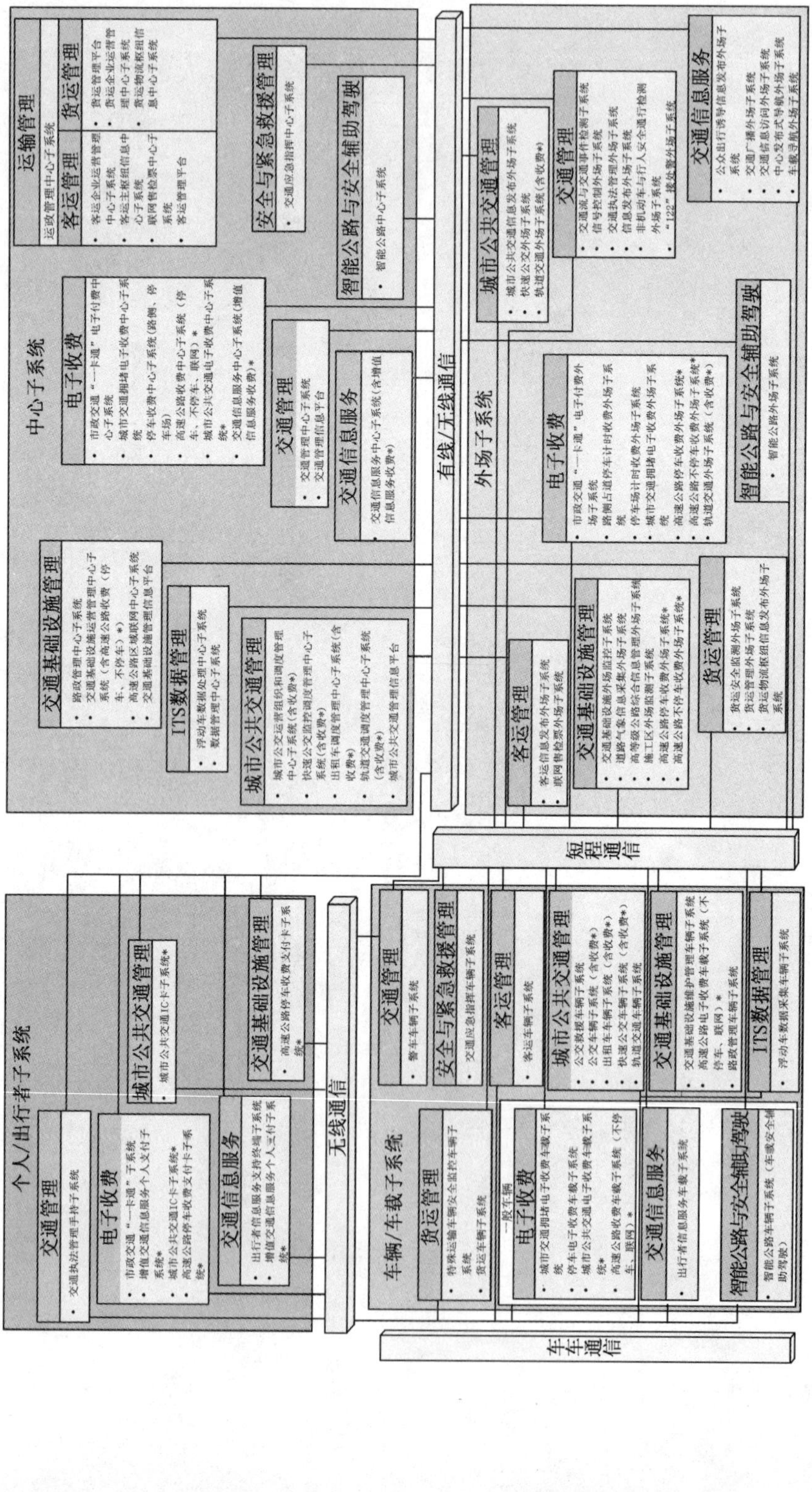

个人/出行者子系统

交通管理
- 交通执法管理手持子系统

电子收费
- 市政交通"一卡通"子系统
- 增值交通信息服务个人支付子系统*
- 城市公共交通IC卡子系统*
- 高速公路停车收费支付卡子系统*

城市公共交通管理
- 城市公共交通IC卡子系统*

交通信息服务
- 出行者信息服务支持终端子系统
- 增值交通信息服务个人支付子系统*

交通基础设施管理
- 高速公路停车收费支付卡子系统*

无线通信

车车通信

车辆/车载子系统

货运管理
- 特殊运输车辆安全监控车辆子系统*
- 货运车辆子系统

一般车辆

电子收费
- 城市交通拥堵电子收费车载子系统
- 停车电子收费车载子系统
- 城市公共交通电子收费车载子系统*
- 高速公路收费车载子系统（不停车、联网）*

交通信息服务
- 出行者信息服务车载子系统

智能公路与安全辅助驾驶
- 智能公路车辆子系统（车载安全辅助驾驶）

交通管理
- 警车车辆子系统

安全与紧急救援管理
- 交通应急指挥车辆子系统

客运管理
- 客运车辆子系统

城市公共交通管理
- 公交救援车辆子系统
- 公交车辆子系统（含收费*）
- 出租车车辆子系统（含收费*）
- 快速公交车辆子系统（含收费*）
- 轨道交通车辆子系统

交通基础设施管理
- 交通基础设施维护管理车辆子系统
- 高速公路电子收费车载子系统（不停车、联网）*
- 路政管理车辆子系统

ITS数据管理
- 浮动车数据采集车辆子系统

短程通信

中心子系统

交通基础设施管理
- 路政管理中心子系统
- 交通基础设施运营管理中心子系统（含高速公路收费（停车、不停车）*）
- 高速公路区域联网中心子系统
- 交通基础设施管理信息平台

ITS数据管理
- 浮动车数据处理中心子系统
- 数据管理中心子系统

城市公共交通管理
- 城市公交运营组织和调度管理中心子系统(含收费*)
- 快速公交监控调度管理中心子系统(含收费*)
- 出租车调度管理中心子系统(含收费*)
- 轨道交通调度管理中心子系统(含收费*)
- 城市公共交通管理信息平台

电子收费
- 市政交通"一卡通"电子付费中心子系统
- 城市交通拥堵电子收费中心子系统
- 停车收费中心子系统(路侧、停车场)
- 高速公路收费中心子系统（停车、不停车、联网）*
- 城市公共交通电子收费中心子系统*
- 交通信息服务中心子系统(增值信息服务收费)*

交通管理
- 交通管理中心子系统
- 交通管理信息平台

交通信息服务
- 交通信息服务中心子系统(含增值信息服务收费*)

运输管理

运政管理中心子系统

客运管理
- 客运企业运营管理中心子系统
- 客运主枢纽信息中心子系统
- 联网售检票中心子系统
- 客运管理平台

货运管理
- 货运管理平台
- 货运企业运营管理中心子系统
- 货运物流枢纽信息中心子系统

安全与紧急救援管理
- 交通应急指挥中心子系统

智能公路与安全辅助驾驶
- 智能公路中心子系统

有线/无线通信

外场子系统

客运管理
- 客运信息发布外场子系统
- 联网售检票外场子系统

交通基础设施管理
- 交通基础设施外场监控子系统
- 道路气象信息采集外场子系统
- 高等级公路综合信息管理外场子系统
- 施工区外场监测子系统
- 高速公路停车收费外场子系统*
- 高速公路不停车收费外场子系统*

货运管理
- 货运安全监测外场子系统
- 货运管理外场子系统
- 货运物流枢纽信息发布外场子系统

电子收费
- 市政交通"一卡通"电子付费外场子系统
- 路侧占道停车计时收费外场子系统
- 停车场计时收费外场子系统
- 城市交通拥堵电子收费外场子系统
- 高速公路停车收费外场子系统*
- 高速公路不停车收费外场子系统*
- 轨道交通外场子系统（含收费*）

智能公路与安全辅助驾驶
- 智能公路外场子系统

城市公共交通管理
- 城市公共交通信息发布外场子系统
- 快速公交外场子系统
- 轨道交通外场子系统(含收费*)

交通管理
- 交通流与交通事件检测子系统
- 信号控制外场子系统
- 交通执法管理外场子系统
- 信息发布外场子系统
- 非机动车与行人安全通行检测外场子系统
- "122"接处警外场子系统

交通信息服务
- 公众出行诱导信息发布外场子系统
- 交通广播外场子系统
- 交通信息访问外场子系统
- 中心发布式导航外场子系统
- 车载寻航外场子系统

图7-4 北京市ITS应用系统四类子系统通信方式关系图

注：*代表此子系统在分类上可属于电子收费应用领域也可属于相应的业务领域，如高速公路收费车载子系统（不停车、联网）可划分在"电子收费"应用领域，也可划分在"交通基础设施管理"应用领域。

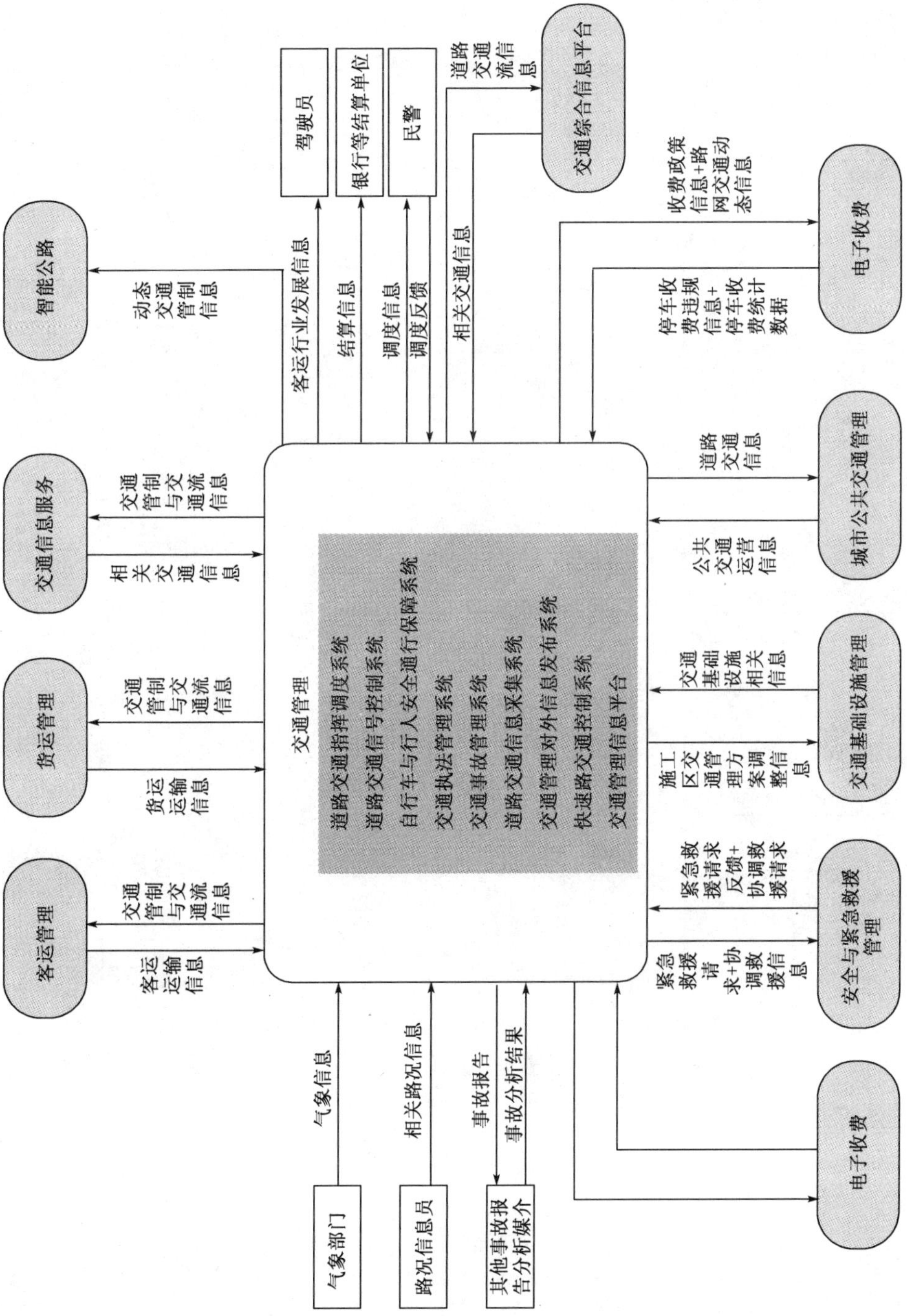

交通管理

道路交通指挥调度系统
道路交通信号控制系统
自行车与行人安全通行保障系统
交通执法管理系统
交通事故管理系统
道路交通信息采集系统
交通管理对外信息发布系统
快速路交通控制系统
交通管理信息平台

客运管理
客运输信息
交通管制与交通流信息
货运管理
货运输信息
交通管制与交通流信息
交通信息服务
相关交通信息
交通管制与交通流信息
智能公路
动态交通管制信息
驾驶员
客运行业发展信息
银行等结算单位
结算信息
民警
调度信息
调度反馈
交通综合信息平台
相关交通信息
道路交通流信息
电子收费
收费政策信息+路网交通动态信息
停车收费违规信息+停车收费统计数据
城市公共交通管理
道路交通信息
公共交通运营信息
交通基础设施管理
交通基础设施相关信息
施工区交通管理方案调整信息
安全与紧急救援管理
紧急救援请求+反馈+协调救援请求
紧急救援请求+协调救援信息
电子收费
气象部门
气象信息
路况信息员
相关路况信息
其他事故报告分析媒介
事故报告
事故分析结果

图7-5 交通管理领域数据关系图

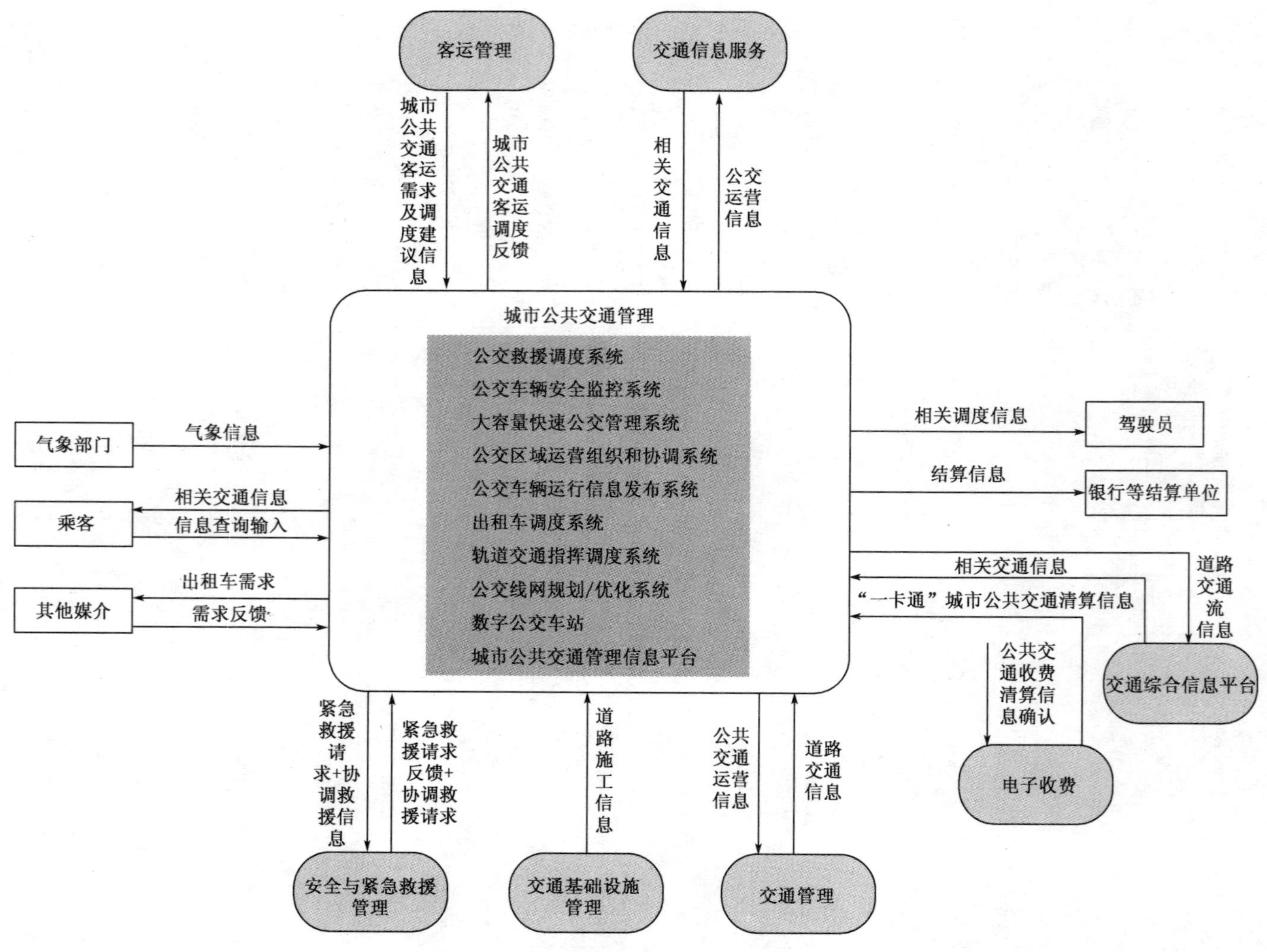

图7-6 城市公共交通管理领域数据关系图

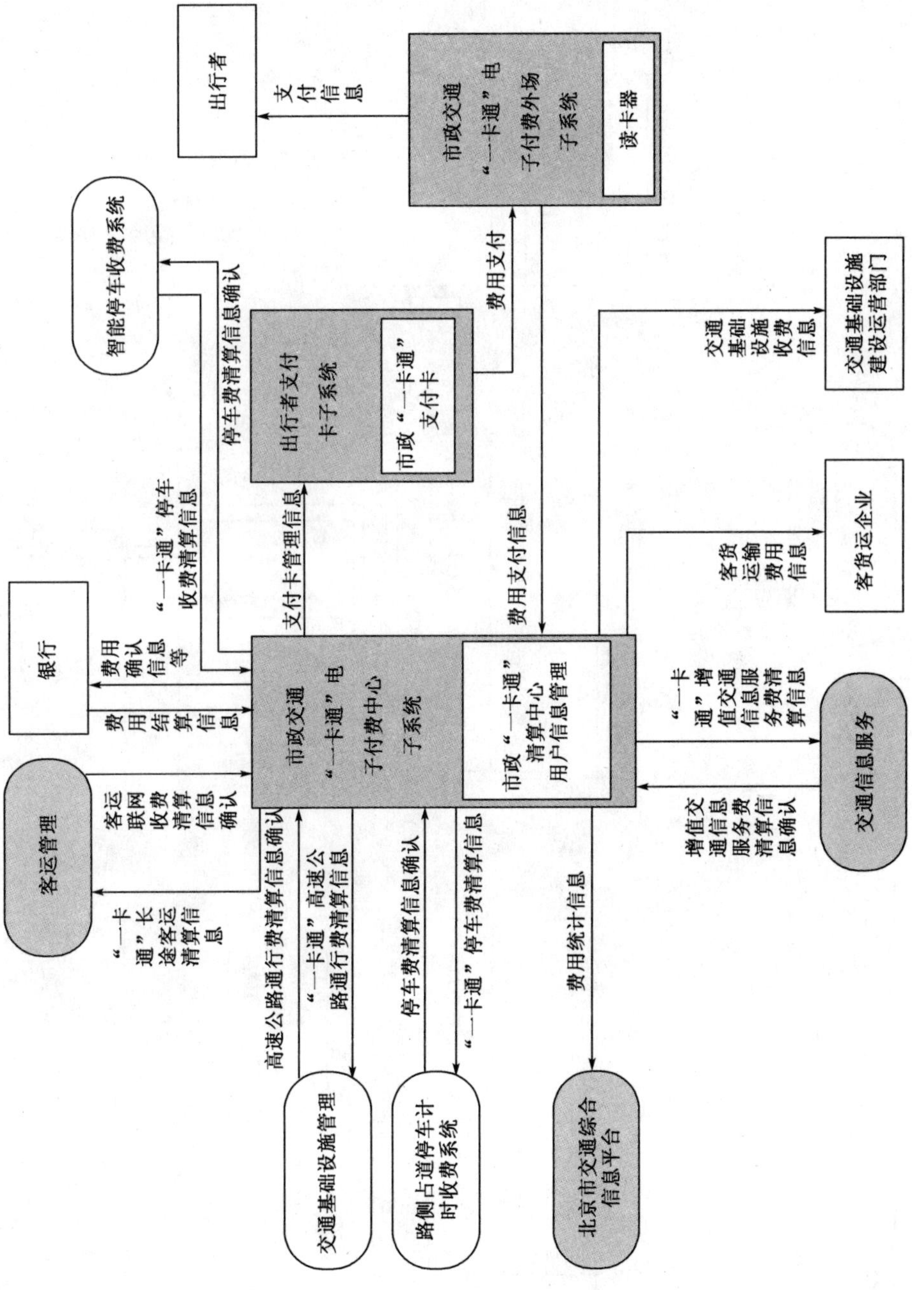

出行者
支付信息
市政交通“一卡通”电子付费外场子系统
读卡器
智能停车收费系统
停车费清算信息确认
费用支付
出行者支付卡子系统
市政“一卡通”支付卡
银行
费用确认信息等
费用结算信息
“一卡通”停车收费清算信息
支付卡管理信息
费用支付信息
交通基础设施收费信息
交通基础设施建设运营部门
客货运输费用信息
客货运企业
市政交通“一卡通”电子付费中心子系统
市政“一卡通”清算中心用户信息管理
“一卡通”增值交通信息服务费清算信息
交通信息服务
增值交通信息服务费清算信息确认
客运管理
客运联网收费清算信息确认
“一卡通”长途客运清算信息
高速公路通行费清算信息确认
“一卡通”高速公路通行费清算信息
停车费清算信息确认
“一卡通”停车费清算信息
费用统计信息
交通基础设施管理
路侧占道停车计时收费系统
北京市交通综合信息平台

图7-7　市政交通“一卡通”电子付费系统

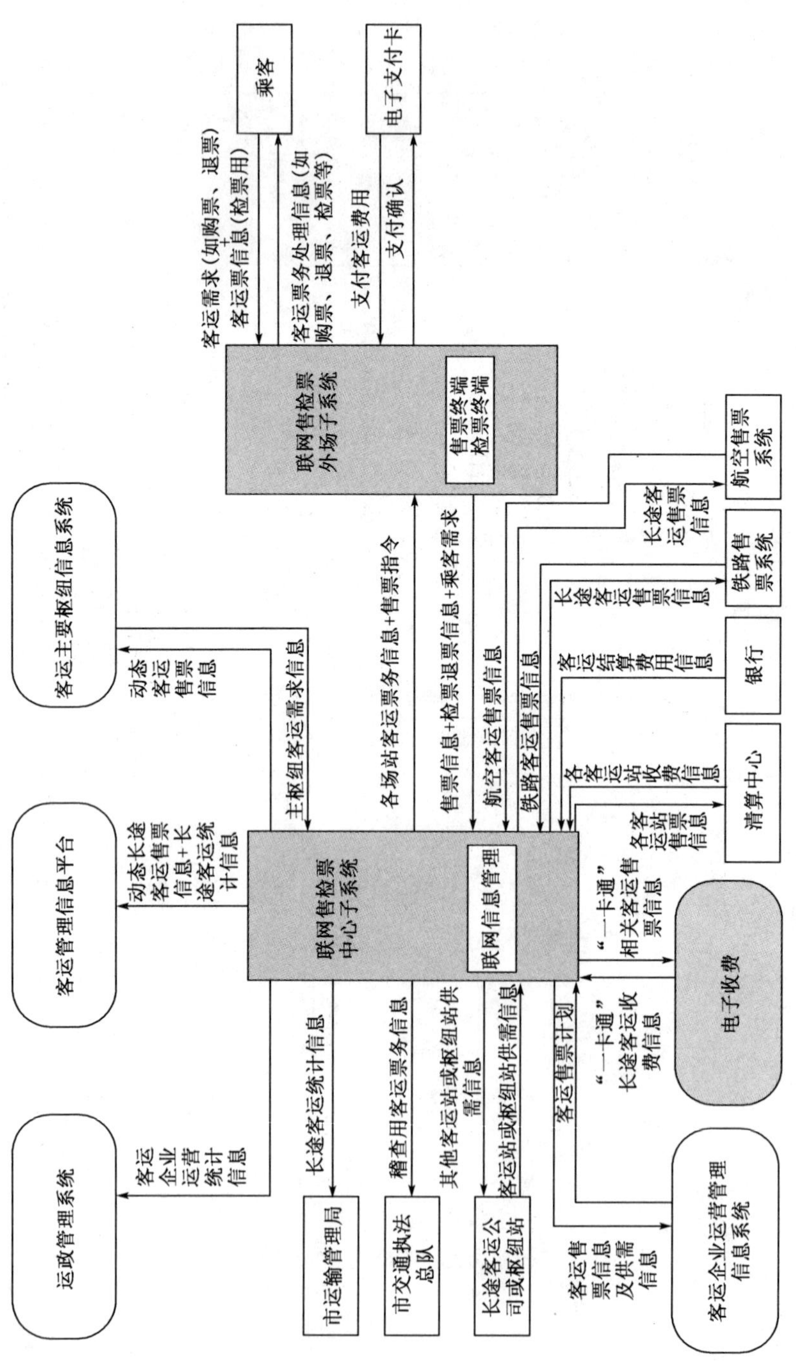

图7-8 长途客运站联网售票系统

应用系统构成分析表示例　　表7-1

<table>
<tr><th>应用系统领域</th><th>应用系统名称</th><th>应用系统构成</th><th>与之相关的应用系统</th></tr>
<tr><td rowspan="2">公共交通管理领域</td><td>市政交通“一卡通”电子付费系统</td><td>市政交通“一卡通”电子付费中心子系统（清算中心、用户信息管理）；
出行者支付卡子系统（市政交通“一卡通”支付卡）；
市政交通“一卡通”电子付费外场子系统（读卡器）</td><td>路侧占道停车计时收费系统；
智能停车收费系统；
交通信息服务；
客运管理；
交通基础设施管理；
北京市交通综合信息平台</td></tr>
<tr><td>长途客运站联网售票系统</td><td>联网售检票中心子系统（联网信息管理）；
联网售检票外场子系统（售票、检票终端）</td><td>运政管理系统；
客运主枢纽信息系统；
客运企业运营管理信息系统；
客运管理信息平台；
电子收费</td></tr>
</table>

应用系统发展状况分析　　表7-2

应用系统名称	已经建设	已列入建设计划	实现程度	备　　注
道路交通指挥调度系统	√		★★★★	道路交通指挥调度系统的建设以交管指挥调度中心监控调度的软硬件建设为核心，出勤警车通信与定位系统为外场设备
道路交通信号控制系统	√		★★★★	北京市已有信号灯交叉路口约1100个，240个路口连接到UTC/SCOOT系统
交通信息服务网站	√		★★★	目前北京已经有公交网站、公安交通管理局网站、交通委网站分别提供自己业务领域的信息，在北京市交通综合信息平台建成后，将建设北京市交通综合信息服务网站，作为示范工程阶段面向公众展示信息平台所整合交通信息资源的主要窗口
交通信息服务呼叫中心	√		★★★	目前北京的“96166”李素丽服务热线提供公交相关信息，交通呼叫中心的整合与进一步建设已列入为北京市交通综合信息平台近期建设内容
车载导航系统		√	★	目前在部分车辆上已经安装了车载导航设备，由于信息有限、价格偏高等原因，其使用率较低，有关车载导航系统的研究正在开展

续上表

应用系统名称	已经建设	已列入建设计划	实现程度	备　注
浮动车数据采集系统		√	★★	目前已将其列入北京市交通综合信息平台示范工程的近期建设计划，北京市出租车调度系统将建设出租车部分的浮动车数据采集功能模块
北京市交通综合信息平台		√	★★	北京市交通综合信息平台示范工程项目是国家"十五"攻关ITS示范工程项目，并规划了后续工程建设；目前示范工程项目已经完成了工程可行性研究，北京市的立项审批手续正在办理之中

应用系统建设主体分析　　表7-3

系 统 名 称	建设主体分析
市政交通"一卡通"电子付费系统	市交通委进行行业监管，系统运营由专门公司进行
高速公路电子收费系统	市交通委、国资委进行行业监管、指导，由高速公路运营公司进行系统建设
路侧占道停车计时收费系统	目前，由市运输局对运营企业资质进行审批，并由交管局对企业人员（交通协管员）进行管理；建议简化管理部门
交通信息服务中心	在北京市综合信息平台的规划中已有交通信息服务中心部分功能的设计
中心发布式导航系统	建议采用市场化运作方式，由政府主管部门进行行业监管，由交通综合信息平台提供全面的数据支持
交通信息服务网站	建议作为交通综合信息平台对公众服务的方式，结合信息平台一并建设，形成全市统一的交通综合信息服务网站
道路基础设施数据库管理系统	北京市交通委负责在道路基础设施资源普查的基础上进行系统建设
施工区管理系统	北京市交通委协调施工单位共同建设
交通基础设施养护管理系统	北京市交通委总体集成整合各基础设施养护企业的管理数据
浮动车数据采集系统	建议的建设主体为北京市交通委员会，连同北京市交通综合信息平台一并建设
北京市交通综合信息平台	建议的建设主体为北京市交通委员会
交通管理信息平台	建议的建设主体为北京市公安局公安交通管理局

7.6　江苏省地方ITS体系框架

7.6.1　主要特点

江苏省地方ITS体系框架以中国国家ITS体系框架为基本依据，采用地方ITS体系框架的开发方法，开发得到我国首个省级层面（直辖市除外）的ITS体系框架。

江苏省ITS地方体系框架的主要特点有：

(1)江苏省地方ITS体系框架作为国内首个省级层面（直辖市除外）的ITS体系框架，填补了我国省级ITS体系框架和规划的空白。

省这一层面的地方ITS体系框架，既不能像国家框架那样宏观，又不能像城市框架那样具体，必须兼顾省域范围内的通用性和省内不同区域、不同系统的差异性。分别考虑实现不同功能的物理子系统这一"横向"关系，以及不同行政等级和地域范围这一"纵向"关系，从这两个不同角度出发，来立体化地描述省级ITS这一复杂系统，避免单纯站在省这一层面考虑问题造成的过"虚"和不够具体，以及深陷入地市这一层面考虑问题造成的过"细"和不够宏观。

江苏省地方ITS体系框架是在我国省级层面上编制的第一个地方体系框架，它从纵向、横向两个角度立体化描绘了江苏省ITS未来发展蓝图，充分体现了省、地市等不同层面的建设要求，使国家ITS体系框架通过省级这一承上启下的环节，平稳、全面、合理地贯彻到各地市，为江苏省ITS规划与建设提供了基础，为我国其他省份ITS发展建设提供了示范与借鉴。

(2)在江苏省ITS体系框架中体现江苏特色。

考虑江苏省在经济发展、地理区位、交通运输领域的特点，江苏省ITS体系框架重点突出了以下方面：江苏省ITS在全国的适度超前性；省内不同经济发展地区ITS的差异性；"宁镇扬"、"苏锡常"等都市圈ITS的协同性及其与周边省市ITS的衔接性；江苏水路运输的重要性。通过新增用户服务、强化应用系统分析等方式，展现了上述特色，构建了体现江苏省特色的地方ITS体系框架。

7.6.2　基本内容概要

江苏省ITS体系框架分为用户服务、逻辑框架、物理框架以及应用系统四部分内容，如图7-9所示。

(1)用户服务尽量贴近国家框架，同时按照江苏实际情况进行调整。江苏省ITS用户服务分为用户服务领域、用户服务和用户子服务三个层次，以中国国家ITS体系框架用户服务为基本依据，并充分考虑江苏省对ITS的实际需求。在此基础上提出江苏省

ITS 用户服务是由 10 个服务领域、51 个服务、220 个子服务组成的三层体系，其中 10 个服务领域分别为：交通管理、电子收费、交通信息服务、智能公路与安全辅助驾驶、交通运输安全、运营管理、综合运输、交通基础设施管理、ITS 数据管理和水路运输。

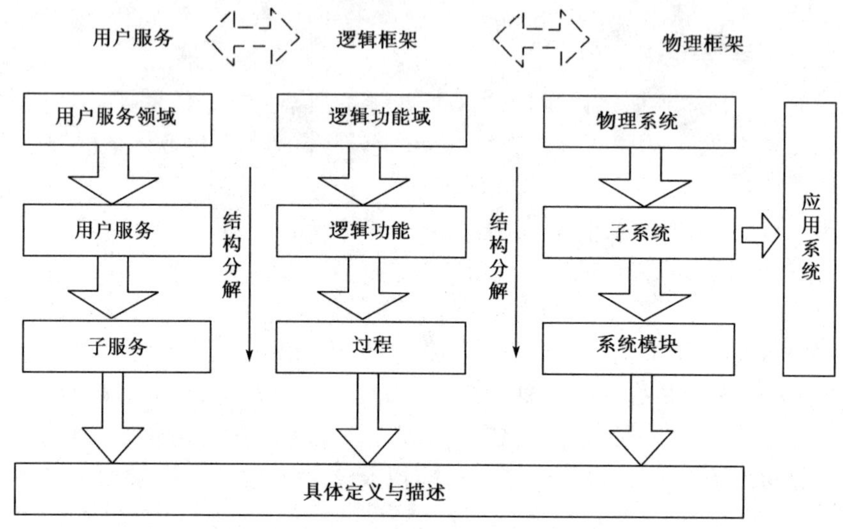

图 7-9　江苏省 ITS 体系框架结构示意图

(2)逻辑框架不作为重点，主要作为用户服务到物理框架的中间过渡。鉴于我国国家框架的现状，且江苏省 ITS 相对于国家框架而言有许多新的需求，因此开发江苏省 ITS 体系框架仍需要逻辑框架作为用户服务到物理框架的中间过渡，但不作为开发重点。并且，在逻辑框架开发过程中，重点突出江苏省特色需求。

江苏省 ITS 逻辑框架由逻辑功能层次表、逻辑功能元素定义、数据流图和数据流描述(数据字典)四个主要部分组成。

(3)重点突出物理框架，并以此充分体现地方框架和江苏地方的特色，采用各种方便决策者和体系框架使用者的表现方式，全方位、立体化地表现江苏 ITS 物理体系。

为了更加全面、满足实际需求地描述江苏省 ITS 物理体系，该体系将通过物理框架和应用系统分析两大方面的内容来表现。

针对每一个应用系统，分别从不同的角度进行分析，并以图表等形式直观表示。主要包括如下方面：

(1)提出了对于江苏省，每个应用系统所对应的建设主体。

(2)对应于每一个应用系统，提出了江苏省应考虑的实施层面，如省层面、都市圈层面、长江沿线经济开发区、地市层面等。

(3)指明了江苏省已建成和在建哪些应用系统、已规划哪些应用系统，这些系统实现和规划实现的程度如何。

(4)在上述分析的基础上，参照江苏省ITS逻辑框架、特别是物理框架，针对不同的建设主体，绘出了其职能范围内的应用系统间的互联关系示意图，使得江苏省ITS决策者、框架使用者可清晰地把握江苏省ITS全貌及细节。应用系统互联关系示意图主要有以下几类：

①省级层面的总图，包括交通运输厅、建设厅、公安厅，铁路、民航等相关部门，以江苏省交通综合信息平台为枢纽，构筑省级图。

②交通运输厅层面图，主要是针对交通运输厅管辖范围内的公路局、运管局、海事局、航道局等部门，以公路共用信息平台和水路共用信息平台为枢纽，将各部门的应用系统联系在一起。

③公路局图，主要是从省级到地市的联系图，包括交通运输厅公路局和地方公路局(交通局)、高速公路公司之间的联系，以公路管理信息平台为核心，连接路政管理系统、联网收费系统、高速公路综合管理系统等应用系统。

类似地还给出运管局图、海事局图、航道局图、公安交通管理部门图、公共交通管理部门图等。

④都市圈、长江沿线经济开发区图，主要描述出需要多城市、沿江城市共建的应用系统及其互联关系。

江苏省ITS体系框架在术语、缩略语、命名规则、数据规范等方面应尽量与国家框架保持一致。

7.6.3 详细内容示例

1)江苏省ITS用户服务

表7-4示例给出了用户服务领域、用户服务层的用户服务列表。

江苏省ITS体系框架用户服务列表 表7-4

用户服务领域	用户服务
1 交通管理	1.1 交通动态信息监测
	1.2 交通执法
	1.3 交通控制
	1.4 需求管理
	1.5 交通事件管理
	1.6 交通环境状况监测与控制
	1.7 勤务管理
	1.8 停车管理
	1.9 非机动车、行人通行管理

续上表

用户服务领域	用 户 服 务
2　电子收费	2.1　电子收费
3　交通信息服务	3.1　出行前信息服务
	3.2　行驶中驾驶员信息服务
	3.3　途中公共交通信息服务
	3.4　途中出行者其他信息服务
	3.5　路径诱导及导航
	3.6　个性化信息服务
4　智能公路与安全辅助驾驶	4.1　智能公路与车辆信息收集
	4.2　安全辅助驾驶
	4.3　自动驾驶
	4.4　车队自动运行
5　交通运输安全	5.1　紧急事件救援管理
	5.2　运输安全管理
	5.3　非机动车及行人安全管理
	5.4　交叉口安全管理
6　运营管理	6.1　运政管理
	6.2　公交规划
	6.3　公交运营管理
	6.4　长途客运运营管理
	6.5　轨道交通运营管理
	6.6　出租车运营管理
	6.7　一般货物运输管理
	6.8　特种运输管理
7　综合运输	7.1　客货运联运管理
	7.2　旅客联运服务
	7.3　货物联运服务
8　基础设施管理	8.1　基础设施维护
	8.2　路政管理
	8.3　施工区管理

续上表

用户服务领域	用 户 服 务
9 ITS数据管理	9.1 数据接入与存储
	9.2 数据融合与处理
	9.3 数据交换与共享
	9.4 数据应用支持
	9.5 数据安全
10 水路运输	10.1 通航管理
	10.2 水路电子收费
	10.3 水上运输安全管理
	10.4 水路交通信息服务
	10.5 水路运输管理
	10.6 特殊货物运输管理
	10.7 基础设施管理
	10.8 水路ITS数据管理

2)江苏省ITS逻辑框架设计

江苏省ITS逻辑框架的设计依据是江苏省ITS用户服务,并尽量与国家ITS体系框架的逻辑框架部分保持一致,以确保开发的江苏省体系框架在全国范围内的兼容性,同时对于国家框架中一些不适合江苏省的内容进行修订。对于江苏省ITS的特色服务,要对其逻辑框架进行重新开发。

江苏省ITS逻辑框架重点在于分析逻辑顶层和逻辑功能层的数据交互关系。系统逻辑功能充分考虑了江苏省交通的实际情况,重点突出了水路运输在交通系统中的地位和作用,整合了公路和水路运输系统。

江苏省ITS逻辑框架开发采用了比较通用的结构分析方法。逻辑框架建模采用"分解"与"抽象"的方法自顶向下逐步求精,将由用户服务和子服务转化过来的逻辑功能逐层分解,描述系统功能。在进行系统逻辑功能分解与整合的过程中,如果被分解的系统功能之间已经体现出了清晰的数据传递的关系,则利用数据流图和数据字典描述功能间的数据交互和数据处理过程。

江苏省ITS逻辑框架由逻辑功能层次表、逻辑功能元素定义、数据流图和数据流描述(数据字典)四个主要部分组成。功能层次表以层次列表的形式列出了江苏省ITS由功能域、功能和过程组成的三层逻辑元素体系,直观表示出了逻辑元素间的层次包含关系。在此,仅列出逻辑框架功能域的列表,如表7-5所示。

江苏省 ITS 体系框架逻辑功能域列表　　表 7-5

功能域编号	中文名称	英文全称	英文缩写
F1	交通管理	Manage Traffic	MT
F2	电子收费	Electronic Payment	EP
F3	交通信息服务	Traffic Information Service	TIS
F4	交通运输安全	Ensure Transportation Safety	ETS
F5	客货运输管理	Manage and Operate Transportation	MOT
F6	城市公共交通管理	Manage Urban Public Transportation	MUPT
F7	智能公路与安全辅助驾驶	Intelligent Highway and Driving Assistance	IHDA
F8	交通基础设施管理	Manage Traffic Infrastructure	MTI
F9	ITS 数据管理	Manage ITS Data	MD
F10	水路交通管理	Manage Waterway Traffic	MWT

在此仅列出江苏省 ITS 逻辑框架顶层数据流图，如图 7-10 所示。

3)江苏省 ITS 物理框架设计

江苏省 ITS 物理框架的设计采用了与国家 ITS 物理框架近似的架构方法，将逻辑功能转化为能够实现该功能的物理系统模块，将逻辑功能间交互的数据流组合成物理系统模块间传递的框架流。在物理框架设计中综合考虑了江苏省交通基础设施、通信基础设施，以及相应的 ITS 应用系统和信息化系统的建设现状、现行管理体制等因素，在此基础上提出了符合江苏省实际的 ITS 物理框架体系。

江苏省 ITS 物理框架主要内容包括：物理框架层次表、物理元素描述表、物理框架流表、物理框架流图、应用系统列表及应用系统分析等。其中，江苏省 ITS 物理框架的物理元素分为系统、子系统、系统模块三个层次，共划分了 11 个物理系统。在此仅列出江苏省 ITS 物理框架中划分的物理系统和子系统，如表 7-6 所示；列出江苏省 ITS 物理框架顶层框架流图，如图 7-11 所示。

江苏省 ITS 体系框架物理系统/子系统列表　　表 7-6

物理系统	子系统
交通管理系统	交通信息采集子系统
	交通执法子系统
	交通诱导子系统
	交通控制子系统
	需求管理子系统

续上表

物理系统	子系统
交通管理系统	交通事件管理子系统
	交通环境监测子系统
	勤务管理子系统
	停车管理子系统
	数据管理子系统
电子收费系统	收费管理子系统
	现场收费子系统
交通信息服务系统	信息服务中心子系统
	车载信息服务子系统
	路侧信息服务子系统
	个性化信息服务终端子系统
智能公路与安全辅助驾驶系统	智能公路路边设施子系统
	智能车载子系统
	智能公路交通控制中心子系统
紧急事件救援管理系统	紧急事件处理子系统
	紧急救援车辆管理子系统
城市公共交通系统	公共交通规划子系统
	公共交通管理中心子系统
	公共交通车辆子系统
	公共交通外场装置子系统
	出租车管理子系统
	轨道交通管理子系统
	公共交通数据管理子系统
货运系统	普通货物运输管理子系统
	特种货物运输管理子系统
	货运车辆子系统
	货运运政管理子系统
	物流管理信息平台
客运系统	客运管理子系统
	长途客运信息服务子系统
	客运车辆车载子系统

续上表

物理系统	子系统
客运系统	综合客运信息平台
	客运运政管理子系统
交通基础设施管理系统	通信系统维护子系统
	监控系统维护子系统
	其他交通设施管理子系统
	公路、桥梁养护管理子系统
	道路绿化管理子系统
	服务区管理子系统
	路政管理子系统
	公路信息发布子系统
	道路运营管理平台
交通综合信息平台	数据采集与接入子系统
	数据存储子系统
	数据分析处理子系统
	数据服务子系统
水运系统	水上交通控制与管理子系统
	水上交通信息服务子系统
	水上客/货运营管理子系统
	水路基础设施管理子系统
	港口/渡口管理子系统
	水上交通安全管理子系统
	船舶驾驶与控制管理子系统
	水运数据管理子系统

4)江苏省ITS应用系统设计

江苏省ITS应用系统,覆盖了用户服务的全部内容,同时,以物理框架中系统模块、框架流为基础,可得到应用系统内部各模块、应用系统之间的联系。应用系统的提出,使得江苏省ITS体系框架与ITS实际系统的建设直接关联起来,并为开展江苏省ITS规划、评价等后续工作,提供了一个便于直接参照的依据。

本节在江苏省ITS应用系统列表的基础上,重点示例给出了江苏省ITS应用系统的分析。

针对每一个应用系统,分别从不同的角度进行分析,并以图表等形式加以直观的表

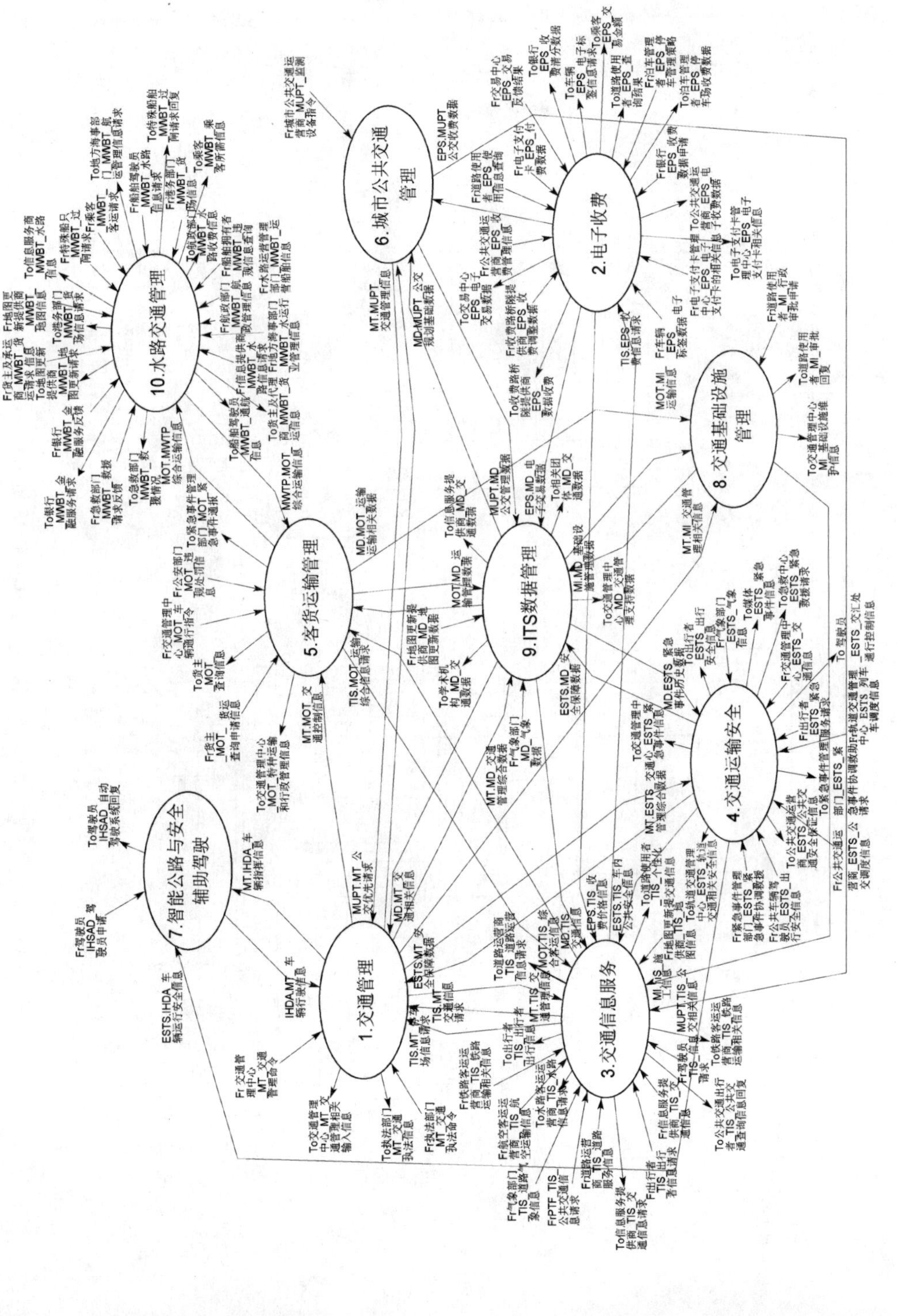

图7-10 江苏省ITS逻辑框架顶层数据流图

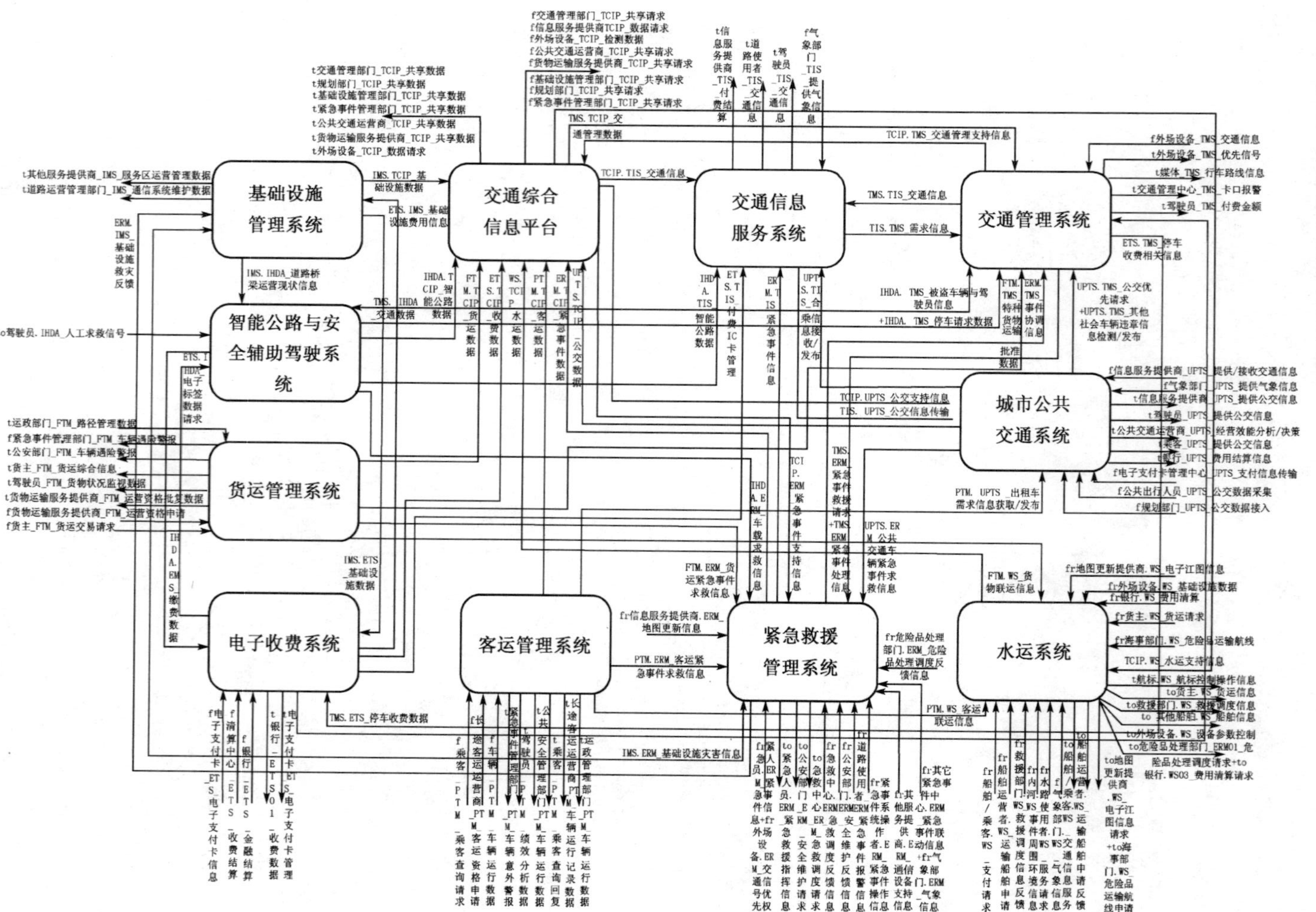

图7-11 江苏省ITS物理框架顶层框架流图

示。主要包括如下方面：

(1)提出了对于江苏省而言，每个应用系统所对应的建设主体。

(2)对应于每一个应用系统，提出了江苏省应考虑的实施层面，如省层面、都市圈层面、长江沿线经济开发区、地市层面等。

(3)指明了江苏省已建成和在建哪些应用系统、已规划哪些应用系统，这些系统实现和规划实现的程度如何。

(4)在上述分析的基础上，参照江苏省ITS逻辑框架，特别是物理框架，针对不同的建设主体，绘出了其职能范围内的应用系统间的互联关系示意图，使得江苏省ITS决策者、框架使用者可清晰地把握江苏省ITS全貌及细节。应用系统互联关系示意图主要有以下几类：

①省级层面的总图，包括交通运输厅、建设厅、公安厅，铁路、民航等相关部门，以江苏省交通综合信息平台为枢纽，构筑省级图。

②交通运输厅层面图，主要是针对交通运输厅管辖范围内的公路局、运管局、海事局、航道局等部门，以公路共用信息平台和水路共用信息平台为枢纽，将各部门的应用系统联系在一起。

③公路局图，主要是从省级到地市的联系图，包括交通运输厅公路局和地方公路局(交通局)、高速公路公司之间的联系，以公路管理信息平台为核心，连接路政管理系统、联网收费系统、高速公路综合管理系统等应用系统。

④运管局图，主要是从省级到地市的联系图，包括交通运输厅运管局和地方运管局(交通局)、运输公司之间的联系，以运输管理信息平台为核心，连接运政管理系统、城际快速客运系统、货运管理系统等应用系统。

⑤海事局图，主要是从省级到地市的联系图，以水路共用信息平台为枢纽，连接各应用系统，并绘出关系示意。

⑥航道局图，主要是从省级到地市的联系图，以水路共用信息平台为枢纽，连接各应用系统，并绘出关系示意。

⑦公安交通管理部门图，以地市层面为主，以城市交通管理与控制信息平台为枢纽，连接各应用系统，并绘出关系示意。

⑧公共交通管理部门图，以地市层面为主，以公共交通信息平台为枢纽，连接各应用系统，并绘出关系示意。

⑨都市圈、长江沿线经济开发区图，主要描述出需要多城市、沿江城市共建的应用系统及其互联关系。

在此，仅列出江苏省交通运输厅内部及其管辖范围内的应用系统互联关系示意图，如图7-12所示。

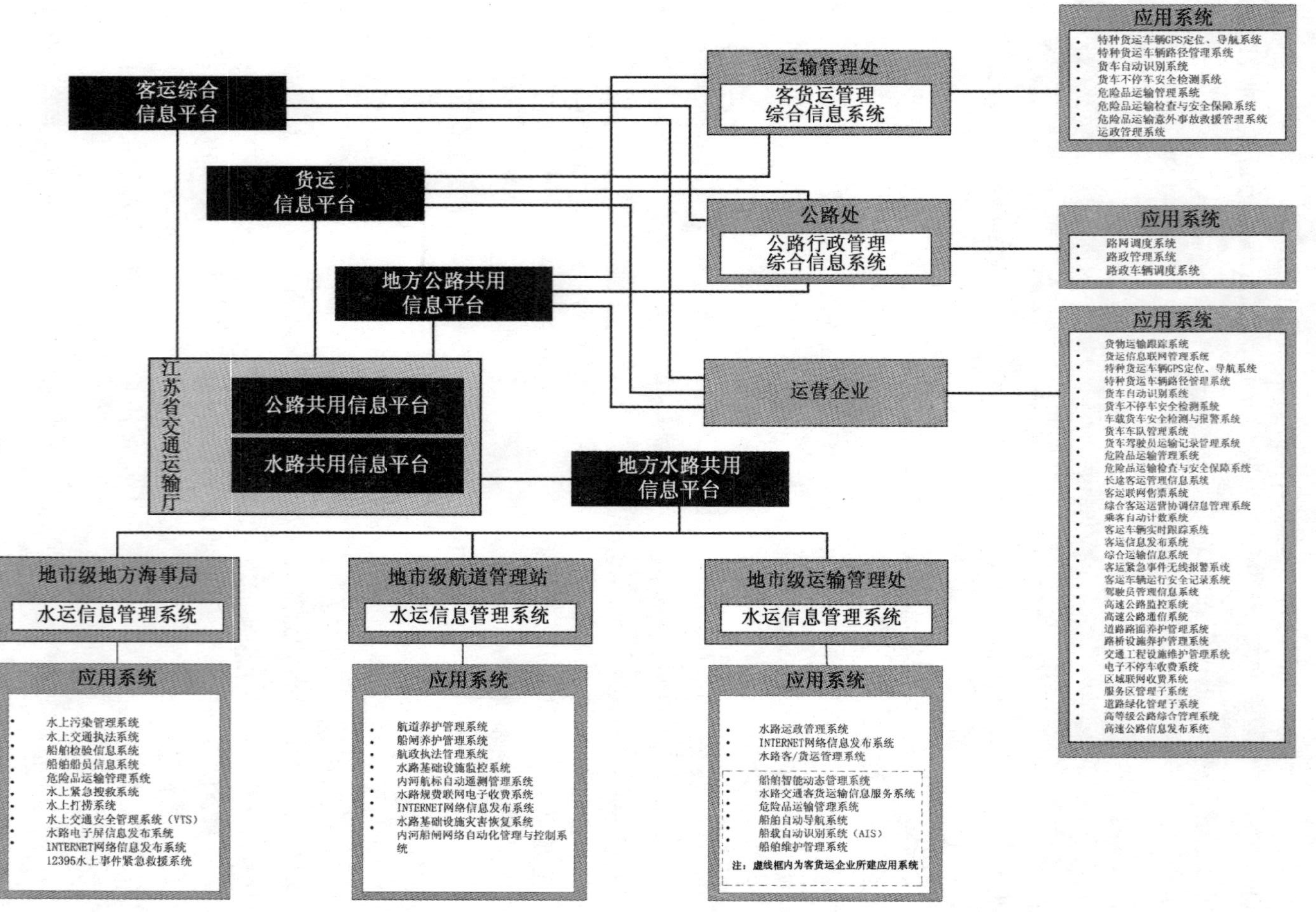

图7-12　江苏省交通运输厅内部及其管辖范围内的应用系统互联关系示意图